JN437100

마케팅커뮤니케이션

# 전략 스케치

마케팅커뮤니케이션 전략스케치

지 은 이 : 석 종 득 · 김 은 희
펴 낸 이 : 전 두 표
펴 낸 곳 : 도서출판 두남

제1판 1쇄 인쇄 : 2007년 8월 10일
제1판 1쇄 발행 : 2007년 8월 16일

주　　소 : 서울특별시 강동구 성내1동 455-12 두남빌딩
전화번호 : 02-478-2066, 2067
팩스번호 : 02-478-2068
홈페이지 : http://dunam.co.kr
전자우편 : dunam1@unitel.co.kr
등　　록: 제2-624호(1988.7.21)

ISBN 978-89-8404-855-3
값 : 16,000원

석종득 · 김은희 지음

## 계단이 부서진 자리!

# 저 높은 곳을 향해 사다리를 오르자!

말을 배우기 시작한 아이들이 꼭 겪고 지나가는 과정이다. '이건 뭐예요? 이건 왜 그래요?' 쉬지 않고 쏟아내는 난처한 질문들. 한창 광고에 재미를 붙인 제자들도 마찬가지다. 쉼 없이 쏟아내는 질문들. 그리고 그런 질문들로 난감해했던 기억.

'몰라도 돼. 그렇게 복잡한 건 더 크면 알게 돼' 라고 말하면 되는 것일까? 이런 질문들에 좀 더 친절하게 답해주고 싶었다. 그래서 용기를 냈다. 그렇게 만들어진 책이기에 어르신들 보기엔 적합하지 않다. 이 책 속에는 너무나 쉽고도 당연한 질문들을 쏟아내는 학생들과 그 질문에 조차 올바른 대답을 찾지 못해 전전긍긍하는 선생의 고뇌만이 담겨있을 뿐이다.

그럼에도 불구하고 쉽지 않은 작업이었다. '아차' 하는 사이에 새 기계가 나오고, '아차' 하는 사이에 새로운 지식이 우리 머릿속을 비집고 든다. 어제의 지식들은 어느새 박물관으로 떠밀려가고, 기존의 가치들조차 새로운 세계관에 떠밀려 어둠 속으로 속속 사라져간다. 소위 문명의 계단식 발전론이 무너진 세상이다. 연공서열도 무너지고, 선후개념도 사라졌으며, 이것 다음엔 저것 식의 선형적 구조도 다 깨져버렸다. 혼란스럽다.

애초에 기본은 존재하지조차 않았던 것처럼 지금의 우리 사회는 출렁이고 있다. 감각적인 영상, 한편의 서정시와도 같은 카피로 뭇 사람의 눈길을 끌어왔던 광고계였기에 이러한 변화는 다른 분야들에 비해 더욱 뚜렷하다. 계단이 부서졌다. 급변하는 사회가 계단을 부숴버린 것이다. 사라진 계단 때문에 많은 광고인들은 혼란에 빠져버렸다. 광고계로 입문하려던 학생들 또한 어리둥절해질 수밖에 없다.

다가서면 저만치 달아나고, 알았다 싶으면 새로 알아야할 것들이 두 배로 늘어나는 시대의 광고공부. 그래서 더 어렵다. 시작이 더 어려워진 것이다. 숱하게 많은 광고홍보학과가 생기고, 숱하게 많은 학생들이 광고계로의 입문을 설레는 가슴으로 열망하지만 어디서부터 시작해야할지, 무엇을 알아야할지, 막막하게만 느껴지는 것이 이 시대의 광고요, 커뮤니케이션인 것이다.

'전략공부를 해보고 싶어요. 그런데 보는 책마다 너무 어려운 얘기들이어서 엄두가 안나요', '책을 다 읽고 이해한 것 같은데 막상 기업의 커뮤니케이션전략을 직접 구성해보려니까 어디에서부터 시작해야할 지 모르겠어요' 학생들이 말하는 불안감은 그래서 점점 더 커져만 간다. 든든하게 버티고 서서 우리를 저 높은 곳으로 인도해줄 계단이 사라져버린 이 때 과연 그들은 어떻게 저 높은 곳을 향할 수 있을 것인가?

이젠 계단의 시대가 아니고 사다리의 시대다. 올라서서 끌어올리고, 그곳에 다시 세워 올라서는, 그런 사다리가 절실하게 필요한 시대다. 그러기 위해서는 되도록 가벼운 재질로 튼튼하게 만든 사다리가 필요하다. 가볍기만 해서도 안 된다. '올라서는데 무리가 없을 만큼 탄탄하게 만든, 그러나 접었다 폈다 할 수 있고, 언제나 휴대가 가능한 그런 사다리가 필요하지 않을까' 라는 생각으로 이 책을 썼다.

튼튼하다는 것은 기초요, 가볍다는 것은 유연성이다. 이 책에 담겨 있는 것은 현장이다. 최소한의 기초이론에 지금껏 현장에서 경험하고 터득한 유연성을 담아내고자 했다. 아니, 지금 이 시대의 광고현장을 책 속에 담고자 했다. 이 책은 백점짜리 전략을 위해 고민하는 책이 아니다. 비록 오십 점짜리 전략이라 할지라도 책장을 넘겨가며 스스로 전략을 구상해볼 수 있도록 만든 책이다.

광고의 개념을 설명하는 책들은 많다. 실전의 뒷이야기들을 들려주는 책들도 많다. 하지만 개념을 토대로 방법론을 말하는 책, 이론과 실전을 연결하여 말하는 책은 흔치 않은 것이 우리의 현실이다. 과정은 집어치우고 집만 보여주는 것이 아니라, 각각의 이론과 개념이라는 벽돌만 보여주는 것이 아니라, 벽돌을 쌓아 집을 지어가는 과정을 보여주고 싶었다. 욕심이 그러했다는 것이다.

그러나 현장에서는 이론을 생각하고 말할 틈이 많지 않다. 몸에 밴 직관과 각자가 가진 메뉴얼을 중심으로 그저 일해 왔을 뿐이다. 광고주의 요구에 떠밀려 이론이고 뭐고 없이 그들의 입맛에 맞춘 제안도 있었고, 시대의 요구라는 미명 하에 유행을 추구하는 경우도 흔했기 때문이다. 나 역시 몸이 가진 감각으로 시대에 떠밀려온 광고인의 한 사람일 뿐이다. 때문에 내용을 정리하는데 애를 먹을 수밖에 없었다.

때문에 실전 중심의 이 책은 정통적 학자들의 입장에서 보면 이런저런 이론들을 짜깁기한 누더기일 수도 있다. 알맹이가 빠진 껍데기로 비난받을 여지 또한 충분하다. 때문에 출판을 앞둔 심정은 착잡하기만 하다. 얕은 지식의 한계가 드러나고 많은 사람들 앞에서 발가벗겨지는 것을 감내해야하는 시간이 다가왔기 때문이다.

그럼에도 불구하고, 오로지 내 욕심으로 이 책을 출판한다. '꿩 잡는 게 매' 라는 말이 있지 않은가? 나는 철저하게 실용주의자다. 그것은 얄팍하다는 말의 다른 표현일 수도 있고, 가볍다는 말의 다른 표현일 수도 있다. 기왕이면 가볍다는 평을 듣고 싶다. 그래서 머리로 들고 다니기에 용의한, 그런 교본으로 이 책이 기억되기를 바란다.

그리고 훗날의 내 다른 저술들로 지금의 과오가 용서되길 바랄 뿐이다. 그간 나에게 밥을 먹여준, 뿐만 아니라 광고를 가르쳐주기까지 한 소중한 나의 광고주들과 사랑하는 제자들에게 이 책을 바친다.

부산 참아이엠씨 마케팅연구소에서

# 목차



CONTENTS

CONTENTS

## 2부. 마케팅커뮤니케이션전략 수립을 위한 기초

## 3부. 마케팅커뮤니케이션전략 수립을 위한 상황분석

CONTENTS

## 4부. 마케팅커뮤니케이션전략의 수립

# 01

# 1부. 마케팅커뮤니케이션전략이란 무엇인가?

## 11 마케팅커뮤니케이션전략의 개념

# 뾰족하게 잘 하기 위한 나만의 프러포즈!

'언덕 위, 또는 어떤 것 위에 있지 않은 집은 없다. 집을 언덕 위에 지어야 한다면 그 집은 언덕에 속해야만 한다. 그래야만 언덕과 집이 다른 것들보다 서로 더 행복하게 살 수 있다' 건축가 프랭크 로이드 라이트가 남긴 금언이다. 집을 지을 때 주변환경을 고려하는 일이 얼마나 중요한가를 역설한 말. 그러나 이것은 단지 집짓기에만 해당하는 금언이 아닐 것이다.

광고를 포함한 모든 마케팅커뮤니케이션 역시 마찬가지다. 광고주와 함께 그 광고를 만날 사람들을 연구하고, 또 그것을 활용해야만 한다. 광고를 만날 사람들은 언덕이며, 우리는 그 언덕 위에 '광고'라는 집을 짓는다. 광고는 그 광고를 만날 사람들의 뇌가 가지고 있는 인지들의 연장선 위에 얹어지게 된다. 이 언덕을 적극적으로 활용할 때 비로소 우리는 좋은 광고를 만들 수 있다. 언덕은 결코 깎아내야 할 대상이 아니며, 깎아낼 수 있는 것도 아니다.

## 집주인이 원하는 집짓기, 건축가의 고민과 그림 같은 집

어린 시절, 연습장 맨 뒷장에 설계도 비슷한 것을 그려본 경험이 한 번씩은 있을 것이다. '이 다음에 크면 이런 집에 살아야지' 라며 네모 속에 방 구조를 나눠놓은 그림을 그려보기도 하고, 정원에 연못이며, 그네며, 과수나무며, 사슴우리를 그려 넣어 보기도 했을 것이다.

그림솜씨가 제법 있는 사람이라면 단순한 평면도뿐만이 아니라 이쪽저쪽에서 본 집의 모습을 멋들어지게 그려 넣기도 했을 것이다. 그러나 '이 다음에 커서' 우리는 어린 시절 그렸던 그림 같은 집에 살 수 있는가? 아마 대부분은 그런 집에서 살기 어려울 것이다. 그 이유는 '돈을 생각만큼 벌지 못해서, 성공하지 못해서' 이기도 하지만 어린 시절 그렸던 그 집의 내용이 현실과 매우 동떨어진 것이기 때문이다.

아주 간단한 예로, 한쪽 벽면이 통유리로 된 그런 집에 살고 싶었다고 치자. 이것을 현실적으로 가능하게 하려면 따져보아야 할 것들이 한두 가지가 아니다. 단열성이 떨어져 여름이면 덥고, 겨울이면 추운 것을 감내해야 한다. 밤이 되면 밖에서 안이 훤하게 들여다보여 난처할 것이며, 방범에도 불안한 점이 많다. 막내아들 녀석이 야구공이라도 한번 잘못 던졌다하면 목돈을 들일 수밖에 없을 지도 모른다.

실제의 집짓기 과정은 머릿속의 생각들이 모두 현실로 나타나는 것이 아니다. 결코 간단한 작업도 아니다. 집을 짓고자 하는 사람은 집을 지어줄 건축사를 만나야한다. 건축사는 주인의 머릿속에 있는 구상을 현실화시켜주는 사람이다. 건축사와 건축주가 만나는 과정을 오리엔테이션, 일명 OT라고 부른다.

물론 건축사마다 다르겠지만 집을 제대로 짓는 건축사라면 제일 먼저 그 집에 살게 될 가족의 구성을 물어보아야 한다. 그리고 가족들의 라이프스타일과 가족들의 5년 후, 10년 후를 꼼꼼하게 따져보아야 한다. 그러는 동안 집을 어떻게 설계해야 할 지 윤곽이 나올 것이다. 여기에 덧붙여 투입 가능한 재원, 즉 얼마를 쓸 수 있는지 알아보아야 하며, 가족들의 취향에 맞추어 최종 스케치를 마무리해야 할 것이다.

그런 다음 건축사는 집을 지을 땅에 가서 측량을 한다. 측량 중에는 빛의 방향 · 바람의 방향 · 지대의 특성 또한 꼼꼼히 따져보아야 한다. 앞에서 말했던 '언덕'을 연구하는 과정이다. 자연적 구조들을 제대로 살려 건물의 디자인을 마무리하면 그것을 건축주에게 보여줄 것이고, 건축주와의 합의가 이루어지면 그 속에 들어갈 전기배선 · 수도배관 · 난방과 통신 · 하수와 오수의 흐름 · 적정조도에 따른 창문의 높이와 크기 · 전등의 설비 등 세부적인 내용들을 고려하여 종합적으로 집을 설계하게 될 것이다.

마케팅커뮤니케이션전략을 세우는 과정도 이와 다르지 않다. 건축주를 광고주로 바꾸어 의도와 상황을 잘 파악하고, 언덕이라는 소비자와 시장을 분석해서 그 위에 마케팅커뮤니케이션이라는 복잡하고도 아름다운 집을 지어가는 과정, 그것이 바로 마케팅커뮤니케이션전략 과정인 것이다.

## 다이아몬드를 잘 팔기 위해서는 소비자들의 기대반응을 꿰뚫어라

다이아몬드는 탄소의 결정체다. 세상에서 가장 딱딱한 물질이기도 하다. 그러나 광고에서 이런 내용들을 강조한다면 다이아몬드를 결코 팔 수 없을 것이다. 다이아몬드의 품질과 가격을 평가하는 기준은 4C로 설명된다. 색

(Color), 컷(Cut), 투명성(Clarity), 캐럿(Carat)이 바로 그것이다. 그러나 이 4C 역시 소비자를 자극하기에는 역부족이다.

다이아몬드를 팔기 위해서는 소비자들의 기대반응을 따져보는 일이 중요하다. 즉, 남자는 그가 사랑하는 여자의 반응을 기대할 것이고, 여자는 그의 친구 · 동료 · 이웃의 반응을 상상할 것이다. 우리는 바로 이러한 점에 주목해야 한다. 그들의 기대반응을 자극하는 것이야말로 가장 효과적인 커뮤니케이션 방법이기 때문이다.

사실보다 중요한 것은 인식이다. 사람들에게 인식되어져 있는 실재가 바로 진실이라 할 수 있다. 마케팅커뮤니케이션을 잘하기 위해서는, 혹은 광고를 잘 하기 위해서는 언덕이 가지고 있는 인식된 실재와 그 이유를 알아야 한다.

앞에서 언급했듯이 언덕은 소비자와 시장이다. 때문에 좋은 마케팅커뮤니케이션을 위해서는 소비자의 인식을 꿰뚫어야만 한다. 그리고 그 인식위에 커뮤니케이션이라는 집을 지을 때 좋은 마케팅커뮤니케이션이 이루어진다는 사실을 명심해야만 한다.

광고인이었던 로이 윌리엄스에게 광고주가 수표를 건네며 물었다고 한다. '이 수표를 당신에게 주겠소. 당신은 나에게 무엇을 보증할 수 있습니까?' 그러자 로이 윌리엄스는 '당신은 이 수표를 다시는 볼 수 없을 것입니다. 그 점을 보증하겠습니다.' 라고 대답했다고 한다. 참 오래된 얘기다.

그러나 지금의 광고주들이라면 당신의 이 같은 조크에 웃을 수 있겠는가? 광고인이라면 보증할 수 있어야 한다. 10% 남짓한 수수료를 챙기기 위해 아무 것도 보증할 수 없는 광고를 만들겠다면 차라리 그 10%를 그냥 현금으로 달라는 편이 낫다. 그러면 광고주는 남은 90%의 광고비로 제대로 된 광고를 만들 수 있을테니 말이다.

## 제품을 잘 파는 커뮤니케이션 만들기, 어떻게 해결할 것인가?

제품을 판매하기 위해 구상되어지는 것이 마케팅커뮤니케이션이다. 모든 마케팅커뮤니케이션의 목표가 제품의 판매는 아니지만 그 최종목표는 언제나 판매라 할 것이다. 때문에 마케팅커뮤니케이션전략이란 '제품 잘 파는 커뮤니케이션을 어떻게 만들까' 하고 구상하는 일이다.

그렇다면 광고전략과 커뮤니케이션전략과 마케팅커뮤니케이션전략은 어떻게 구분될까? 이 문제에 답하기 위해서는 먼저 기업의 경영구조와 그 속에서 행해지는 마케팅의 기본개념을 이해해야만 한다.

가장 큰 단위라 할 수 있는 경제는 정부 · 기업 · 가계의 3주체에 의해 이루어진다. 기업의 경영이란 '재화와 용역, 즉 돈과 사람 그리고 시간을 투입해서 더 나은 재화와 용역을 창출해내는 활동' 이라고 풀이된다.

이러한 경영을 이루는 요소에는 크게 3가지가 있다. 가장 먼저는 제품을 생산하는 기능이 있을 것이다. 여기에 생산된 제품을 판매하는 기능, 그리고 생산과 판매를 위해 필요한 돈과 인력을 관리하는 기능이 모여 경영활동을 구성한다. 기업경영활동이란 바로 이러한 생산 · 영업 · 관리를 제대로 수행할 수 있도록 하는 것이며, 기업경영은 이 제 과정을 관리하는 구조로 이루어진다. 기업경영활동과 기업경영의 요소들을 도식화해보면 아래 그림과 같다.

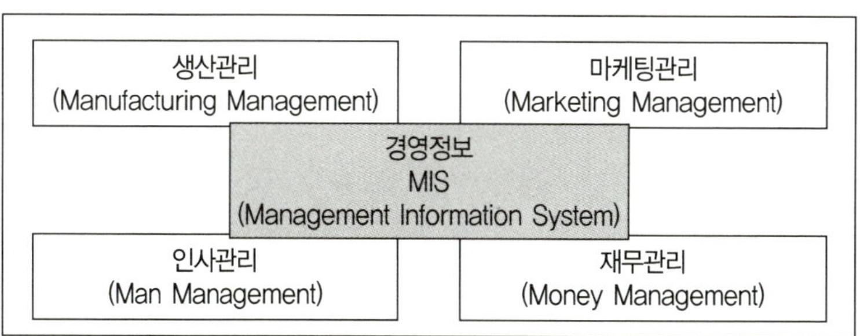


그림 11-1 : 기업경영활동과 기업경영의 믹스요인 개념도

앞에서 말한 바와 같이 기업경영을 위한 네 가지의 관리영역 중 하나로 마케팅이 존재한다. 그리고 그 마케팅은 다시 제품 · 가격 · 유통 · 촉진이라는 4가지로 구성된다. 그 중 하나인 촉진, 즉 프로모션은 다시 인적판매 · PR · SP · 광고의 네 가지 프로모션 믹스로 구성된다. 이러한 믹스요인들을 도식해보면 아래 그림과 같다.

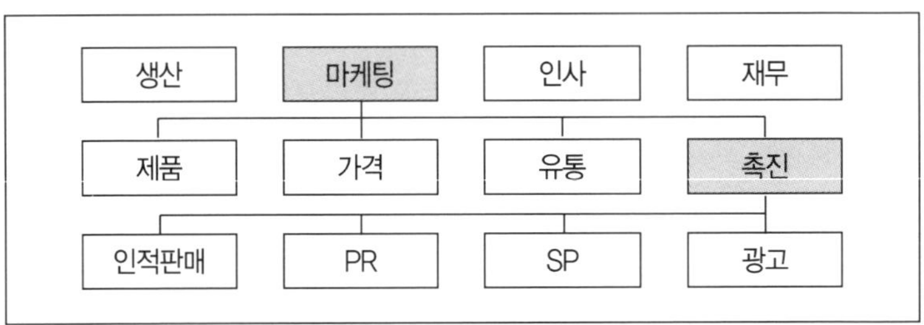


그림 11-2 : 마케팅과 프로모션 믹스의 구조

광고란 이러한 기업경영활동, 그 중에서도 마케팅, 그리고 다시 그 속에서도 촉진을 위해서 실시되는 도구이다. 특히, 광고는 마케팅활동을 위해 실시된다. 때문에 '마케팅 지향적 광고는 있되, 커뮤니케이션 지향적인 광고는 없다' 는 말이 생겨나게 된 것이다.

마케팅과 경영이라는 목적을 달성하기 위해 만들어진 광고. 때문에 우리는 '무엇을 말할 것인가(What to say?)' 라는 질문에 당연히 '마케팅과 경영 목적을 달성하는데 도움이 되는 내용' 이라고 답해야 할 것이다. 그렇다면 '어떻게 말할 것인가(How to say?)' 라는 질문에 대한 대답은 무엇일까? 그것은 '효율적 커뮤니케이션이 가능하도록' 이 정답이다. 때문에 '잘 말하기 위해서' 는 커뮤니케이션과 나아가서 심리학을 포함한 인간학 전반에 대한 이해가 필요하다.

마케팅 지향적 광고는 마케팅적 시각에서 출발해야 하며, 그것이 목적이

되어야만 한다. 마케팅 지향적 광고란 시장에서의 경쟁우위를 확보하기 위한 마케팅 목표달성과 당면문제 해결에 도움을 주는 광고를 말한다. 즉, 광고주의 실익에 도움을 주는 것이 광고라는 것이다.

### 왜 광고전략이 아닌 마케팅커뮤니케이션전략인가?

광고전략이란 그야말로 마케팅의 4P 중 프로모션, 그중에서도 프로모션 믹스인 광고 · PR · SP · 인적판매의 네 가지 중 하나로, TV · Radio · 신문 · 잡지라는 4대매체 광고의 전략짜기를 말하는 것이다.

광고전략의 시대에는 타깃과 매체특성을 결합해 통해 가장 적합한 하나의 매체를 선정하여 그에 맞는 메시지를 담아 보내거나, 경우에 따라서는 여러 매체의 광고를 각 매체특성에 맞게 기획하기만 하면 되었다. 그러니 각 매체들은 여러 곳에서 한 목소리, 즉 동일한 메시지로 타깃에게 어필하는 역할에만 충실하면 되는 시대였던 것. 때문에 주요 매체를 중심으로 광고전략이 잡힐 수밖에 없었던 것은 어쩌면 당연한 일이다.

우리는 이 4대매체와 인터넷 · 케이블TV 등을 통한 직접 광고활동을 ATL(Above the Line)이라고 부른다. 전통적인 광고활동은 그간 ATL을 중심으로 이루어져 왔으며, 강력한 광고효과를 입증해 왔다. 하지만 마케팅이 매스마케팅에서 점차 퍼스널마케팅으로 변화해가면서 퍼스널마케팅에 적합한 광고영역의 개척노력이 활발해졌고, 그 대안으로 BTL(Below the Line)이 주목을 받고 있다.

이벤트 · 전시 · 스폰서십 · PPL · CRM · DM 등의 활동이 바로 BTL이며, 이러한 활동들은 영향력을 가진 주요 매체를 중심으로 다양한 고객층을 공략하는 ATL과 달리, 타깃 고객층을 보다 세분화하고 그들에게 어필할 수 있는 커뮤니케이션 방식으로 접근할 수 있다는 장점을 가지고 있었다. 또한 BTL은 고객들에게 참여와 경험의 기회를 적극적으로 제공하는 것은 물론 고객들의 쌍방향커뮤니케이션 욕구까지 충족시켜주고 있다.

ATL과 BTL은 툴 중심으로 광고를 분류한 것이다. 그러나 광고 · PR · SP · 인적판매라는 구분은 툴보다는 성격과 목적 중심의 분류방법이다. 결국 이 4가지의 프로모션믹스 역시 모두 ATL과 BTL이라는 툴을 활용한다. PR을 위한 이벤트 · 전시 · 스폰서십 등이 있는 것이고, 판촉을 위한 DM · 스폰서십 · 전시 등도 있는 것이다.

따라서 최신 트렌드에 보다 부합하는 BTL이 주목을 받고 있는 것은 사실이며, ATL과 BTL의 구분은 이미 큰 의미가 없다고 해도 과언이 아닐 만큼이다. 무엇보다 통합 마케팅커뮤니케이션(IMC)이 대두되면서 ATL과 BTL이 서로 다른 영역에서 다뤄지는 것이 아니라, 하나의 목표를 위한 통합된 마케팅전략의 도구들로 인식되고 있기 때문이다.

그러므로 광고 · PR · SP · 인적판매의 4가지 프로모션믹스가 하나의 목표를 향해 결합되어 각자의 역할을 차례로 수행해나가는 것을 광고전략이라고 부르는 데에는 문제가 있다. 그래서 등장한 전략의 이름이 바로 커뮤니케이션전략이다. 이것은 프로모션전략이라는 이름으로 불리기도 했다. 아직까지도 많은 광고관련 업계에서는 마케팅커뮤니케이션전략과 커뮤니케이션전략을 혼용해서 사용하고 있다. 그러나 엄밀히 말하면 이 두 가지는 서로 다른 것이다. 마케팅커뮤니케이션전략이라는 용어를 사용하게 된 이유는 마케팅의 변화에 따른 것이다. 그리고 이것은 마케팅전략 안에서 커뮤니케이션의 역할이 그만큼 커졌음을 의미하는 것이기도 하다.

## 모든 것이 아니라, 우리가 잘 할 수 있는 것을 뾰족하게 잘하자

전략마케팅의 등장은 '모든 것을 고르게 잘하자' 에서 '우리가 잘할 수 있는 것을 뾰족하게 잘하자'로 마케팅의 패러다임이 변화한 것을 의미한다. 소비자들이 금전적 비용과 기능적 이점보다는 시간적 비용과 심리적 비용, 에너지 비용과 정서적 이점을 더욱 중요하게 여기게 된 이 시대에는 제품 · 가격 · 유통 · 판촉이라는 4P를 고루 잘 하는 것만으로 제대로 된 마케팅전략을 수립할 수 없다. 오히려 1P, 즉 프러포즈(propose)를 어떻게 잘할 것인가를 해결하는 것이야말로 제대로 된 마케팅전략의 수립에 큰 영향을 미친다. 바로 이것이 현대 마케팅커뮤니케이션의 핵심이다. 중요한 것은 표적시장 내에서 남과 다른 경쟁우위를 갖는 것이다. 그리고 그것을 소비자들에게 제대로 알려내고, 소비자들이 태도를 형성하도록 만드는 것이야말로 우리가 해결해야 할 최대의 과제라 하겠다.

산업이 변화한 것도 마케팅커뮤니케이션전략이라는 용어를 만들어내는 데 한 몫을 했다. 산업사회 · 정보화사회를 거쳐 우리는 지금 감성사회의 초입에 다가서 있다. 유명상표 하나 때문에 불과 몇 만원의 재료로 만들어진 가방이 몇 백만 원을 호가하는 시대. 이처럼 브랜드가 시장을 주도하는 사회로 우리는 이미 진입했으며, 이러한 사회를 만들어낸 것은 커뮤니케이션노동에 이은 감성노동의 결과이다.

브랜딩이 점점 더 중요해지는 시대, 브랜딩의 80~90%를 프로모션이 수행하는 시대에 우리는 살고 있다. 향후에는 상표를 만들어내는 감성활동만이 시장의 교환을 활발히 하는 유일한 대안이 될 지도 모른다. 따라서 '마케팅 ≒ 브랜딩 ≒ 커뮤니케이션'으로 그 개념들이 등치되는 시대도 얼마든지 상상해볼 수 있다.

때문에 커뮤니케이션이 단지 4P 중 한 분야로서가 아니라, 마케팅의 핵심적 영역으로 올라가서 일련의 역할을 담당한다는 전제 하에 마케팅커뮤니케이션전략이라는 용어가 사용되고 있는 것이다. '마케팅은 소비자들과 어떻게 커뮤니케이션할까를 가장 우선하는 것이다' 라는 전제 속에서 등장한 용어가 바로 마케팅커뮤니케이션전략이라는 것.

최근에는 광고회사의 존립이유와 평가기준이 바뀌고 있다. 그 새로운 기준은 '광고회사가 마케팅커뮤니케이션전략의 수립과 운용을 얼마나 잘 해내는가' 이다. AE(Account Executive)와 마케터만으로는 부족함을 느낀 광고대행사들이 속속 AP(Account Planner)제도를 도입하는 이유도 바로 여기에 있다고 할 것이다.

## 12 마케팅커뮤니케이션전략의 이해 1

# 아버님 댁에 놔드린 보일러, 그 일등공신은 부모님!

마케팅커뮤니케이션전략의 이해를 돕기 위해 90년대 초반 방영되었던 경동보일러 '효' 캠페인 광고의 전략구성과정을 살펴보기로 한다. 경동보일러의 '효' 캠페인은 90년대 초반에 방영되기 시작해서 여러 성공적 시리즈를 내놓으며 광고의 한 세대를 풍미했다. 전략구성의 이해를 돕기 위해 당시의 전략수립 과정을 재구성해 보았다.

### 인식 변화 어려운 고가내구재, 귀뚜라미 향한 충성도 어떻게 바꿀까?

경동보일러가 광고대행사를 찾아 나섰다. 예나 지금이나 우리나라 광고계가 인 하우스 에이전시(계열광고회사) 체제에 있는 탓에 자기 계열광고회사가 없는 중견기업의 성공캠페인을 갖기는 그야말로 하늘의 별따기인

상황에서 경동보일러가 경쟁프리젠테이션을 하기로 했다는 결정은 것은 빅뉴스가 아닐 수 없었다.

모 광고회사는 경동보일러 경쟁프리젠테이션에 참가하기로 한다. 이 광고회사 역시 계열광고회사였으며, 계열사광고가 전체 집행금액의 절반 이상을 차지하는 신생회사였던 탓에 비계열광고주, 나아가 성공적인 캠페인이 절실했던 상황이었다. 프레젠테이션을 위한 TFT(Task Force Team : 프로젝트 운영을 위해 만든 임시 팀)가 구성되었고, 회사의 전력이 총동원되다시피 해서 환경분석에 들어갔다.

하지만 이 회사가 분석한 환경분석의 결과는 참담했다. 당시 보일러는 서울중심으로 보급되어 있었고, 그 중 귀뚜라미보일러가 무려 50%에 달하는 점유율을 자랑하고 있었으며, 십여 개의 업체들이 난립해서 연일 광고를 집행하고 있는 가운데, 경동보일러는 약 20% 가량의 점유율만을 가지고 있는 수준이었다. 이 경동보일러가 귀뚜라미보일러를 따라잡기에는 너무나도 갈 길이 멀어보였다.

게다가 보일러는 고가내구재이다. 때문에 매우 이성적인 고관여 제품이다. 이성적 고관여 제품의 인식은 하루아침에 바뀌지 않는다. 서울에 거주하고 있는 많은 소비자들은 이미 귀뚜라미보일러에 대한 충성도가 형성된 상태였으며, 지방에는 보일러 자체에 대한 인식이 전무한 상태였다. 지방 소비자들은 소비력이 뒷받침되지 않아 보일러를 구매할 수 없는 상태였으며, 서울소비자들은 보일러 선택에 있어 다기능 및 고기능 · 신속한 A/S · 내구성 · 디자인 등에 주목하고 있었다. 그리고 귀뚜라미보일러는 이러한 속성들에 있어 높은 점수를 받고 있었다.

기름이 떨어지면 귀뚜라미 울음소리를 낸다하여 붙여진 이름, 귀뚜라미 보일러. 이름에서 느껴지듯 귀뚜라미보일러는 다양하고도 높은 기능을 가진 제품으로 인식되어 있었던 것이다. 이외에도 슬림한 디자인과 빠른 A/S 시스템에서 경동보일러를 압도하고 있었던 것.

경동보일러에 대한 인식은 귀뚜라미보일러에 비해 단순한 기능을 가지고 있는 투박한 디자인의 보일러, A/S시스템이 잘 갖춰져 있지 않은 보일러에 지나지 않았다. 상대적으로 높은 열효율을 가지고 있다는 장점이 있었지만 당시의 분위기는 이러한 열효율로 시장을 돌관할 수 있는 상황이 아니었다. 보일러를 보유하고 있는 가정들은 일정 이상의 소비력을 가지고 있었으며, 열효율 몇 퍼센트의 차이를 설명하는 것 또한 그렇게 쉬운 일이 아니었기 때문이었다. 상황분석의 내용을 정리해보면 다음과 같다.

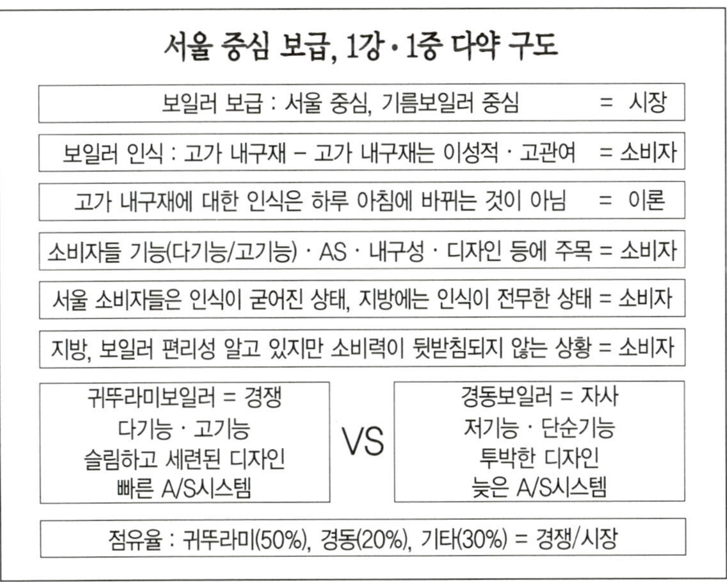


그림 12-1 : 경동보일러 마케팅상황분석 주요내용

## 지방형보일러? 지방을 향한 시장확대전략의 시동을 걸자

이러한 소비자들의 인식을 바꿔내야만 한다는 중압감은 팀원들의 사기를 꺾어놓았다. 첫 번째 전략회의, 팀원 모두는 이러한 상황분석 자료들을 뒤적이며 어떤 결론도 쉽게 내리지 못하고 있었다.

그때 팀원 A씨가 말을 꺼냈다. 시장확대전략을 쓰는 것이 좋겠다는 의견이었다. 기존고객들의 인식이 너무 강고하고 진입장벽이 높으니, 기존고객들보다는 신규고객에 집중하는 것이 좋겠다는 의견이었다. 보일러가 보급되지 않은 지방을 상대로 시장확대전략을 전개하자는 것.

그러나 이런 A씨의 의견에 팀장은 이견을 제시했다. 그것은 마케팅의 ABC도 모르는 소리라는 것. 시장확대전략은 1위업체가 구사하는 전략이며, 2위업체는 시장점유율확대전략을 구사해야한다는 것이 요지였다. 그리고 팀장은 덧붙여서 점유율확대전략을 펼치기 위해서는 상대적 우위(USP)인 열효율을 강하게 밀어붙여 귀뚜라미를 잡아야한다고 말했다.

하지만 A씨는 자신의 주장을 굽히지 않았다. 오히려 열효율이라는 특성은 지방시장에서 더욱 잘 먹힐 수 있는 것이며, 특히 경동보일러는 여러 가지 특성상 지방에 잘 맞는 보일러라는 것이었다. 기능이 단순한 것도 그렇고, A/S시스템이 약해 서비스가 좀 더디더라도 고장이 잦지 않으니 문제가 없으며, 슬림하지 않은 디자인은 오히려 탄탄해보이는 외관으로 보여 지방 소비자들에게 어필할 수 있는 요인이 될 것이라고 그는 주장했다.

그렇다면 이것은 단순한 시장확대전략이 아니라 틈새시장전략이며, 제품특성에 맞는 타깃전략인 셈이었다. 열효율 특성을 강조하는 전략은 소비자들을 이해시키기 어려울 뿐만 아니라, 다른 특성들에 비해 서울의 소비자들에게 어필하는데 불리하다는 것이 A씨의 주장이었다.

때문에 시장확대전략은 가능성 있는 새 타깃에 집중해서 새로운 시장구도를 만들자는 것이며, 생활수준이 향상되고 주거형태가 입식으로 전환되고 있는 추세의 지방시장 공략은 기존 화목이나 연탄난방의 불편함이 충분히 인지되어 있으므로 승산이 있다는 것이었다. 따라서 타깃을 바꿔 그들에게 잘 맞는 우리의 차별성을 강하게 밀면 시장이 열릴 것이라고 A씨는 거듭 주장했다.

그러나 다시 이견이 제시되었다. 그 요지는 지방형 보일러라는 컨셉은 자칫 '수준 낮은, 촌스러운' 으로 비칠 우려가 있으며 서울의 보일러 시장이 지방에 비해 너무 커서 점유율 향상에 도움이 되지 않는다는 것. 더욱 큰 문제는 지방의 경제형편. 그들은 자식교육에는 큰 관심을 가지고 아낌없이 투자를 하는 경향이 있지만 돈이 있어도 땅 · 집 · 예금 등에 집중하면서 스스로 불편함을 감수한다는 것이다.

## 구매자와 사용자를 분리하자는 제안으로 활로를 모색한다

이러한 논의가 오고가는 중에 B씨가 중재안을 제시했다. 사용자와 구매자를 분리하자는 것. B씨는 자신이 지방에서 서울로 유학와서 취업을 한 케이스였으며, 그런 사람들이 의외로 많다는 주장을 펼쳤다. 그들 대부분은 이미 보일러가 설치된 집에서 살고 있다는 것.

그들로 하여금 보일러를 구매하게 해서 고향으로 내려 보내도록 하면 시장을 여는 일이 가능해지지 않겠느냐는게 그의 주장이었다. 즉 경제적 능력이 없거나, 제품인식이 없는 지방 사람들을 사용자로, 구매능력이 있는 서울의 아들들을 구매자로 삼자는 것이다.

그러나 이 문제에 대해서도 반대의견이 있었다. 대부분의 지방유입자들은 월급쟁이이며, 그들에게 보일러 구매와 설치는 상당한 경제적 부담이라는 것이었다. 특히 재구매시에는 단순히 보일러만 바꾸지만, 신규구매의 경우에는 구들을 뜯는 대공사를 벌여야하기 때문에 지방유입자들의 경제적 능력을 감안할 때, 이를 견인하기가 쉽지 않다는 것이 중요한 반대의 이

유였다.

그러한 논란 속에서 1차전략회의는 종료되었다. 보다 구체적인 자료들과 논리를 모아 속개된 2차회의에서 A씨는 타이밍론을 제기한다. '모든 것이 다 준비되고, 무르익은 상태에서 출발하면 늦는다. 만일 지방이 충분히 보일러를 받아들일 준비가 된 뒤라면 다른 보일러업체들이라고 가만히 있겠는가? 반 발짝 빨리 가야 한다. 지금이야말로 가장 효율적인 타이밍이다'라는 것이 A씨 주장의 요지였다.

그러나 팀원들은 '충분히 무르익지 않았다. 반 발짝 빠른 타이밍이 필요한데, 지금은 한 발짝 빠른 타이밍이다'라는 주장을 폈다. 설사 반 발짝 빠른 타이밍이 맞다 하더라도 제대로 견인할 수 있는 컨셉이 필요한데, 그렇게 강력한 임펙트의 컨셉이 있겠느냐는 것이 반대의견의 요지였다.

## 반 박자 빠른 타이밍이 기업의 운명을 좌우한다

이쯤에서 오디오관련 기업들의 명멸을 통해 반 발짝 빠른 타이밍의 중요성을 알아보고 계속 이야기를 이어가기로 한다. 7~80년대 오디오는 가정의 재산목록 1호였다. 외국브랜드 오디오에 의존하던 시장에 '음질 우선주의, 마니아가 찾는 오디오'를 표방하며 나타난 동원전자의 인켈은 미국수출을 계기로 국내시장을 석권한다.

미국에까지 수출하는 오디오. 이 메시지의 파괴력은 당시로서는 실로 대단했다. 지금의 가전은 대부분 브랜드를 중심으로 재편되었지만 당시에는 'TV는 삼성, 냉장고는 금성, 세탁기는 대우' 식의 인식이 자리 잡고 있었고, 그 속에서 인켈은 독보적 시장점유율을 자랑하고 있었다.

독보적 점유율을 가진 인켈. 그러나 있는 집의 과시꺼리로서의 오디오는 곧 포화상태가 된다. 이를 극복하기 위한 획기적 대안이 나왔다. 그것은

TV광고도, 신문광고도 아니었다. 300여개 대리점에 나붙었던 '새봄맞이 혼수세일' 현수막. 이 현수막으로 한순간에 시장 판도가 바뀌었다. 물론 그 후 신문광고가 적극적으로 이를 뒷받침했다. 현수막의 내용은 혼수세일 30%였다.

80년대 중반에 시작한 인켈의 이러한 캠페인은 오디오를 '있는 집의 과시꺼리' 에서 '가정의 필수품' 으로 만드는데 기여한다. 캠페인을 시작한지 불과 2년만에 오디오가 혼수품목에 들어가게 되었다. 이로 말미암아 오디오는 집집마다 한 대씩 보급되었고, 인켈은 독주분위기를 이어간다.

이후 인켈은 오디오시장의 제왕자리를 유지하기 위해 마니아 중심 고가시장을 향해 기술력을 배양, 결국 세계수준의 고가형 오디오 출시에 성공한다. 축제무드에 빠져들고 있던 90년대 중반, 롯데파이오니아의 선공은 오디오시장을 격랑에 휩싸이게 만들었다. 그리고 결코 무너지지 않을 것 같았던 인켈을 무너뜨렸다. 그것은 다름 아닌 롯데파이오니아의 미니콤포넌트 출시. 롯데파이오니아는 학생들의 졸업시즌에 맞춰 저가형 콤포넌트를 내놓고 '방마다 미니미니' 캠페인을 실시했다. 유행처럼 퍼진 '방마다 미니미니' 열풍은 학생들을 중심으로 오디오시장을 바꿔내는데 성공한다.

위기의식을 느낀 인켈은 채 6개월도 지나지 않아 '핌코' 라는 모델을 출시하며 추격을 시작한다. 품질에 있어서만큼은 자신이 있었던 인켈이었지만 미니콤포넌트 시장에서는 상황이 달랐다. 당시 최고의 인기를 누리던 가수 강수지를 모델로 총력전을 벌였으나 결과는 인켈의 완패.

이 사건을 계기로 점차 추락의 길로 내몰렸던 인켈은 결국 해태전자로 매각된다. 그러나 2007년 현재의 사정은 어떠한가? 롯데파이오니아 역시 쇠락을 길을 걸어 그 명맥조차 끊어진 상태다. 그렇다면 오디오시장은 사라졌는가? 그렇다. 지금은 오디오의 영광을 MP3가 대신하고 있으며, 그 제왕의 자리는 가전3사가 아닌 아이리버가 차지하고 있다.

가전3사가 아닌 아이리버가 MP3시장을 과점하고 있는 이유는 무엇일까? 'i+river'는 인터넷강을 의미하는 이름이다. 인터넷과의 연계를 통해 소스를 공짜로 내려 받을 수 있다는 점을 부각하며 이 땅에 탄생한 것이 바로 아이리버다. 출시초기 젊은층을 중심으로 퍼진 mp3열풍은 대단한 것이었다. 아이리버의 시장선점은 오디오시장의 쇠퇴를 불러왔고, 가전3사의 뒤늦은 추격조차 허용하지 않았다.

| 시대 | 캠페인 | 오디오 | 기업의 운명 |
|---|---|---|---|
| 70~80년대 | (인켈) 음질우선주의<br>외국 수출 오디오<br>마니아가 찾는 오디오 | 재산목록 1호,<br>있는 사람들의<br>과시꺼리 | 인켈의 시장안착 |
| 80년대 중반 | (인켈)<br>새봄맞이 혼수세일 | 집집마다 한 대씩 | 인켈의 매출상승과 독주 |
| 90년대 중반 | (롯데파이오니아)<br>방마다 미니미니 | 방마다 한 대씩 | 해태전자의 인켈 인수<br>롯데파이오니아 매출상승 |
| 21세기 | (아이리버)<br>i+river : 인터넷 강<br>인터넷과의 연계 | 소스는 공짜 | 오디오시장 쇠퇴 |

표 12-1 : 오디오시장의 변화와 기업의 운명

## 일거에 문제 해결한 지방형보일러의 효자컨셉, '효'

다시 경동보일러 얘기로 돌아가 보자. 반 발짝 빠른 타이밍에 동의한 팀원들은 이를 견인할 만한 강력한 컨셉 확보를 위해 고심에 빠진다. 그리고 다시 C씨에 의해 '효' 컨셉이 제안되기에 이른다. 우리나라 사람들에게 있어 효의 의미와 상징은 매우 남다르다. 때문에 효는 매우 파워풀한 컨셉이다. 이를 제대로 끌어낸다면 반 발짝 빠른 타이밍을 만들어낼 수 있을 것이라는 주장에 팀원들 모두는 동의했다.

하지만 두 가지 문제가 있었다. 첫 번째 문제는 효와 경동보일러 특성을 어떻게 연결시킬 것인가의 문제였으며, 두 번째는 표현에 대한 문제였다. 진지하지 못하면 효를 전달하기 어려울 것이고, 진지해지려면 부모들의 고생하는 모습을 보여줘야 하는데, 자칫 화면이 구질구질해질 수 있다는 것.

먼저 경동보일러와의 연결에 대한 문제를 풀었다. 캠페인집행을 2단계로 구분하고, 그 중 1단계는 강력한 임팩트와 공감에 집중하자는 것. 강력한 임팩트 제공과 공감 유도만이 '효' 컨셉을 통한 구매결정을 만든다는 인식 아래에서 1단계는 '효' 컨셉만 강조하여 구매결정까지를 유도하고, 지방에 꼭 맞는 보일러(단순기능, 저고장-A/S필요성 낮아짐, 높은 열효율, 저렴한 가격)라는 컨셉은 2단계에서 운영하자고 의견이 모아졌다.

표현문제를 해결하기 위해 아이디어들이 쏟아졌다. 화면을 반으로 갈라 부모와 자식의 생활을 대비하자는 아이디어, 자식들이 제품 구매 중 부모님 걱정을 하며 한 대 더 구입하기로 합의시키자는 아이디어, 부모님께 보일러를 사가지고 간 효자의 모습을 보여주자는 아이디어 등 숱하게 많은 아이디어들이 제출되었다.

가이드라인이 만들어졌다. 한국적 심성에 호소하는 가장 한국적인 영상을 만들기 위해 다큐멘터리기법을 도입하자는 것. 현실감을 극대화자는 의견이었다. 자식의 모습을 드러내지 않고, 부모님 고생하시는 장면만을 노출시켜 소비자들의 감정을 울리자는 것이었다.

### 보일러를 판 세일링 포인트, '이 추운데 애들 고생이나 안하는지, 원'

다음은 그렇게 만들어진 경동보일러 광고캠페인, '효심' 편의 내용이다.

> 소를 몰고 들어오는 아버지. '이랴, 이랴'
> 소를 묶으며, '추운데 뭐하는 거야?'

대꾸 없이 얼음 깨는 어머니,
방으로 들어가며, '얼른 들어와.'
구들 안에 손을 넣으며, '에이그, 방이 왜 이래.'
'이 추운데 애들 고생이나 안하는지 원.'
'글쎄다.'
'여보, 아버님 댁에 보일러 놔드려야겠어요.'
보일러는 경동 보일러 '자막 : 열효율이 높은 제품을 선택합시다.'

이 광고의 엔딩 멘트인 '여보, 아버님 댁에 보일러 놔드려야겠어요'는 아직까지도 회자될 만큼 유명하다. 하지만 광고제작에 있어 가장 주안을 두었던 세일링포인트는 '이 추운데 애들 고생이나 안하는지 원'이었다. 그 힘든 상황 속에서도 오히려 자식을 걱정하는 부모님의 마음을 소비자들에게 충분히 공명시켜 보일러를 팔자는 것.

자식들의 모습을 보여주는 것이 아니라, 암전 중 자막과 함께 '여보, 아버님 댁에 보일러 놔드려야겠어요'라는 멘트가 나오는 것 역시 고도로 계산된 것이었다. 그리고 그 멘트를 아들이 아닌 며느리가 던지는 것 역시 우연이아니다. 이어서 방영된 '황태덕장편'에도 '효심편'과 같은 세일링포인트가 숨어 있었다. 황태덕장, 추운 황태덕장에서 일하시는 부모님은 이런 멘트로 많은 자식들을 울린다. '이거 애들한테 좀 보내줘.' 부모님의 가없는 자식사랑을 매개로 만들어진 이 광고는 1991년 방영되어 '효심2편'으로 1992년 12월 한국광고대상을 수상했다.

이후 경동보일러의 계획은 지방에 신설되는 아파트를 중심으로 리플릿을 활용한 적극적 현장판촉을 집행하여 시장을 넓혀가는 한편, 2단계 광고는 열효율을 중심으로 경동보일러가 지방형보일러임을 알려나가는 것이었다. 지방의 현장판촉은 계획대로 집행되었다. 그리고 지방에서의 약진에 성공했다. 그러나 이 광고 한 편만으로는 귀뚜라미보일러를 앞지를 수는 없었다. 급격한 매출신장을 보이기는 하였으나, 이것은 경동보일러의 독주가 아닌 보일러시장 전체의 약진에 의한 것이었다.

## 2단계 전략 지연으로 완성되지 못한 미완의 전략

여기저기서 2단계를 집행하기에 시기가 적절치 않다는 의견이 개진되었다. 1단계 전략을 통해 이미지 구축과 브랜딩에 성공했으니, 미흡한 점을 보완하여 시리즈로 제작하자는 것. 매출도 기대 이상으로 오르고 있던 차에 한국광고대상 수상은 1단계 전략의 장기 집행을 부채질했다.

한국적 정서를 가장 잘 담아낸 획기적 광고로 각인되었던 바, 경동보일러 광고를 기업의 문화기여 차원에서 연장 운영하자는 의견이 압도적으로 우세했다. 결과적으로 2단계 광고집행은 10여년 가량 늦어졌다. 여기까지 살펴 본 경동보일러의 예가 바로 마케팅커뮤니케이션전략을 구축하고 실행한 과정이다. 전략수립과 집행과정을 도식화해보면 오른쪽 그림과 같다.

가장 먼저 진행한 마케팅상황분석에서부터 4번까지는 마케팅전략에 해당된다. 그리고 5~6번은 광고컨셉과 운용단계, 7번은 아이데이션과 가이드라인 마련 등 크리에이티브 작업, 8번은 매체의 운용과 단계별 컨셉에 관한 내용이라 하겠다.

굳이 뿌리를 찾는다고 하면 조사과정에서부터 4번까지는 마케팅전략, 5~8번까지는 커뮤니케이션전략에 근거하여 구성된 전략이다. 그러나 그 모두는 마케팅커뮤니케이션이라고 하는 하나의 호흡 안에서 완성된 것이다. 이러한 전략수립의 예를 통해 마케팅커뮤니케이션전략을 제대로 수립하기 위해서는 마케팅과 커뮤니케이션의 기초가 튼튼해야 한다는 사실을 알 수 있다.

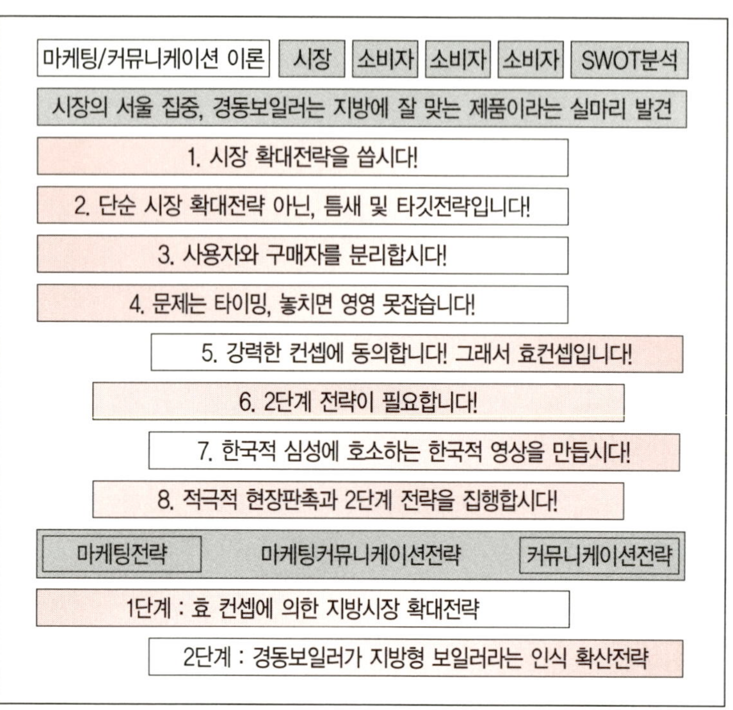

그림 12-2 : 경동보일러 광고의 구조 도해

그렇다면 모든 업종의 마케팅커뮤니케이션전략이 이러한 호흡으로 진행되는 것인가? 결론부터 말하자면 그렇지 않다. 업종에 따라 매번 달라지며, 시대상황에 따라서도 달라진다. 때문에 이전에 공부된 업종이라 하더라도 시간이 지나면 다시 조사되어야 하고, 다시 공부되어야만 한다. 때문에 늘 시장을 제대로 이해하기 위한 관심이 필요한 것이다.

커뮤니케이션도 마찬가지이다. 사람들의 생각을 잘 읽고, 그 사회와 문화적 특성을 반영해야하는 것이 커뮤니케이션이다. 그러나 소비자들의 니즈와 사회의 트렌드는 변화해나간다. 그러므로 이런 흐름을 잘 읽는 것이야말로 마케팅커뮤니케이션전략을 구성하는 가장 중요한 능력이라 하겠다.

# 13 전략의 개념

## 적은 자원으로 승리하는 길, 그 희망의 지도 그리기!

꽤 오래된 얘기다. 시골집 한 채를 사서 호텔로 개조한 후 막 개업을 하려는 시골사람 하나가 있었다. 개업하는 그 호텔의 고객 유치 광고가 필요했던 그는 런던의 한 광고회사 찾아 나선다. 그리고는 그 회사의 사장을 만나 도움을 청했다. 사장은 어느 정도의 예산을 쓸 수 있는지 물었다. 그가 제시한 금액은 500달러였다.

광고회사를 우습게 봐도 유분수지, 어디 500달러를 가지고 광고를 내달라고 요청할 수 있단 말인가? 사장은 그의 요청을 대수롭지 않게 받아들였다. 그래서 그는 그 일을 정식직원이 아니라 사환 정도 되는 친구에게 넘겼다. 그 사환은 회사에서 잡일이나 심부름을 하는 사람이었다. 사장은 그에게 마음대로 해보라고 말했다.

## '적은 자원을 투입해 성공하는 것', 그것이야 말로 큰 일

만일 당신이 이런 일을 맡게 되었다면 어떻게 처신했을까? 보통의 경우라면 '사장이 돈도 안 되는 별 볼 일 없는 일을 내게 맡겼구나. 대충해서 치워버리자', 혹은 '이 돈으로 어떻게 호텔을 론칭하라는 말인가? 적당한 매체 하나 잡아 돈만큼 집행하고 말아버리자' 라고 생각할 것이다. 또 어떤 이는 500달러라는 돈에는 신경조차 쓰지 않고, '어떤 말로 호텔을 론칭할까'에 골몰했을 수도 있다.

그러나 이 친구는 꽤 적극적이고 머리도 좋은 친구였던 모양이다. 그는 곧 500달러의 예산으로 우편엽서를 사서 호텔 주변에 있는 부유층 인사들을 대상으로 발송했다. 그로부터 6주 후 그 호텔은 손님들로 성황을 이룬 가운데 성공적인 개업을 맞이할 수 있었다.

우편엽서로 성공한 사람의 이야기다. 훗날 그는 세상에서 가장 유명한 광고인이 된다. 광고하는 사람이라면 모르는 이가 없는 광고인, 오길비. 그가 맡았던 첫 광고의 이야기다. 이 내용은 〈광고 불변의 법칙〉으로 번역되어 출판된 〈Ogilvy On Advertising〉에 나오는 이야기다. '작은 배역이란 없다. 단지 작은 배우만이 있을 뿐이다' 라는 말의 단적인 사례라 하겠다.

이 사례를 통해 우리가 얻을 수 있는 교훈은 적은 자원을 투입하는 일이라고 해서 모두 작은 일일 것이라는 판단은 옳지 않다는 점이다. 오길비는 오히려 적은 자원을 투입해서 성공을 거두는 일이야말로 큰일이라고 여겼다. 세계전쟁사에서 내로라 하는 장수들은 한결같이 안 된다는 일을 되게 만든 장수들이다. 승산이 없는 전쟁에서 승리를 거둔 장수들이다. 바꾸어 말하면 적은 자원으로 상대의 큰 병력을 제압한 장수들이라는 것이다.

적은 자원을 투입해서 성공을 거두라는 미션을 받게 된다면 그것은 매우 큰 기회다. 물론 성공이 그리 쉽지만은 않겠지만 성공을 거둔 뒤를 생각해보라. 결코 그 일을 작은 일로 치부할 수 없을 것이다. 나에게 주어진 일이 큰일이든, 혹은 작은 일이든 그것에 연연하지 말고, 우선은 주어진 작은 일 하나하나에 최선을 다해나갈 때 비로소 우리는 제대로 일을 성공시킬 수 있다.

앞에서 말한 오길비의 우편엽서가 단순히 어느 광고인의 무용담으로 치부되어서는 안 되는 이유가 여기에 있다. 많은 사람들은 겉으로 드러난 행위에만 초점을 맞춰 그 일을 평가하곤 한다. 그러나 그 속에는 치밀하고도 정교한 전략이 숨어 있기 마련이다. 그러니 우리는 그러한 전략들을 살펴 알아내고, 그런 전략들로부터 배우고, 나만의 새로운 전략을 구성해내는 능력을 길러야만 한다.

단순히 촌철살인의 카피 한줄, 기발한 매체개발로 전략의 줄거리를 덮어버려서는 더 이상 배울 것이 없다. 빙산일각(氷山一角)이라는 말이 있다. 드러난 부분은 극히 작다는 말이다. 남이 한 일에 내재되어 있는 전략을 찾아내 살피는 것은 전략공부에 크게 도움이 된다.

## 전략은 길 찾기, 지도 그리기를 연습하자

광고 일을 하다보면 자주 듣게 되는 말, 전략. '너는 이 일에 어떤 전략을 쓰려고 하느냐?' 또, '전략적 사고를 하라'는 말도 듣게 된다. 한 마디로 답하기 어렵다. 과연 전략이라는 말에는 어떤 뜻이 담겨 있는가? 전략적 사고란 어떤 사고인가?

전략이라는 말은 광고용어인가? 결론부터 말하면 그렇지 않다. 전략은 전쟁용어에서 비롯되어 내려온 말이다. 적을 속이는 술책이라는 그리스어, 'strategia(將帥術)'에서 태어난 말. 군에서 처음 만들어진 개념이었다. 그래서 그런지 전략이라는 말이 주는 느낌은 매우 살벌하다.

과연 전략은 무엇일까? 챈들러(A. Chandler Jr.)는 경영전략을 '기업의 장기적 목적 및 목표의 결정, 이들 목표를 실행하기 위해 필요한 활동방향과 자원배분의 결정' 이라고 정의했다. 마이클 포터(Michael Porter)는 경영전략을 '기업의 경쟁우위를 구축하고 구체적인 경쟁방식을 선택하는 의사결정' 이라고 정의했다.

이 두 정의를 바탕으로 정리해보면 전략이란 '목표의 결정과 이 목표를 실행하기 위해 필요한 활동방향과 효율적 자원배분에 대한 결정' 이며, 전략적 사고란 '목적에 맞는 사고, 목적달성의 방향을 고민하는 사고, 효율성을 강조하는 사고' 라 풀이해 볼 수 있겠다.

보다 쉽게 설명하면 전략에는 '목적지를 정하는 일', '목적지까지 가는 가장 효율적인 길을 찾는 일', '그 길을 보다 효과적으로 갈 수 있는 방법을 찾는 일' 의 세 가지 의미가 들어 있다는 것. 그래서 전략을 구상하는 사람들은 곧잘 종이를 펴놓고 개념도를 만든다. 일종의 지도그리기다. 전략을 잘 구상하고 싶다면 전략개념도를 연습하자. 수없이 거듭되는 전략개념도 연습이야말로 자신의 사고를 정리하게 해주는 원천이다.

## 좋은 아이디어 몇 개가 아닌 큰 줄기에서부터

이러한 전략 중 광고전략은 마케팅전략 하에서 움직인다. 그리고 마케팅전략은 경영전략 하에서 움직인다. 군대로 치면 경영전략은 사단전략이고, 마케팅전략은 연대전략, 광고전략은 화기대대의 전략이라고나 할까?

그러나 요즘 들어 광고전략과 마케팅전략이 일치하는 경우가 자주 나타난다. 광고전략을 무조건 마케팅전략의 하위전략이라고만 보기에는 어려운 사례들이 종종 나타나는 것이다. 광고전략이 마케팅전략, 나아가서 경영전략 전반에 큰 영향을 미치는 현상도 나타나고 있다.

그러나 그렇다고 해서 경영전략과 마케팅전략, 그리고 광고전략이 각기 따로따로 놀아서는 안 된다. 서로 다른 타깃을 겨냥해서도 안 된다. 결국 이 세 가지 전략은 상하의 관계에 있거나, 최소한 같은 방향을 지향한다. 이러한 관계를 통해 우리는 이 세 가지 전략이 서로 협업하는 처지에 있다는 사실을 알 수 있다.

때문에 광고전략이 마케팅전략 하에서 움직인다는 설명만 듣고 광고전략을 마케팅전략의 하부단위인 전술 정도로 이해하는 것은 옳지 않다. 광고전략은 그 자체로서 독립적인 목적지가 있고, 그 목적지를 향해 가는 가장 효율적인 길을 찾는 것이며, 그 길을 보다 효과적으로 갈 수 있는 방법을 찾는 것이니 말이다.

하지만 전략도 규모에 따라 여러 단계로 나눠지는 경우가 많다. 그렇다면 이렇게 각각 나눠진 전략단위와 전략의 하부단위인 전술은 같은 의미로 쓰일 수 있는가? 그렇지 않다. 전략단위의 끝이 목적지라면 전술의 끝은 늘 길 위다. 언제나 전략은 목적지를 지향하고, 전술은 길 위를 효과적으로 걷는 방법을 지향한다. 그래서 전술은 늘 전략의 품 안에 있어야만 한다.

전술은 전략의 하부단위일 뿐만 아니라, 이를 뒷받침하는 하부단위여야 한다는 것이다. 그러니 전술 몇 개가 모였다고 전략이 구성될 수는 없는 노릇이다. 마찬가지로 몇 가지 좋은 아이디어를 전술화해서 결합시키는 것만으로는 결코 좋은 전략을 만들 수 없다. 먼저 전략을 구상하고, 그 전략 하에서 필요한 전술들을 구성해내야만 한다.

## 직원 두 명으로 시작한 대행사가 세계적 기업이 될 때까지

1948년, 38세의 오길비는 광고대행사의 문을 연다. 광고주도 하나 없는 채로 2명의 직원과 함께 시작한 광고대행사 오길비 앤 매더(Ogilvy &

Mather). 그렇게 시작한 회사는 무려 3,000여 개의 대행사들과 경쟁해야 했다. 그런 회사가 현재에는 100여 개국에 360여 개의 현지법인을 가진 가장 큰 네트워크의 존경받는 세계적 기업으로 발전했다.

문을 연 뒤 그가 가장 먼저 한 일은 희망하는 5개 클라이언트의 리스트를 작성한 것이다. '제너럴 푸드, 브리스톨 마이어스, 캠벨 수프, 레버 브러더즈, 쉘' 이 바로 그것이었다. 당시의 회사 상황으로는 엄두도 낼 수 없는 대광고주들이었다. 하지만 오길비는 늘 '1등급 비즈니스, 1등급의 방법' 을 주창했다.

오길비는 먼저 무명의 회사를 유명하게 만들고 이를 통해 중소형 광고주를 확보하는 일을 최초의 목표로 삼았다. 이 목표 달성을 위해 오길비는 몇 가지 일을 추진해나갔다고 한다.

그는 가장 먼저 언론과의 관계를 구축한다. 광고업계지 기자 10명 정도를 점심식사에 초대한 오길비. 그는 '무에서 출발하지만 큰 대행사를 만들겠다' 는 야심을 그들에게 털어놓는다. 그리고 그들의 도움을 요청하는 한편 그들과 보다 밀접한 관계를 만들게 된다. 그 후 기자들은 오길비가 보내는 인쇄물이라면 아무리 작은 것이라도 반드시 기사로 다루어 주었다.

다음으로 업계와 사회 속에서의 영향력 강화를 위한 이벤트를 벌인다. 아트 디렉터즈 클럽 강연을 활용하기로 마음먹은 오길비는 '좋은 레이아웃을 만드는 39가지 원칙' 이라는 리스트를 만든다. 만들어진 리스트는 강연 당일 참석한 아트 디렉터 전원에게 나누어졌다. 그리고 대학에서의 광고 관련 강의의 몽매함을 고발하고, 실제로 사용될 수 있는 자격증을 수여하는 광고대학 설립을 위해 자신이 1만 달러를 내놓겠다고 제안했다. 당연히 이 바보(?)같은 제안은 신문 1면을 장식했다.

다음은 회사의 내부역량을 구축하는 한편, 대외협력체계를 구축한다. 언제든지 협력가능한 PR 컨설턴트와 경영 엔지니어들을 친구로 맞아들인 것이다. 그는 이렇게 구성된 그만의 인적 네트워크를 적극적으로 활용했다.

마지막으로 그는 고객들에게 오길비와 오길비의 일을 알렸다. 각 업종에 종사하고 있는 예상 고객 600명에게 업무진행보고서를 정기적으로 송부한 것. 이러한 네 가지 PR을 이용해서 오길비는 무명에서 스타로 부상하는 한편 작은 광고주들을 영입하게 된다. 그의 첫 번째 목표가 달성된 것이다.

두 번째 목표는 작은 광고주들이 성공할 수 있도록 하는 성공캠페인의 운영과 이를 통한 명성 확보였다. 신규 광고주를 유치할 수 있는 가장 쉬운 방법은 좋은 광고로 프레젠테이션을 하는 것이었다. 무려 7년 동안 신규 광고주를 유치하는 경쟁 프레젠테이션에서 그는 단 한 번도 패하지 않았다.

그리고는 결국 자신이 맡은 광고주들을 성공시킴으로써 명성을 확보하게 된다. 그는 세 번째 목표인 대형광고주 확보를 위한 명성과 신뢰를 확보하게 된 것이다. 그리고 결국 그는 세 번째 목표를 달성한다. 작은 광고주들의 성공이라는 계단을 넘어 그가 처음 희망했던 대형광고주 5개를 모두 고객으로 맞이하게 되는 것이다.

오길비의 광고회사가 취한 론칭전략을 간략하게 설명했다. 물론 여기에는 미처 말하지 않은 몇 가지 사실들이 숨어 있다. 예상 고객 600여 명에게 업무진행보고서를 송부하기 위해서는 예상 고객들에 대한 데이터베이스가 있어야만 했을 것이다. 그리고 예상 고객 600명을 골라내기 위한 기준도 분명히 존재했을 것이다.

뿐만 아니라 기자들과의 관계를 통해 언론기반을 마련한 뒤에는 그들에게 필요할 때마다 퍼블리시티를 운영한다든지 하는 일상적인 일들을 진행했을 것이다. 이러한 오길비의 론칭전략을 도식화하면 다음과 같은 전략개념도가 만들어질 수 있을 것이다.

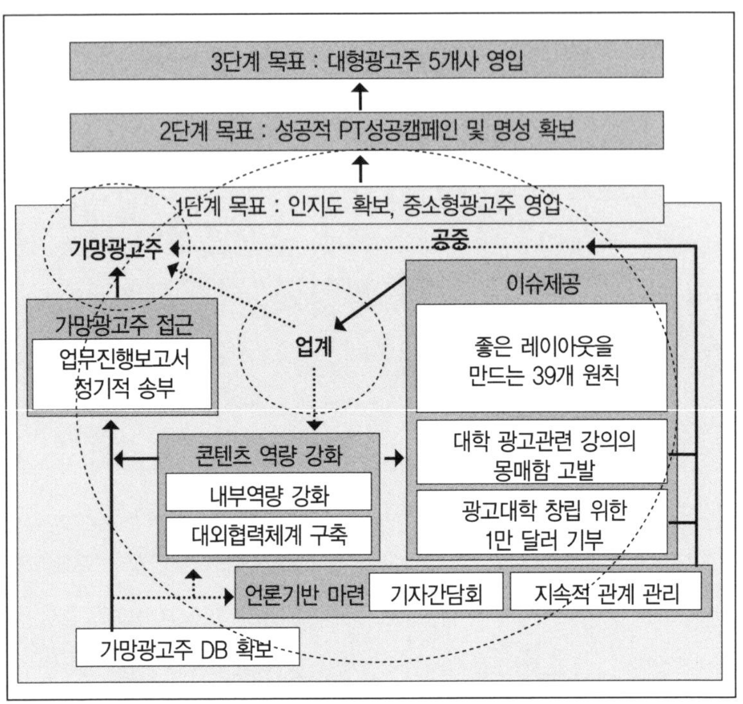


그림 13-1 : 오길비가 운영한 1등급 비즈니스를 위한 전략개념도

이러한 전략을 구성하는데 있어 가장 중요한 전략의 3요소는 논리성 · 창조성 · 현실성이다. 많은 사람들이 아이디어와 전략을 혼동한다. 창조적인 것을 전략이라고 오해하는 경우도 많다. 물론 창조적인 것은 사람들의 관심을 끌 수 있다. 하지만 그러한 창조성이 논리적 개연성없이 사용된다면 효과를 보기 어렵다.

모든 행동들은 논리적 개연성 아래에서 계산되어야만 한다. 아무리 참신한 프로그램도 그것이 목표달성에 기여하는 바가 없거나 전체적인 논지와 연결되지 않는다면 버려야 한다. 그리고 이렇게 구성된 전략은 충분히 현실로 구현될 수 있는 가능성, 즉 현실성에 기초해야만 하는 것이다.

# 14 전략의 이해

## 삼분천하와 적벽대전, 제갈공명과 함께하는 전략여행!

많은 사람들이 잘 알고 있는 삼국지를 통해 전략의 개념을 좀 더 이해해보기로 하자. 삼국지에는 다른 어떤 이야기들에서보다 전략과 전술의 구체적인 과정들이 상세히 나와 있어 전략을 수립하는 이들에게 좋은 모델이 되고 있다. 우리는 삼국지를 통해 얼마나 많은 군사력을 가졌느냐보다는 얼마나 지혜로운 전략이 있느냐가 승패를 가르는 중요한 기준이 된다는 사실을 배운다. 그 중에서도 제갈공명의 삼분천하와 적벽대전은 전략의 백미로 꼽히는 대목이다.

### 삼분천하를 위한 전략의 단계와 유비의 핵심역량

유비는 조조를 무찌르기 위해 삼고초려 끝에 제갈공명을 자신의 사람으로 맞이하게 된다. 이때 제갈공명은 유비에게 삼분천하의 계획을 설명한다. 그 속에는 제갈공명이 그간 모았던 정보와 지식, 그리고 이를 통해 판단한 정세가 집대성되어 있다.

제갈공명 '삼분천하론'의 요지는 다음과 같다. '북(北)은 천시(天時)를 차지한 조조에게 사양하고, 남(南)은 지리(地利)를 차지한 손권에게 사양하고, 유비는 인화(人和)를 차지하여 먼저 형주를 취해 있을 곳을 삼고, 뒤에 서천을 취해 기업을 세워 종족지세를 이룬다면 후에 가히 중원을 도모할 수 있다.' 그렇게 시작된 제갈공명 '삼분천하전략'의 운용목표는 '삼분천하를 이루는 것'. 유비의 핵심자원은 '인화'라는 것이다. 이러한 큰 전략은 이후 몇 가지 단계별 전략에 의해 구체화된다.

1단계 전략목표는 '진영 속에서 자신의 입지 만들기', 2단계 전략목표는 '백성들을 거두며 위기로부터 벗어나기', 그리고 3단계 전략목표이자, 최종 전략목표는 '적벽대전을 승리로 이끌고 땅을 지켜 삼분천하를 이루는 것'. 바야흐로 제갈공명이 세운 삼분천하전략의 완성단계이다.

## 주유의 다혈질을 이용한 '이교전술'로 유비와 손권을 손잡게 하다

그 중 3단계 전략을 살펴보자. 위기로부터 벗어난 유비를 사로잡기 위해 조조는 강동의 손권에게 편지를 보내 함께 싸울 것을 권한다. 편지의 내용은 '사냥을 위해 강하에서 모입시다. 거기서 유비를 죽여 형주를 나누어 가짐과 아울러 영구히 화친합시다'라고 되어 있었지만 손권은 조조가 언제 자기 나라를 침략할지 몰라 두려워하는 상태다.

손권은 노숙을 유비에게 보내 유비의 상태를 알아보려 했다. 제갈공명은 기다렸다는 듯 유비를 살피러 온 노숙과 함께 강동으로 건너간다. 강동에서는 의견이 분분했다. 조조를 믿을 수 없으니 조조와 싸우자는 측, 조조와 힘을 합쳐 형주를 빼앗아 나눠 갖자는 측이 팽팽하게 맞서 대립하고 있었다. 손권 역시 결정을 못하고 있는 상황이었다.

제갈공명은 주유가 다혈질이라는 점을 이용하여 빠른 결정을 내리도록 작전을 세운다. '무릎 꿇지 않고 항복하는 방법을 알려주겠다' 며 조조의 둘째 아들이 지었다는 동작대부를 주유에게 들려준다. '장하의 물 길게 흐르는데 바라보니 동산의 과일이 영글었구나. 좌우에 세운 한 쌍의 누대 옥룡과 금봉이로다. 이교를 데려다 동과 남에 두고 아침저녁으로 함께 즐겨보리라. 임금 계신 장려한 도읍 굽어보니 구름과 안개 속에 아련히 떠 있노라.' 하는 대목이었다.

원래 조식이 지은 '동작대부' 에는 '두 다리를 동서쪽에 이어 놓았음이여' 라는 의미로 '이교' 라는 단어가 사용되었는데, 이 '이교' 를 교씨의 두 딸 이교, 즉 손권과 주유의 아내 두 사람으로 슬며시 바꿔버린 것이다. 그러니 '손권과 주유의 아내를 데려다가 동쪽과 서쪽에 각각 두고 아침저녁으로 함께 즐기리' 가 되어버린 셈. 격동한 주유는 결국 조조와 싸우기를 결심하고 손권을 설득하여 조조와 전쟁을 벌이게 한다.

### 수전 능한 채모와 장윤을 없애고, 적벽대전 승리의 첫 걸음을 떼다

기다리고 있던 유비는 제갈공명의 소식을 궁금해 하며 관우와 군사들을 데리고 주유의 진채로 간다. 주유는 내심 유비 또한 죽이고자 하였으나 관우를 보고 뜻을 이루지 못한다. 조조는 채모와 장윤 등 형주로부터 항복한 장수들을 데리고 싸움을 걸어왔다. 주유는 조조의 군사가 수전에 약하다는 점을 이용해서 조조와의 싸움을 승리로 이끈다. 아직 군사들이 수전에 익숙하지 못하니 수채부터 세워 훈련을 시켜야 한다고 주장하는 채모와 장윤.

조조군은 장강 연안 일대에 수문 스물네 개를 만들어놓고 큰 배들은 밖에다가 늘어세워서 성곽을 삼는 한편, 작은 배들은 안에서 왕래하게 하는 엄청난 규모의 수채를 완성한다.

이에 주유는 채모와 장윤만 없으면 이 싸움을 훨씬 유리하게 이끌 수 있다고 판단하고 그들을 없애기 위한 계략을 마련한다. 주유는 배를 몰고 수채 근처로 가서 정찰을 하는 척하다가 조조군이 쫓아 나오자 줄행랑을 놓는다. 이를 수상하게 여긴 조조는 주유와 어릴 적 친구였던 장간을 주유에게 보내 알아보도록 한다.

생각대로 장간이 도착하자 주유는 그를 영접하고 술을 같이 한다. 그리고 주유 자신이 채모 · 장윤과 내통하는 것으로 믿게 만든다. 조조는 장간의 보고를 받고 채모와 장윤을 불러 주유를 치도록 명령한다. 그러나 채모와 장윤은 아직 훈련이 덜 되었다고 만류하고, 조조는 그런 두 사람을 주유와 내통했음으로 알고 죽이게 된다. 이른바 반간계다.

## 사흘 뒤, 안개 낄 것을 예측한 제갈공명의 천문지리정보

주유는 언젠가 자신의 적이 될지도 모를 능력가, 제갈공명을 죽이겠다는 꿈을 버리지 않는다. 꾀를 낸 주유는 제갈공명에게 화살 십만 살을 열흘 만에 만들어달라고 부탁한다. 그리고는 장인과 물자를 대어주지 않아 제갈공명을 죽일 명분을 만들어야겠다고 구상했다.

그러나 제갈공명은 이를 사흘 만에 해결하겠다고 약속한다. 그리고 제갈공명은 본인의 처지를 딱하게 여긴 노숙을 따로 불러 풀무더기를 가득 실은 배를 부탁해둔다. 안개가 심하게 낀 사흘째 날 새벽, 풀무더기를 가득 실은 배로 조조의 군중에 간 제갈공명은 조조군이 적군으로 알고 풀무더기에 쏴 맞춘 화살을 아주 많이 모아 주유를 놀라게 한다.

놀란 주유에게 제갈공명은 이렇게 말한다. "장수가 되어 천문에 통하지 못하고 지리를 알지 못하며 기문을 모르고 음양에 어두우며 진도를 보지 못하고 병세에 밝지 못하다면 무엇에 쓰겠습니까? 양이 사흘 전에 오늘 이처럼 안개가 낄 것을 예측하고 있었던 까닭에 감히 사흘 한을 두었던 것입니다." 이 말 속에 들어 있는 정보의 수집과 분석, 그리고 활용의 중요성이야말로 전략의 개념을 제대로 보여주는 것이라 할 수 있겠다.

광고에서의 목적대상은 경쟁사가 아니다. 소비자다. 이렇게 대비하면 지나친 비약이라 할 수도 있겠으나, 그것은 사실이다. 우린 경쟁사의 인식을 바꾸려 하는 것이 아니라, 소비자의 인식을 바꾸고자 광고를 집행하기 때문이다.

그렇다면 적을 아는 것은 소비자를 아는 것이요, 지피지기면 백전불퇴라는 말의 '지기'는 우리 회사의 자원과 핵심역량을 아는 것이며, 천문지리를 아는 것은 트렌드를 포함한 시장상황과 경쟁상황 전반을 아는 것이다. 제갈공명은 이미 그 시대에 천문지리와 기문 · 음양 · 진도 · 병세를 말함으로써 트렌드의 중요성, 상황분석의 중요성을 설파했다.

## 고륙지계, 연환계에 이어 동남풍으로 불 붙였다

주유는 화살사건을 계기로 제갈공명을 죽이겠다는 자신의 생각을 전쟁 뒤로 미룬다. 전쟁에서 이길 생각에만 골몰하던 주유는 어느 날, 제갈공명과 함께 마음을 터놓고 전략을 논의하게 된다. 그리고 이 자리에서 두 사람 모두의 심중에 화공을 생각하고 있었음이 드러난다.

그러나 전면전의 형태로 화공을 사용해서는 강동의 손실도 만만치 않을 것이기 때문에 화공의 선봉에 세울 장수를 안전하게 적진까지 보내기 위한 계책을 고민했다. 주유가 선택한 방법은 사항계, 즉 거짓항복이었다.

이때 조조는 죽은 채모의 동생 채중과 채화를 주유에게 보내 거짓항복을 하도록 하고 주유의 적정을 살피게 하지만 주유는 이를 알아차려 오히려 이를 역이용한다. 이때 늙은 장수 황개는 목숨을 바쳐 고육지계로 충성을 다한다. 주유는 다시 조조에게 감택을 보내 황계의 사항계에 조조가 걸려들도록 만든다.

한편 주유는 적군의 배들을 하나로 묶어 화공에 보다 쉽게 무너지도록 하는 연환계를 방통에게 부탁한다. 방통은 장간과 함께 조조에게 가 배들을 모조리 묶어 하나로 만든 뒤 그 위에 널판을 대어 배를 육지처럼 쓰게 하면 수전 경험이 없는 조조군에게 더없이 좋은 계책이 될 것이라고 전한다. 마침 뱃멀미로 고생을 하고 있던터라 조조는 이 계책을 받아들이게 된다.

그러나 결전을 얼마 남겨두지 않은 어느 날, 주유는 갑자기 쓰러지고 만다. 제갈공명은 주유가 쓰러진 원인이 바람에 있다고 말한다. 화공을 제대로 쓰기 위해서는 동남풍이 불어야 하지만 겨울인 탓에 북서풍만이 불고 있었던 것. 제갈공명은 주유를 찾아가 사흘 낮과 사흘 밤에 걸쳐 동남풍을 불러오겠다고 말한다. 주유는 크게 기뻐하며 거사날짜를 정한다.

제갈공명은 제단을 쌓고, 근엄한 제사를 통해 동남풍을 불러온다. 물론 제갈공명은 바람이 부는 천시를 알아 이를 이용했을 뿐, 동남풍을 부르는 재주는 없었을 것이다. 하지만 이러한 제 의식들은 군사들의 사기를 진작시키고 자신의 능력에 대한 신비감을 높여 놓는 한편, 유비에게로 돌아갈 구실도 만들수 있었다.

## 적벽대전의 승리로 '삼분천하'라는 전략목표 달성

일을 마친 공명은 주유의 손에서 벗어나 유유히 유비에게로 돌아갔다. 주유와 제갈공명의 화공에 당한 조조는 설상가상으로 유비에게 습격을 받아 크게 패한다. 공명의 계략으로 도주하는 조조군을 추격하여 섬멸한 유비는 형주땅을 차지할 수 있었다. 그리고 강동과 땅을 나누지 않는 것으로 전략을 마무리 한다. 제갈공명이 말한 삼분천하가 만들어진 것이다. 삼분천하를 위한 최종전략인 3단계 전략을 도식화하면 다음과 같다.

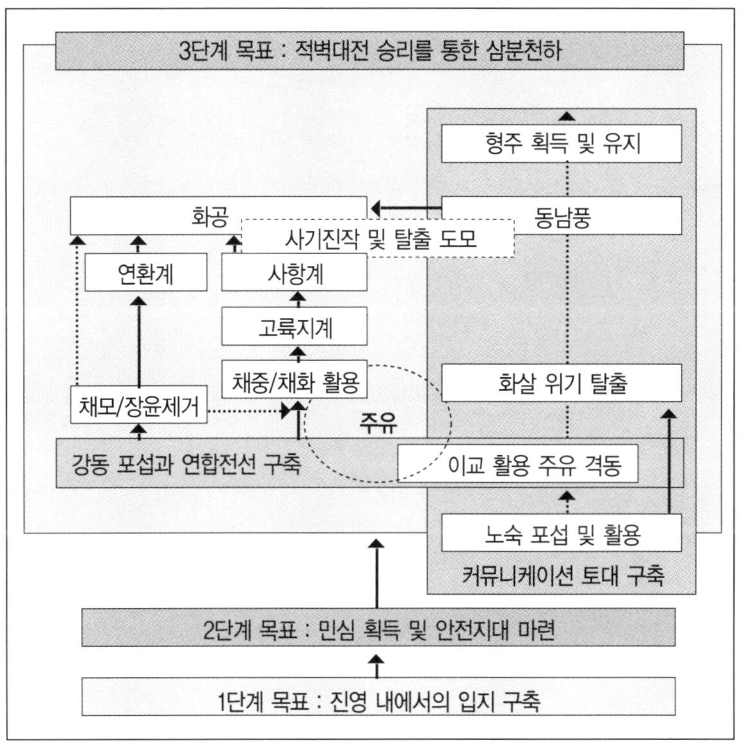

그림 14-1 : 제갈공명이 운영한 삼분천하를 위한 전략개념도

분석해보면 이 전략의 목적지는 '삼분천하' 였다. 목적지까지 가는 가장 효율적인 길로는 크게 '제갈공명의 입지를 만드는 것, 백성들을 거두며 위기로부터 벗어나는 것, 적벽대전을 승리로 이끌고 형주를 지키는 것' 으로 정했다. 그리고 각 전략단계마다 그에 맞는 효율적인 길이 도모되었다.

3단계 전략만 놓고 볼 때, 적벽대전을 승리로 이끌기 위해 제시된 큰 길은 강동을 포섭하여 연합전선을 구축한 것과, 수전에 약한 조조군을 화공으로 물리치는 것이라 하겠다.

그리고 이를 효율적으로 해결하기 위해, '이교를 활용해 주유를 격동시키기' 가 동원되었고, 수전에 능한 채모와 장윤을 없애기 위해 활용한 반간계, 방통을 활용해 배들을 한데 묶은 연환계, 전면공격 대신 소수병력만으로 효율적 화공을 진행하기 위해 활용한 고륙지계와 사항계. 동남풍이 부는 날을 골라 화공을 운용한 택일 등이 동원되었다. 동남풍을 통한 사기진작도 승리에 도움을 준 요소이다.

여기에 주유의 시기와 질투로부터 스스로를 보호하기 위해 펼친 '화살구하기', '자경 끌어들여 주유 격동시키기', '유비 보호하기', '출전일에 맞춰 돌아갈 채비', 이후 '후퇴하는 조조군 섬멸을 위한 길목지키기' 등도 일을 운용하는데 동원된 전술들이라 할 것이다.

이처럼 삼국지를 잘 살피면 전략의 극단적인 예들이 많이 나온다. 이를 통해 전략에 앞서 정보가 필요하고, 이를 제대로 분석하고 판단하는 능력이 필요하다는 것을 배울 수 있다. 그리고 이를 토대로 제대로 된 전략을 구축하기 위한 기초이론 역시 필수적으로 갖추어야 하겠다. 전략은 감에 의해, 아이디어에 의해, 직관에 의존해 만들어지는 것이 아니라는 사실을 명심해야 한다.

# 15 마케팅의 개념과 진화

## 변화하는 시장, 진화하는 마케팅을 읽는다!

마케팅환경이 변하면서 광고전략을 따로 기획하기보다는 마케팅 전략 속에 광고전략을 녹여내는 형태로 전략을 구상하는 현상이 점점 더 늘어나고 있다. 그럴수록 광고인들의 마케팅에 대한 이해의 필요성은 더욱 높아진다 하겠다. 이 개념들을 정확히 몸으로 이해하고 있지 못한 채로는 좋은 광고전략을 만들어낼 수 없기 때문이다.

갸우뚱거려지는 디자인 · 완성도 떨어지는 영상 · 잘못된 문장 몇 개는 용서될 수 있어도, 기업이 가는 방향 · 추구하는 마케팅 방향에 부합하지 못하는 광고전략은 용서받을 수 없다. 그러므로 우리는 마케팅과 마케팅전략을 충분히 이해하고, 이에 부합하는 광고전략을 수립해야 할 것이다. 이 장에서는 마케팅의 개념들과 그것들의 진화과정에 대해서 살펴보도록 하자.

먼저 시장의 개념에 대해 살펴보자. 일반적으로 알고 있는 시장의 개념은 물리적 공간(Physical Zone)이다. 경제학적 관점에서는 수요와 공급이 만나는 개념적 장소(Virtual Place)를 시장이라 부른다. 그러나 경영학적 관점에서는 교환이 이루어지는 모든 가상의 영역을 시장이라 부른다.

### 새로운 시장의 개념, '소비자의 가치를 교환하는 공간'

앞서 말한 바대로 시장에서는 교환이 이루어진다. 교환이란 소비자에게 편익과 만족, 즉 가치를 주고 그 대가로 이익을 얻는 것이다. 마케팅은 이러한 교환을 활발하게 하는 일이다. 때문에 마케팅은 누이 좋고 매부 좋게 하는 궁리라 하겠다.

소비자의 편익과 만족을 다른 말로 하면 그것은 소비자의 가치이고, 교환의 입장에서는 교환가치라 하겠다. 그렇다면 소비자의 편익과 만족의 전제조건이 되는 욕구란 어떤 것인가?

욕구는 다시 1차적 욕구와 2차적 욕구로 나뉜다. 1차적 욕구(needs)란 기본적인 인간의 요구사항을 말한다. 생존을 위해 필요한 음식 · 공기 · 물 · 옷 · 휴식 · 교육 · 오락 등이 그것이다. 2차적 욕구(wants)란 앞에서 말한 1차적 욕구가 특별한 목적물로 지향되는 것을 말한다. 모든 사람은 배가 고플 때 음식을 먹고 싶어 하지만 사람에 따라 밥과 김치를 원하는 사람이 있는 반면, 햄버거와 감자튀김을 원하는 사람도 있다. 이처럼 2차적 욕구는 그 사람이 살고 있는 사회에 의해 형성된다.

마케터는 1차적 욕구를 창조해낼 수는 없지만 2차적 욕구에는 영향을 미칠 수 있다. 제품이란 1차적 욕구와 2차적 욕구를 충족시킬 수 있는 어떤 제공물이다. 그리고 이러한 제품 속에는 상표라는 개념까지 녹아 있다. 상표란 사람들이 잘 알고 있는 원천에서 제공하는 제공물이다. 맥도날드와 같은 상표는 사람들의 생각 속에 햄버거뿐만 아니라, 즐거움 · 어린이 · 즉석식품 · 황금색 아치 등 연관된 많은 것들을 전달한다.

이런 연상은 상표이미지를 조성한다. 많은 기업들은 강력하고도 우호적인 상표이미지를 수립하려고 노력한다. 이처럼 제품은 본질적인 의미에서의 제품 이외에도 다양성 · 품질 · 디자인 · 특성 · 상표명 · 포장 · 크기 · 서비스 · 보증 · 반품 등을 포함하는 개념의 제공물인 것이다.

## 기능적 이점만이 아니라 감정적 이점이 강조되는 시대

제품 또는 제공물은 소비자들에게 가치와 만족을 전달할 경우에 성공할 수 있다. 소비자는 여러 제공물 중 최상의 만족을 제공한다고 믿는 것 하나를 선택한다. 가치(value)란 고객이 획득하는 것과 고객이 제공하는 것 간의 비율로써 정의되는 것이다. 즉, 고객은 이점을 획득함으로써, 비용을 감수한다는 것. 이점에는 기능적 이점과 감정적 이점이 포함되며, 비용에는 금전적 비용, 시간 비용, 에너지 비용 그리고 심리적 비용이 포함된다.

$$\text{가치} = \frac{\text{이점들}}{\text{비용}} = \frac{\text{기능적 이점} + \text{감정적 이점}}{\text{금전적비용} + \text{시간비용} + \text{에너지비용} + \text{심리적비용}}$$

표 15-1 : 가치를 구하는 공식

여러 가지 방법으로 고객에게 제공하는 제공물의 가치를 증가시킬 수 있다. 이점을 증가시키는 것, 비용을 절감하는 것, 이점은 증가시키고 비용은 절감하는 것, 비용의 증가보다는 이점을 증가시키는 것, 비용의 절감보다는 이점의 감소를 적게 하는 것 등이 그것이다.

하버드 경영대학의 레빗(Theodore Levitt) 교수는 '성장산업 같은 것은 없다. 단지 소비자의 욕구만이 있을 뿐이고, 그것들이 변해갈 뿐이다' 라고 말한 바 있다. 때문에 소비자의 욕구를 알아내고 그것을 해결해가는 과정이야말로 기업이 성장하는 방법이라는 것이다.

미국마케팅협회(AMA)는 1965년 마케팅에 대해 '마케팅은 재(財)와 서비스의 흐름을 생산자에서 소비자로 흘러가게 하는 전체적인 비즈니스 활동'이라고 정의한 바 있다. 그리고 그 후 1985년에는 '개인과 조직의 목표를 달성하는 교환을 창조하기 위해 아이디어 · 재(財) · 서비스의 개념설정(Conception) · 가격 · 프로모션 · 유통을 계획하고 실행하는 과정'이라고 정의하였다. 구 버전과 신 버전 사이에는 마케팅이 생산자에서 소비자로 흘러가는 일방형에서 교환형으로 바뀌었다는 분명한 차이가 있다.

결국 마케팅이란 고객의 요구를 살펴, 기업이 이를 만족시키기 위한 교환을 구상하고, 그 목표를 정해 행하는 활동이다. 이런 마케팅을 위한 분석 · 계획 · 실행 · 통제 행위를 통틀어 마케팅관리라 부른다.

마케팅믹스란 마케팅관리를 위해 4P를 유효적절하게 구성하는 것을 말한다. 마케팅믹스라는 용어는 매카시(E. J. McCarthy) 교수가 자신의 저서인 마케팅기초(Basic Marketing)에 쓴 말에서 비롯되었다. 코틀러(Philip Kotler)교수를 기반으로 하는 마케팅관리(Marketing Management)의 기본 패러다임은 마케팅의 STP 뒤에 4P의 각론이 나온다는 것이 기존의 마케팅과 다른 점이다. 마케팅관리의 패러다임은 마케팅 기능을 개별적으로 보는 것에 비해 큰 발전을 이룬 것이라 하겠다.

이후 전략마케팅의 개념이 등장한다. 이 전략마케팅은 마케팅을 경영믹스의 하위인 실행레벨로부터 총체적 상위인 경영레벨로 올려 보낸 개념이다. 기존의 마케팅관리가 내부 목표 지향적이라면 전략마케팅은 외부 시장 지향적인 형태를 띠게 된다. 마케팅관리에서는 시장세분화와 4P가 핵심적이었다면 전략마케팅에서는 경영자원이나 핵심역량(Core Competence),

지속적 경쟁 우위(Sustainable Competitive Advantage) 같은 말들이 등장하게 된다. 때문에 이 전략마케팅의 핵심개념은 SWOT(Strength, Weakness, Opportunity, Threat)분석이라 할 수 있겠다.

## 시대의 변화는 마케팅을 진화시킨다

시장은 계속 변화하고, 시장의 변화에 따라 마케팅의 개념도 지속적으로 변화하고 있다. 이러한 변화는 결국 시장의 변화에 기인한 것이다. 그렇다면 시장은 어떻게 변화하고 있는가?

우리나라의 경우, 6~80년대 기업의 최대 관심사는 생산이었다. 시장이 제조업 중심으로 운영되었기 때문에 발생한 현상이다. 소비는 늘고, 제품의 공급이 딸리는 상황에서는 질 좋고 낮은 가격의 제품을 많이 만들어내는 일이 무엇보다 중요했다.

때문에 기업들이 운영한 영업전략이라고는 인기 없는 제품을 인기 있는 제품에 끼워 파는 정도의 수준이었다. 독과점의 치약업계에서는 매출을 늘리기 위해 치약의 구멍을 크게 뚫는 등의 방법을 써야했을 만큼 제조업은 호황을 구가했다. 때문에 제품의 유통도 자사의 대리점을 주로 활용했다.

그러나 이후 생산성 향상 · 공급과잉 · 제조독점의 붕괴와 경쟁의 형성 · 유통의 정보력 증가 · 물류의 효율화가 이루어지고, 소비자들의 욕구증가로 소량 다품종 생산 · 자동화시스템의 붕괴가 일어나자 그 주도권은 유통으로 이전된다. 이로 말미암아 대리점체제는 붕괴되고, 가격결정권 또한 유통업체로 옮겨지게 된다. 제조업체들은 유통업체들과의 원활한 관계 유지에 힘쓰는 한편, 유통범위를 넓게 하는 쪽으로 움직일 수밖에 없었으며, 매스미디어 광고 등을 통해 소비자들로부터 유통을 끌어내는 풀(pull) 전략을 구사하여 유통업을 견제하게 된다.

지금은 바야흐로 소비자가 주도권을 쥔 시대다. 인터넷의 등장은 소매점 패널 데이터가 소용없게 됨을 의미하는 계기가 되었고, 인터넷경매 · 공동구매 등으로 가격까지 소비자가 결정하는 시대를 맞이했다. 때문에 마케팅의 중요성은 더욱 부각되었고, 마케팅전략의 내용 역시 변화를 갖게 된다. 이러한 내용을 도식화해보면 다음과 같다.

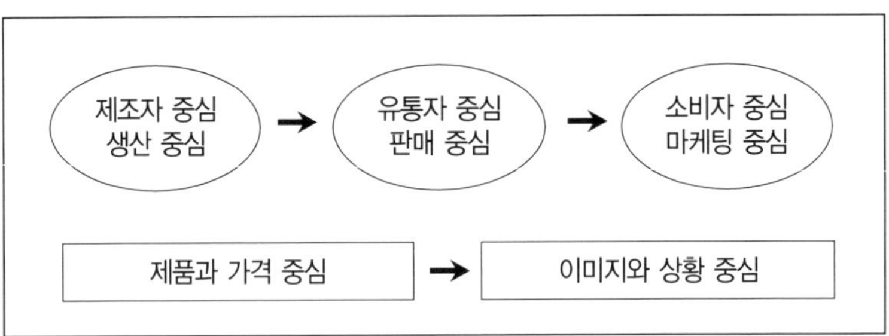


그림 15-1 : 시장변화의 구체적 방향

기업은 시대의 변화와 소비자들의 욕구 변화에 맞춘 제품들을 생산하고, 이를 통해 더 많은 부가가치를 부여함으로써 지속적으로 이윤을 창출해 간다. 인류가 처음 탄생한 이후 지금까지의 사회 · 노동 · 가치의 변화를 도식화하면 다음과 같다.

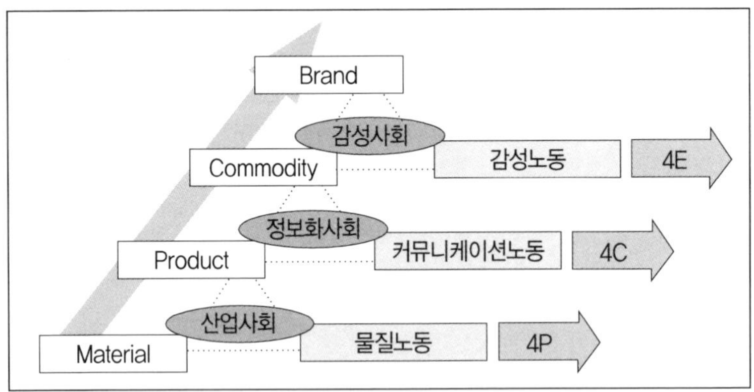


그림 15-2 : 김주환의 From commodity production to sing 도식

이러한 변화에 따라 마케팅믹스전략도 개발과 수정이 있어야만 했다. 생산자 중심의 산업사회에서는 마케팅믹스전략에 있어 4P로써 충분히 설명이 되었다. 그러나 소비자 중심주의 운동과 정보화 사회를 거치면서 코틀러는 4C를 제안하였다. 그리고 지금은 4E를 말하는 시대가 되었다. 4P가 '안에서 밖으로(in-out side)' 였다면, 4C는 '밖에서 안으로(out-in side)' 이고, 4E는 '안과 밖(in&out side)' 이라고 해석할 수 있겠다.

그렇다면 이제 4P나 4C는 유효하지 않은 것인가? 그렇지 않다. 4E가 등장한 현재까지도 4P는 건재하며, 4E의 등장에도 불구하고, 4P와 4C는 뉴마케팅믹스라 할 수 있는 4E와 함께 지속적으로 마케팅활동을 견인해 갈 것이다.

| 4P | 4C | 4E |
|---|---|---|
| 제품 Product | 소비자혜택 Consumer | 고객전도사 Evangelist |
| 가격 Price | 기회비용 Cost | 열성 Enthusiasm |
| 유통 Place | 편리성 Convenience | 체험 Experience |
| 판촉 Promotion | 소통 Communication | 교환 Exchange |

표 15-2 : 4P · 4C · 4E의 비교표

## 광고만으로는 안 된다. 어떻게 공조할 것인가?

마케팅믹스 중 하나인 판촉(promotion)의 4요소, 즉 프로모션을 위한 프로모션믹스란 무엇인가? 광고 · 인적판매 · 판매촉진(SP) · 홍보(PR)가 바로 그것이다. 그 가운데 하나인 광고에 대해 미국마케팅협회는 다음과 같이 정의했다. '광고란 명시된 광고주가 표적 집단에게 정보를 제공하거나 설득하기 위해 아이디어, 상품 또는 서비스에 관해 유료로 대중매체를 이용(비대인적)하는 과정이다.' 누가 광고하는지 명시된 광고주가 있다는 점에서 선전(Propaganda)과 다르며, 비대인적으로 제시된다는 점에서 인적

판매(Personal Selling)와 다르며, 유료라는 점에서 보도기사화활동(Publicity)과 다르다.

그렇다면 SP는 무엇인가? 특정제품 서비스를 소비자 또는 중간상에게 단기적으로 조기 또는 다량 구매를 유도하기 위해 설계된 다양한 도구들을 말한다. 광고가 일반적으로 제품을 구매해야 하는 이유를 제시하는 반면, 판촉은 소비자에게 실제 구매를 자극하는 역할을 수행하게 된다. 판촉의 종류로는 소비자판촉 · 중간상판촉 · 판매원판촉 등이 있다.

소비자판촉에는 샘플 · 쿠폰 · 현금 환불 · 소액할인 · 프리미엄 · 경품 · 단골고객 보상 · 무료시용 · 보증 · 강연회 등이 있다. 중간상판촉에는 가격인하 · 협동광고 · 전시제공 · 후원금 · 판매상 경연회 · 판매상 회합 등이 있다. 판매원판촉에는 상여금 · 경연회 · 판매원 회합 등이나, 이것은 판매원 관리에 속하므로 엄밀한 의미에서 제조업자 판매촉진이라고 볼 수 없다.

마케팅에서 말하는 PR은 무엇인가? 마케팅에서의 PR은 마케팅 목적 달성을 지원하기 위해 행해지는 PR로 제한되어 일컬어지고 있다. 즉, 마케팅 내에서의 PR은 본원적 의미에서의 PR이 아니라 MPR(Marketing-PR)인 것이다. MPR은 마케팅 목적 달성을 위해 브랜드 인지도 증대 · 정보 제공과 교육 · 이해 획득 · 신뢰 구축 · 구매 유인 제공 · 소비자 수용 자극과 같은 PR 활동을 하는 것이며, 이를 마케팅 PR, 줄여서 MPR이라고 하는 것이다.

### 값 싸고 질 좋은 제품이 각광받던 시대의 4P

앞서 살펴본 바와 같이 마케팅은 시장에서 교환을 활발하게 하기 위해 펼치는 활동이다. 그리고 그 교환의 대상은 가치다. 고객가치를 키운다는 것은 비용보다 이점을 크게 만든다는 것이다. 경쟁이 치열해질수록 기능적 이점보다는 감정적 이점이 더 중요한 과제로 등장했다. 각 회사들이 내놓는 제품들이 모두 비슷비슷할 뿐만 아니라, 한 기업이 새로운 기능으로 가치를 높여놓는다 하더라도 다른 기업들이 이를 재빠르게 따라올 만큼 기술이 평준화되었기 때문이다.

비용면에서도 변화가 있다. 소비자들은 이점만 크다면 금전적 비용을 투자할 용의를 가질 수 있을 만큼 소비력을 가지고 있다. 예전처럼 '질 좋고 값싼 제품'을 원하는 시대가 아니라는 것이다. 이미지와 상황에 의해 제품을 선택하는 시대다. 때문에 감정적 이점과 시간적비용 · 에너지비용 · 심리적 비용이 매우 중요해졌다.

물질에 물질노동을 보태어 생산물을 만들어내던 시대에는 '질 좋고 값싼 생산물'이 잘 팔리는 시대였다. 우리나라의 경우 이 시대는 이미 90년대를 전후하여 사라졌다. 이때는 4P의 시대였다. 제품도 좋고, 가격도 싸고, 유통도 편리하고, 판촉활동도 활발하게 펼치는 시대였던 것이다.

이것은 마치 마케팅이라는 1개 대대 안에 제품 · 가격 · 유통 · 판촉이라는 각각의 중대가 있고, 판촉이라는 중대 안에 다시 인적판매 · 광고 · PR · SP라는 소대가 있는 것과 같다. 이때에는 인적판매 · 광고 · PR · SP가 각각 균형을 가지고 제나름의 임무를 제각기 수행하는 식의 프로모션믹스가 운용되었다. 모두 열심히 하는 시대였다는 것이다. 이것이 일반적인 마케팅관리이기도 하다.

### 소비자들이 주도권을 잡은 시대, 일방형에서 쌍방형으로

그러나 이후 생산물에 커뮤니케이션노동을 보태어 상품을 만드는 시대가 찾아와 마케팅은 전략마케팅으로 그 모습을 바꾼다. 이 시대에는 생산자가 소비자에게 일방적으로 제공하던 제품 · 가격 · 유통 · 판촉이 소비자와의 쌍방향적 관계 속에 놓이게 된다. 앞서 살펴본 미국마케팅협회(AMA)

의 1965년 정의와 1985년 정의가 다른 것도 이러한 맥락에서 이해할 수 있다. 때문에 4P는 4C로 변화한다. 그러나 기업에서는 여전히 4P라는 용어를 활용해서 마케팅전략을 구축했다. 그것은 4P와 4C가 용어상의 변동일 뿐 일컫는 분야와 범위가 같기 때문이다.

매표소를 예전에는 '표파는 곳' 이라고 불렀다. 그러나 그것은 제공자의 입장이라 하여 요즘에는 '표사는 곳' 이라고 부른다. 소비자의 입장에서 문제를 보자는 것이다. 4P가 '표 파는 곳' 이라면 4C는 '표 사는 곳' 이다. 둘의 이름은 다르지만 분야와 범위는 같다는 것이다.

그러나 우리가 마케팅을 이야기하면서 부르는 4P는 실제적으로 이미 4C로 바뀌어져 있다. 이미 현장에서는 제품이라는 말 속에 소비자혜택의 의미가, 가격이라는 말 속에 기회비용이라는 의미가, 유통이라는 말 속에 편리성이라는 의미가, 판촉이라는 말 속에 소통이라는 의미가 담겨져 기획되어왔다는 것이다.

입으로는 제품 · 가격 · 유통 · 판촉이라고 부르고 있었지만 이미 그 속에는 소비자혜택 · 기회비용 · 편리성 · 소통이라는 의미가 담겨져 있었다는 것. 때문에 사람들은 머릿속으로는 4C를 생각하면서도 4P로 운용하는데 큰 불편함이 없었다.

이 시대에는 마케팅믹스의 개념도 변화했다. 앞서 밝혔듯이 전략마케팅이란 골고루 잘하자는 것이 아니라, 뾰족하게 잘 하자는 것이다. 표적시장 내에서의 경쟁적 우위를 강조하는 것이기도 하다. 이러한 개념을 가지고 마케팅전략을 수립할 때에는 결코 '광고 따로, 인적판매 따로, PR 따로, SP 따로' 가 가능해지지 않는다. 이 모든 것들을 통합하여 운용할 때 시너지를 갖는 것이다.

이것은 마치 부서체제가 팀체제로 전환되는 것과 같다. 그렇다면 누가 앞에 서고 누가 뒤에 서는가? 그러한 선후관계는 철저히 소비자 접촉점에 포커스를 맞춰 기획된다. 그리고 대부분 그러한 일들을 광고대행사의 전략부서가 담당해왔다. 광고회사가 만드는 광고전략은 커뮤니케이션 프로포절이라는 이름으로 바뀌었고, 그 속에는 광고뿐만 아니라, PR과 SP, 심지어 인적판매까지가 포괄적으로 다루어졌다. 따지고 보면 이것이 바로 넓은 의미에서의 IMC다. 이미 현장은 오래 전부터 그렇게 바뀌어져 있었다.

### 기능보다는 감성이 각광받는 시대, 이젠 바야흐로 감성시대

지금은 감성노동이 투입되어 브랜드를 만들어내는 시대다. 단돈 몇 천 원, 단돈 몇 만 원어치의 가죽가방에 그럴싸한 상표를 만들어 붙이고, 그럴듯한 매장환경에서 판매하면 그 가방은 몇 백만 원에 팔려나가는 시대다. 몇 십 원, 혹은 몇 백 원 안팎의 재료비를 들여 만든 커피에 그럴싸한 상표를 만들어 붙이고, 그럴듯한 매장에서 판매하면 그 커피는 몇 천 원, 혹은 만 원이 넘는 금액으로 팔려나가는 시대다. 이른바 브랜드시대인 것이다.

그렇다면 브랜드와 마케팅은 각기 다른 영역에 있는가? 결코 그렇지 않다. 마케팅은 시장에서 교환이 활발해지도록 하는 활동이다. 브랜딩은 상품에 상표를 붙여 팔도록 하는 활동이다. 아니 좋은 상표를 만들어내는 활동이다. 그렇다면 그 활동은 마케팅에 속해 있는 활동이 아닌가? 시장에서 교환이 활발해지도록 상표를 만들어내는 활동이니 말이다. 결국 브랜딩은 마케팅의 영역 안에 있다.

지금까지 말한 바대로 제품과 가격이 아닌, 이미지와 상황에 마케팅력을 투입해야 하는 시대다. 이것은 기능적 이점과 금전적 비용의 영향력이 더욱더 축소되고, 감정적 이점과 시간적 비용 · 에너지적 비용 · 심리적 비용의 영향력이 더욱 더 강력해졌음을 시사한다.

때문에 제품 · 가격 · 유통 · 판촉 중 주도적 위치는 점점 유통과 판촉으로, 나중에는 판촉으로 옮겨가게 될 것이다. 때문에 프로모션이 마케팅을 주도하게 되고, 마케팅을 강조하는 사회분위기는 마케팅으로 하여금 경영의 주도권을 갖도록 만들었다. 경영판단 중 가장 중요한 것이 마케팅판단이며, 마케팅판단의 결과에 의해 기업의 운명이 결정되기도 하는 것이다.

그리고 그 핵심에는 프로모션이 있다. 제품을 개발하기에 앞서 먼저 프로모션을 고안하고, 그 프로모션에 따라 제품과 가격, 그리고 유통의 시스템을 갖춰가는 사회라고 하면 너무 비약이 심한가?

브랜딩의 8~90%를 프로모션이 수행하는 시대. 향후에는 상표를 만들어내는 감성활동 만이 시장의 교환을 활발히 하는 유일한 대안이 되는 시대가 찾아올 지도 모른다. 따라서 '마케팅 ≒ 브랜딩 ≒ 커뮤니케이션' 으로 그 개념들이 등치되는 시대도 얼마든지 상상해볼 수 있을 것이다.

마케팅의 개념과 마케팅전략의 활용은 시대의 변화에 따라 지속적으로 변화해갈 것이다. 여기에 이러한 변화를 예측한 스탠 랩과 톰 콜린즈의 '마케팅 대전환' 이 제시한 열 가지 마케팅 대전환을 소개하고자 한다.

| 불확실한 잠재고객 | 현재고객의 확실한 파악 |
|---|---|
| 크리에이티브 중심 | 고객반응 중심 |
| 불도저식 시장 확보 | 개별 틈새시장의 공략 |
| 광고 인상 중시 | 새 고객의 확보 |
| 독백식 광고 | 소비자와의 대화 |
| 시장에 대한 광고세례 | 관계구축 |
| 수동적 소비자 | 관계있는 참여자 |
| 매스 마케팅 | 다이렉트 매스 마케팅 |
| 독특한 판매 소구점 제안 | 잉여가치 제안 |
| 단일 유통망 | 복수 유통망 |

표 15-3 : 스탠 랩과 톰 콜린즈가 제시한 열 가지 마케팅 대전환

## 16 커뮤니케이션의 개념

# 타깃의 태도를 바꾸는 것, 그 속에 답이 있다!

커뮤니케이션이라는 단어는 더 이상 전문용어가 아니다. 일상 속에서 늘 듣고 사용하기도 하는 단어, 커뮤니케이션. 그러나 막상 '커뮤니케이션이 뭐냐?' 라는 물음에는 쉽게 답하기가 어렵다. 마케팅커뮤니케이션전략을 살펴보는데 있어서 빠져서는 안 될 개념이 바로 이 커뮤니케이션이다.

커뮤니케이션을 우리말로 바꾸면 '의사소통' 이라 할 수 있겠다. 서로의 마음 속 생각들이 상대방과 내 마음 사이를 왔다 갔다 하며 통한다는 의미이다. 커뮤니케이션은 ①설득목적 ②정보전달 ③의미공유 ④상징사용이라는 네 가지의 기본적 특성을 가진다. 우리는 설득을 목적으로 정보를 전달한다. 그리고 서로 의미를 공유한다. 이때 사용되는 도구는 상징이다. 언어 · 그림 · 글자 등이 모두 상징인 것이다.

상징도구를 사용해서 정보를 전달하고, 서로 의미를 공유하도록 하여 상대를 설득시키는 일. 그리고 이를 통해 행동의 변화를 유발시키는 과정인 커뮤니케이션에는 언제나 발신자와 수신자가 존재하기 마련이다. 그리고 발신자는 채널과 메시지를 통해 수신자에게 정보를 전달한다.

### 채널과 메시지 선택은 성공 커뮤니케이션의 핵심

광고에서의 발신자는 누구인가? 그것은 당연히 광고주다. 그리고 그 수신대상은 소비자다. 직접 중간상인이나 유통을 대상으로 한 광고도 있으나 대개의 수신대상은 소비자다. 그렇다면 광고 커뮤니케이션의 목적, 즉 광고를 통해 유발하려는 소비자의 행동 변화는 무엇인가? 물론 최선의 행동은 구매일 것이다.

그러나 구매에까지 이르게 하는 과정은 멀고도 험하다. 어떤 경우에는 브랜드 인지는 있는 반면 새로 출시한 제품의 기능과 특징을 잘 모르는 경우도 있을 것이고, 제품의 기능은 일반화된 반면 해당 브랜드의 인지도가 떨어지는 경우도 있다. 둘 다 잘 알고는 있으나, 타 브랜드의 이미지가 너무 강하거나, 우리 제품의 이미지에 문제가 있는 경우도 있을 것이다.

한번만 사용해보면 금방 이미지가 바뀌어서 충성도 높은 고객이 되겠지만 그 한번의 사용이 쉽지 않은 경우도 있고, 이미지는 좋지만 제품 구매에까지는 선뜻 이르지 못한 경우도 있을 수 있다. 때문에 광고커뮤니케이션의 목표와 커뮤니케이션 환경은 매번 달라질 수밖에 없다.

정보는 어떤 과정을 통해 전달될까? 많은 학자들이 정보의 전달과정에 대해 연구했고, 이를 발표했다. 그 중 가장 일반적으로 알려져 있는 모델인 슈람의 도형모델을 소개하면 다음 그림과 같다.

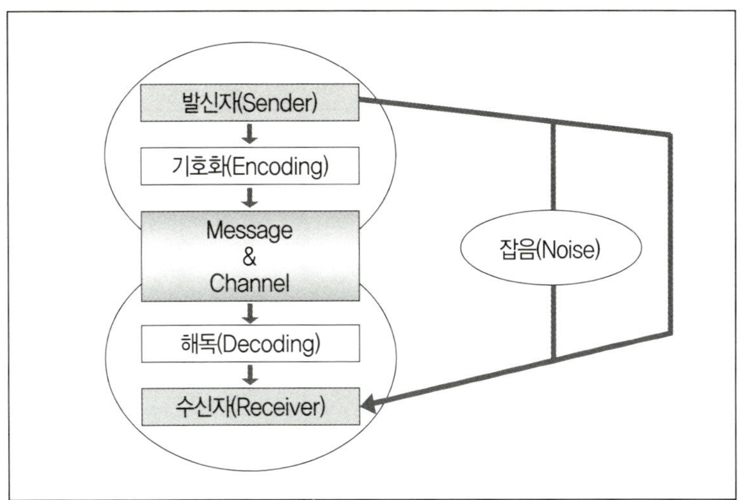


그림 16-1 : 슈람(Wilbur Schramm)의 도형 모델(Graphic Model)

## 사랑을 고백하는 것도 커뮤니케이션이다

한 남자가 한 여자에게 사랑하는 마음을 전하고자 한다. 어떻게 전하는 것이 가장 괜찮은 방법일까? 사랑하는 마음을 고백하는 남자는 자신의 사랑을 그 여자가 받아들였으면 하고 바랄 것이다. 그 남자가 기대하는 결과, 즉 목표는 여성 역시 자신을 사랑하도록 만드는 것이다. 이를 위해 남자는 어떤 방법으로 사랑을 표현할 수 있을까? 직접적으로 표현할 수도 있고, 매우 우회적으로 표현할 수도 있을 것이다. 우리는 이처럼 표현하고자하는 내용을 메시지라고 부른다.

그렇다면 이 메시지를 어떤 방법으로 전달할까? 편지를 보내는 방법도 있고, 전화를 사용할 수도 있으며, 만나서 말을 할 수도 있을 것이다. 의미가 담긴 선물로 할 수도 있고, 이벤트를 할 수도 있으며, 다른 사람을 통해 전할 수도 있을 것이다. 만나는 방법을 택했다 하더라도 구체적인 장소가 어디인지 하는 것 역시 매우 중요한 선택사항이다. 우리는 이처럼 메시지를 전하는 방법을 채널이라고 한다.

메시지와 채널을 꼭 하나씩만으로 한정할 필요는 없다. 단계를 설정해서 여러 차례에 나눠 할 수도 있고, 하나의 메시지를 여러 가지 채널로 전달할 수도 있다. 메시지가 복잡하다면, 하나의 채널에 차례로 메시지를 전달할 수도 있을 것이다. 그 사이에 다른 남자가 여자에게 사랑고백을 한다면 그것은 이 남자의 입장에서 볼 때 잡음이다. 이 여자가 관심을 가질만한 중요한 사건도 잡음이다. 디데이의 컨디션이나 환경 역시 커뮤니케이션을 돕거나 방해하는 요소가 될 수 있을 것이다.

### 생각을 바꿔라! 행동을 유발하라! 설득이야말로 커뮤니케이션의 목표

채널을 통해 전달된 메시지는 수신자에게 모종의 반응을 일으키게 한다. 특히 마케팅커뮤니케이션에 있어서는 이 모종의 반응이 바로 커뮤니케이션의 목표이기 때문에 더욱 중요하다. 이 모종의 반응은 대체로 인지 · 태도 · 행동의 세 가지로 나뉜다. 그리고 이러한 세 가지 반응은 그 순서를 따라 진행되는 경우가 많다.

인지란, 오감을 통해 정보를 취득하고 이를 저장하며, 이것이 기존의 정보와 만나 통합되는 전 과정을 말한다. 이렇게 통합된 정보, 즉 인지는 받아들이는 사람의 태도를 형성시킨다. 인지는 그 사람으로 하여금 인식을 갖게 한다는 것이다. 태도는 어떤 사물이나 사건에 대해 가지고 있는 입장이라고 바꿔 말할 수 있다. 그리고 이러한 태도는 그 사람으로 하여금 모종의 행동을 취하게 만든다. '구매한다, 하지 않는다' 도 행동이며, 그 제품에 대한 의견을 표현하는 것도 행동이다. 그 제품에 대한 정보를 더 찾아보려는 노력도 행동에 해당된다.

어떤 사람이 '이러이러하니 마셔라' 라는 정보를 듣고, 기존 정보들과 비교해보니 '아, 정말 괜찮겠구나' 라고 생각했다 치자. 이후 그 사람은 '그것은 이러이러하니 괜찮은 음료' 라는 태도를 갖게 되고, 실제로 음료를 마실 일이 생기면 그 음료를 사 마시게 된다는 것이다. 이것이 심화되면 그 음료만을 음료라고 고집하게 될 수도 있다. 이러한 인지 · 태도 · 행동을 슈람의 도형 모델과 연결시켜 다음과 같은 새로운 모델을 구성해볼 수 있겠다.

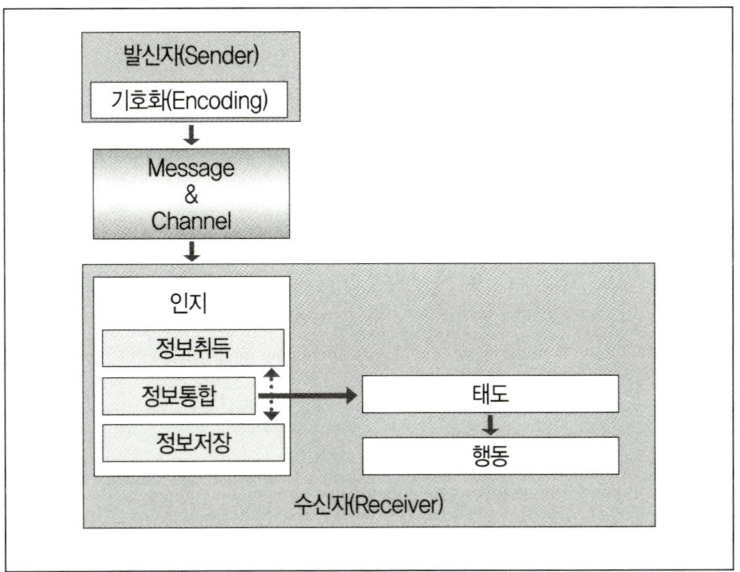


그림 16-2 : 소비자 행동 유발을 위한 커뮤니케이션 도형 모델

## 인지과정이란 기억을 쌓아가고 변화시켜가는 과정이다

그렇다면 인지를 형성하는 과정은 어떻게 되는가? 사람의 뇌에는 정보를 저장하는 기능, 취득한 정보를 받아들이는 기능, 그리고 받아들인 정보를 기존의 기억들과 통합해서 그 결과를 새로운 형태의 기억으로 저장하는 기능이 있다. 이 기능들은 서로 연계하여 일정한 절차를 이룸으로써 기억을 지속적으로 증가 내지 변화시킨다. 그 과정을 도식해보면 다음과 같다.

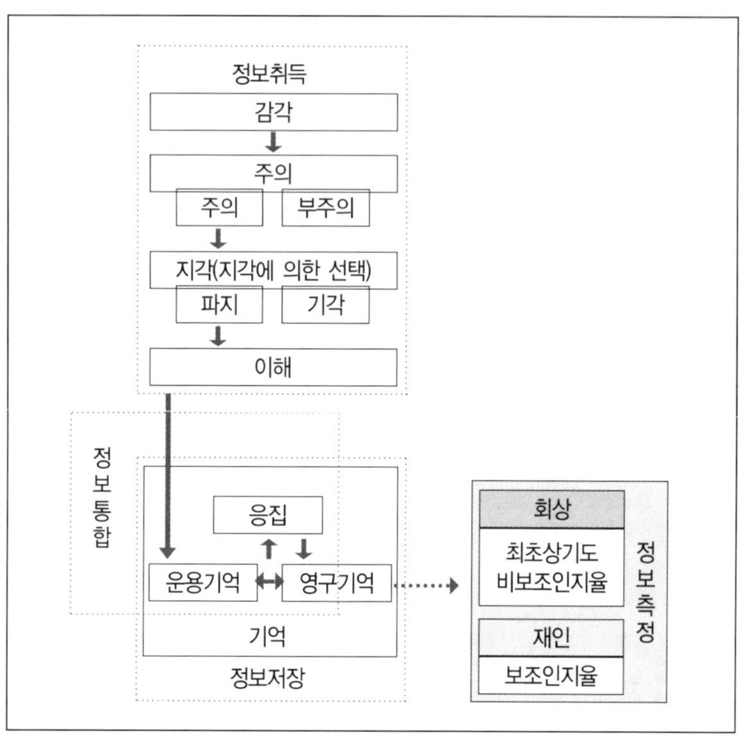


그림 16-3 : 정보측정을 포함한 인지과정 도형 모델

앞의 도식에서 보듯 정보취득은 감각 · 주의 · 지각 · 이해 순으로 진행된다. 정보는 시각 · 청각 · 후각 · 미각 · 촉각의 5감, 즉 감각에 의해 최초로 수신자에게 전달될 수 있다. 물론 발신자가 이 5감 중 어떤 감각으로 정보를 보내느냐에 따라 수신자가 전달받는 감각은 제한될 수밖에 없다.

아침을 거른 직장인의 코에 와 닿는 골목길 어귀의 샌드위치 냄새는 백마디 말보다 더 설득적인 정보를 수신자에게 전달한다. 늦은 시각 한참 출출하던 참에 TV CF를 통해 전달되는 라면광고, 목이 컬컬하던 참에 때맞춰 들리는 맥주병 따는 경쾌한 소리와 콸콸 넘치는 맥주거품의 모습은 안

방 시청자들로 하여금 저절로 주방과 냉장고를 찾게 만든다. 시즐광고의 파워다. 먹을거리를 포함한 저관여 제품들의 시즐은 상당한 파괴력으로 소비자들을 만난다.

레몬이 터지는 모습, 오렌지즙을 컵에 따르는 모습만으로도 발신자는 수신자의 입 속에 침이 고이게 할 수 있다. 추운 겨울, 따뜻한 마음이 그려진 화면을 통해 나도 모르는 사이 따뜻한 느낌을 받아본 적은 없는가? TV화면을 통해 오싹한 한기를 느껴본 적은 또 없는가?

시각은 시각으로만 끝나는 것이 아니라 시각을 미각으로도, 촉각으로도 심지어 후각으로도 바꿔놓을 수 있다. 청각 역시 마찬가지다. 소리의 전달로 시각보다 더 리얼한 화면 연상을 불러일으키는 경우는 얼마든지 있다. 발신자의 의도에 의해 5감을 통한 정보전달이 철저히 계획될 때, 그 파워는 매우 강력한 효과를 거둘 수 있게 된다.

### 강한 임팩트로 주의를 끌고 속삭이는 한마디, '이건 너에게 하는 얘기야'

이렇게 전달된 정보는 수신자의 주의를 끌 수도 있고, 주의를 끌지 못할 수도 있다. 주의를 끈 정보만이 수신자의 지각으로 넘어갈 수 있다. 주의를 끌지 못했다면 애초에 이 정보는 폐기되고 마는 것이다. 광고의 임팩트를 강조하는 것은 이런 이유 때문이다.

발신자는 광고임팩트를 강하게 하기 위해 화면의 구성 · 속도 · 색 · 모델 · 음향 · 음악 · 카피 등 다양한 툴을 활용한다. 그러나 빠른 진행 · 강렬한 색 · 유명한 모델 · 충격적인 음향 등만이 강력한 임팩트를 만들 수 있는 것은 아니다. 오히려 다들 요란법석을 떨어댈 때 조용하게 접근하는 것도 한 방법이며, 한동안의 침묵도 방법이고, 수신자들의 기억 저 편에 있던 오랜 기억들을 잔잔하게 들춰내는 것도 강한 임팩트를 갖게 하는 방법이다.

이렇듯 주의를 끈 정보라야만 수신자가 지각하게 된다. 즉 알아차린다는 말이다. 알아차려진 정보는 다시 수신자와 관계가 있는가, 없는가의 판단에 의해 기각되거나 파지된다. 수신자가 '어, 나한테 하는 얘기네. 내가 봐야 하는 광고네' 라고 느끼면 그것을 우리는 파지되었다고 하고, '내 얘기가 아니다' 라고 믿게 된다면 그 경우에는 기각되었다고 한다.

임팩트가 너무 강해서 미처 지각이나 이해를 이끌어내지 못했던 광고도 많다. 때문에 발신자는 수신자에게 '이것은 널 위한 정보' 라는 사실을 명확히 전달해야만 한다. 이를 통해 수신자가 '아, 이것은 나를 위한 정보구나' 라는 사실을 인식하고 나면 그제야 수신자는 그 내용을 이해하려 든다. 여기서의 이해는 '내용의 파악' 을 의미한다. 공명의 의미가 아니다. 파악된 내용을 기억하는 것을 우리는 운용기억이라 부른다.

이러한 운용기억은 영구기억, 즉 그간 가지고 있던 기존 기억들과 통합되어 판단과정을 거치게 된다. 수신자는 운용기억을 새로운 사실로서, 혹은 새로운 가치로서 '의미 있다' 고 판단하거나 '옳은 말이다' 라고 판단하여 영구기억으로 가져가는 한편 긍정적 태도와 행동을 취하기도 하고, '틀린 말이다' 라고 판단하여 불신하게 되기도 한다.

때문에 발신자는 수신자의 영구기억과 그것이 만든 기존의 태도를 미리 알고 있어야 한다. 그리고 이러한 영구기억과 태도를 고려하여 전달하고자 하는 최종메시지를 구성해야만 하는 것이다. 이렇게 선택된 최종메시지만이 수신자의 긍정적 판단에 의해 수신자의 영구기억을 바꾸어 놓을 수 있다. 그리고 이것을 태도로 연결시킬 수 있게 된다.

## 마케팅커뮤니케이션의 목표는 태도, 나아가 행동을 유발시키는 것

단 한 번의 커뮤니케이션만으로 제품에 대한 새로운 태도를 만들어내기는 쉽지 않다. 특히 그 제품이 이성적 판단을 요하는 것일수록, 관여도가 높은 제품일수록 더욱 그러하다.

컴퓨터를 구매하려는 소비자가 단 한 번의 광고노출만으로 제품을 선택하는 경우가 얼마나 될까? 물론 광고는 소비자에게 변화를 일으킨다. 컴퓨터를 구매할 생각이 없는 소비자에게 컴퓨터를 구매해야겠다는 생각을 줄 수도 있고, 인지가 없던 브랜드를 인지하게 만들기도 한다. 특정 브랜드의 컴퓨터에 대해 이미지가 좋지 않았거나, 특별한 이미지가 없던 고객에게 좋은 이미지를 줄 수도 있을 것이다.

그러나 그것이 곧 구매로 이어지기는 쉽지 않다. 컴퓨터를 구매하려는 소비자라면 많은 정보를 원한다. 전문가 조언을 들을 수도 있고, 컴퓨터 사양도 고려할 것이다. 다른 제품과 비교해 보기도 할 것이고, 먼저 사용경험을 한 소비자로부터 조언을 듣기도 한다. 이러한 과정을 통해 태도를 형성하게 된다. 그리고 이러한 태도는 구매행동을 일으키게 되는 것이다.

지금까지 우리는 커뮤니케이션의 과정을 살펴보았다. 그렇다면 광고의 최종목표는 소비자의 행동을 유발하는 것인가? 꼭 그렇지는 않다. 인지 없이도 일시적 행동을 유발하는 방법은 얼마든지 있다. 이벤트 도우미의 권유로 무료시음을 하는 것 등이 바로 그 예라 하겠다. 중요한 것은 태도를 바꾸는 것이다. 그래서 일시적 행동이 아닌 지속적 구매행동을 유발하도록 하는 것이다. 때문에 광고의 최종목표는 소비자의 태도를 바꾸는 것이라 하겠다.

### 인지가 태도를 바꾸는가? 행동이 태도를 바꾸는가?

모든 커뮤니케이션은 인지 · 태도 · 행동의 순서를 갖는가? 결론부터 말하자면 그렇지 않다. 행동이 먼저 오고, 그 뒤에 태도를 갖게 되는 경우도 얼마든지 있다. 행동을 통해 태도가 형성되는 경우도 있다는 것. 포도를 못 먹게 된 여우가 '저 포도는 신 포도야' 라고 말했다는 이솝우화가 좋은 예다. 인지 부조화 이론(Cognitive Dissonance Theory)은 이러한 상황을 설명하고 있다. '나는 그 여자와 헤어졌다, 그 여자는 내 스타일이 아니다', '나는 그 작업을 했다, 그 작업은 재미있다', '나는 ㅇㅇ컴퓨터를 샀다, ㅇㅇ컴퓨터는 가장 좋다' 등이 그 예라 하겠다.

귀인이론(Attribution Theory)이라는 것도 있다. 어떤 사람이 좀 표 나는 행동을 했다면 그가 왜 그랬는지 원인을 따지는 게 일반적 심리다. 이것도 일종의 귀인이라 할 수 있겠다. 내가 A제품을 샀다면 내가 왜 A제품을 샀는지 그 원인을 찾는다는 것. 그래서 '나는 A제품이 정말 좋아서 샀다', 나아가서 'A제품은 이러이러한 점이 좋다' 라고 귀인하게 되며, 더 나아가서는 A제품의 좋은 점을 찾기 위한 노력을 기울이기도 한다는 것이다.

소비자의 머릿속에 인지를 통해 태도를 만들기보다는 고객의 직접적 행동 반응을 만드는 판촉형 광고, 즉 세일즈프로모션이 바로 이러한 커뮤니케이션전략이다. 즉, 전화로 문의하게 한다든지, 매장에 오게 한다든지, 판촉행사에 참여하게 한다든지, 카드 혹은 인터넷 회원에 가입하게 한다든지 하는 방법을 통해 행동을 먼저 유발시킴으로써 거꾸로 브랜드에 대한 긍정적 태도를 형성하게 한다는 것.

제품의 속성에 따라, 혹은 현 제품에 대한 타깃들의 태도에 따라 인지를 통해 태도를 형성하는 것이 좋은 경우도 있고, 행동을 통해 태도를 형성하는 것이 좋은 경우도 있다. 때문에 어떤 제품의 광고전략을 구성하기 위해서는 인지를 통해 태도를 바꾸는 것이 유리한지, 혹은 행동을 통해 태도를 바꾸는 것이 유리한지를 먼저 따져봐야 하는 것이다.

02

# 2부. 마케팅커뮤니케이션전략 수립을 위한 기초

21. 마케팅전략의 수립방법과 절차
    표적시장을 찾고 가치의 경쟁우위를 확보하라!

22. 고객관계관리(CRM)의 개념
    단골고객을 잡고, 신규고객을 찾는 신세대 솔루션!

23. 통합마케팅커뮤니케이션(IMC)의 개념
    고객과의 접점을 노린다, IMC라는 마법의 탄환!

24. 마케팅커뮤니케이션전략의 이해 2
    완벽한 커뮤니케이션의 성공, 처절한 마케팅의 실패!

25. 마케팅커뮤니케이션전략의 이해 3
    또 하나의 가족, 절반의 실패가 준 또 하나의 교훈!

26. 문화, 트렌드, 커뮤니케이션
    문화를 읽고 활용하는 소통, 소비자 트렌드 바로 알기!

# 21 마케팅전략의 수립방법과 절차

## 표적시장을 찾고, 가치의 경쟁우위를 확보하라!

효율적인 마케팅전략 구성을 위해서는 마케팅상황을 분석하는 것이 가장 중요하다. 과거와 현재의 상황을 조사하고 분석하는 것이야말로 미래를 예측하고, 전략수립의 지침을 제공하기 위한 가장 효과적인 수단이기 때문이다. 마케팅상황의 조사와 분석은 '마케팅 의사결정을 위한 정보제공을 목적으로 다양한 자료를 체계적으로 획득하고 분석하는 객관적이고도 공식적인 과정' 이라고 정의된다.

### 소비자들의 구매과정을 이해한 마케팅상황분석이 필요하다

이를 위해 먼저 살펴보아야 할 것은 소비자들의 구매과정이다. 소비자들의 구매과정을 제대로 이해하지 못한 채 진행되는 마케팅상황분석은 자칫 조사를 위한 조사가 되기 쉽다. 결국 실전마케팅이란 소비자들의 구매과정 중에 어떤 마케팅적 요소를 배치할 것이냐의 문제를 결정하는 것이라 해도 과언이 아니다. 때문에 소비자들의 구매과정을 아는 것은 매우 중요하다. 구매과정을 도식화하면 다음과 같다.

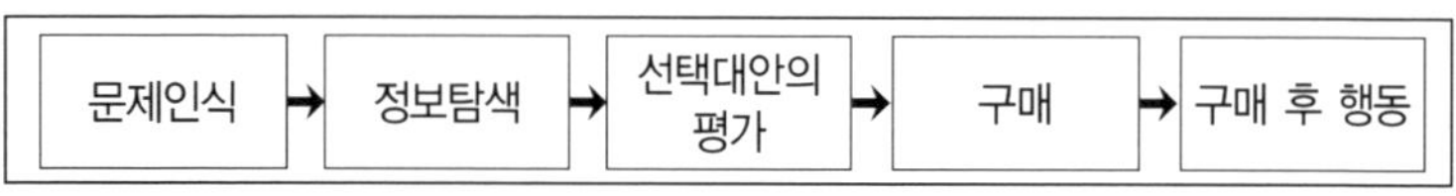


그림 21-1 : 소비자 구매과정 모델

상황분석을 위한 조사의 대상은 시장 · 소비자 · 자사 · 경쟁사로 대별된다. 여기에 거시환경이나 각종 정책과 규제에 대한 분석까지 포함하게 되면 마케팅조사의 영역은 매우 넓어진다. 많은 마케팅 관련 학술자료나 서적들이 이러한 상황분석에 대해 다루고 있기 때문에 이 책에서는 실전상황을 중심으로 살펴보기로 한다.

조사방법으로는 면접조사 · 전화조사 · 우편조사 · 집단조사 · 자동응답전화조사 · 인터넷조사 등이 있다. 그러나 실전에서의 활용을 중심으로 그 방법을 정리해보면 그것은 서베이 · 인터뷰 · 포커스그룹인터뷰 · 현장조사 · 문헌조사 등으로 구분된다.

마케팅상황분석을 위해서는 그 목적을 분명히 하는 것이 필요하다. 조사의 범위는 필요를 중심으로 기획되어야 하며, 그러기 위해서는 '가치 교환이 이루어지는 시장 내에서 보다 교환을 활발하게 하기 위한 활동'으로서의 마케팅 목적에 맞도록 설계되어야 한다.

효율적인 조사를 위해서는 먼저 내부 데이터와 문헌조사를 통해 조사 전반을 훑어보는 일이 필요하다. 기업 내부의 마케팅자료는 어떤 자료보다도 확실하고도 객관적인 데이터들이다. 요령 있는 문헌조사를 실시하면 기존의 조사자료를 상당량 획득할 수 있다. 이러한 조사자료 확보는 조사의 범위를 매우 효과적으로 좁혀준다.

이러한 기초조사를 통해 조사계획을 위한 자료를 얻을 수 있게 된다. 조사계획을 꾸릴 때에는 가급적 조사범위를 명확히 하고, 조사에 필요한 예산 · 일정 · 조직 등을 제대로 정리하는 것이 일을 보다 효율적으로 하는 방법이다.

그리고 조사를 진행함에 있어 지역별 · 연령별 · 성별 · 소득별 · 직업별 분류에 의해 통계산출이 가능하도록 구조화하는 것도 매우 중요하다. 이러한 사전준비는 후에 진행되는 시장세분화에 도움을 주게 된다.

## 목적을 분명히 하지 않은 조사는 낭비다

조사계획에 따라 조사와 분석을 실시 한 후, 비로소 우리는 시장세분화를 진행할 수 있게 된다. 그러나 시장세분화 후 타깃팅을 하기 위해서는 세분시장에 대한 추가조사를 실시, 세분시장에 대해 확실히 파악해야만 한다. 세분시장에 대한 확실한 이해가 있어야만 타깃팅과 포지셔닝이 가능해지기 때문이다.

이때 유의해야할 것은 분석대상 · 조사방법 · 조사대상의 결합방법이다. 하나의 조사대상에 대해서도 여러 각도의 조사방법이 동원될 수 있다. 때문에 하나의 조사대상에 대해 한 가지 이상의 조사방법을 동원하는 일은 흔하게 있다.

이 구조에 대한 명확한 이해가 없을 경우, 다각적인 분석이 어려워 데이터에 편견을 갖게 되는 경우가 종종 발생하게 된다. 따라서 보다 치밀한 조사계획이 필요하다. 그 조사내용은 매우 다양하며, 업종에 따라, 제품에 따라, 시장성숙도에 따라 달라진다. 기본 조사내용은 다음 표와 같다.

| | |
|---|---|
| 시장<br>조사영역 | 전체 시장의 성장률, 점유율, 잠재력, 매력도 조사<br>전체 시장의 성장 및 점유 추이 및 전망 조사<br>전체 시장의 분류별 시장 점유율 조사 |
| 소비자<br>조사영역 | 브랜드 인식도, 제품 선택요인 조사<br>예상 타깃별 구매행동 분석<br>제품과 소비장소, 구매장소의 관계성 조사<br>소비장소, 구매장소의 방문 요인 및 형태 조사 |
| 제품<br>조사영역 | 제품 만족도 및 인식도 조사, 제품 특성과의 관계 조사<br>자사 및 타사 제품의 특성 |
| 가격<br>조사영역 | 자사 및 타사 가격조사, 가격 만족도 및 인식도 조사<br>소득수준 및 제품관련 소비금액 수준 조사 |
| 유통<br>조사영역 | 주 이용 제품조사, 자사 및 타사 유통경로 및 커버리지 조사<br>자사 및 타사 주 소비경로 조사, 자사 및 타사 소비영역 조사 |
| 촉진<br>조사영역 | 광고 메시지 인식도 조사, 자사 및 타사의 주 광고수단 조사<br>자사 및 타사의 광고 컨셉 및 광고 이미지 조사<br>정보 취득 경로 및 접촉 광고 매체 조사<br>자사 및 타사 접촉 경로 조사 |

표 21-1 : 마케팅조사의 주요내용

아래 개념도는 시장조사 전반의 제 과정을 도식화한 것이다.

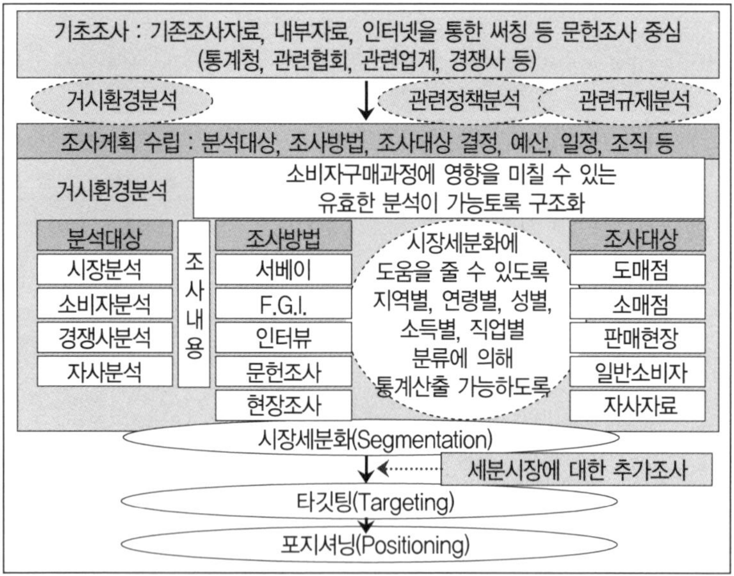


그림 21-2 : 시장조사 진행개념도

이러한 마케팅조사 자체의 절차를 도식화해보면 다음과 같다.

| ① 문제의 인식과 목표 설정 |
|---|
| ② 탐험적 조사 |
| 예비조사, 2차 자료원조사, 질적조사 |
| ③ 조사 설계 |
| ④ 조사 실시 |
| 자료 수집, 1차 자료, 2차 자료, 통계 및 분석 |
| ⑤ 조사 결과 해석 및 보고 |
| 해석, 보고서 작성, 사후 검토 |

그림 21-3 : 마케팅조사 절차 개념도

## 전략으로 가는 첫 단추, SWOT분석

조사를 통해 상황분석이 끝나면 데이터를 근거로 SWOT분석표를 작성한다. 아래 표는 SWOT분석 시 고려해야 할 사항을 나타낸 것.

| 강점(Strengths) (내부적) | (Weaknesses)약점 |
|---|---|
| - 탁월한 능력 - 적절한 재무적 자원<br>- 좋은 경쟁적 기술수준<br>- 구매자들이 가지고 있는 호의적 평가<br>- 인정받고 있는 시장선도자<br>- 잘 수행되고 있는 기능별 전략<br>- 규모의 경제 활동 - 비밀기술<br>- 원가상의 유리점 - 경쟁상의 유리점<br>- 제품혁신능력 - 입증된 경영능력 | - 불분명한 전략적 방향<br>- 쇠퇴해가고 있는 경쟁적 지위<br>- 낙후된 시설 - 평균 이하의 수익성<br>- 주요 기술이나 능력의 결여<br>- 빈약한 전략수행 - 경쟁상 불리점<br>- R&D 투자 열등 - 열등한 품질<br>- 평균 이하의 마케팅기술<br>- 전략변경에 필요한 자금력 부족 |
| 기회(Opportunities) (외부적) | (Threats)위협 |
| - 새로운 시장과 세분시장에의 진입<br>- 제품계열의 추가<br>- 관련제품으로의 다각화<br>- 보완제품의 추가 - 수직적 통합<br>- 보다 좋은 전략집단으로의 이행력<br>- 경쟁사간의 화목 - 빠른 시장성장 | - 새로운 경쟁자의 진입가능성<br>- 대체제품의 판매량 증가<br>- 느린 시장성장 - 역행하는 정부의 방침<br>- 증대되는 경쟁적 압력<br>- 경기후퇴와 경기변동에의 가변성<br>- 증대되는 고객이나 공급자의 교섭력<br>- 역으로 바뀌고 있는 인구통계 |

표 21-2 : SWOT 분석 시 고려해야 할 사항

SWOT분석은 강점(Strengths), 약점(Weaknesses), 기회(Opportunities), 위협(Threats)의 매트릭스를 통해 바람직한 전략을 수립하게 하는 무기가 된다. 이를 통해 전략적 지점을 확인해내고, 기본적인 전략을 구성할 수 있게 되는 것이다. SWOT분석을 마쳤다면 각 요소들을 매치하여, 사용가능한 전략요소들을 추출해보는 일이 필요하다. S-O, W-O, S-T, W-T를 매치하여 사용가능한 전략을 추출해볼 수 있다.

## 시장세분화의 경향은 구매행동 · 사용상황 · 추구효익 중심으로

SWOT분석 이후 STP전략을 구축한다. STP(Segmentation, Targeting, Positioning)전략이란 몇 개의 기준들을 사용하여 시장을 가치가 있는 다수의 시장으로 분류(Segmenting)하고, 세분화된 여러 시장 중 자사 능력 · 경쟁상황 등을 고려하여 표적시장을 선택(targeting)한 뒤, 마케팅믹스를 이용하여 제품을 시장 내 소비자의 마음 속에 심는(positioning) 과정이다. 다음은 STP과정을 도식화한 그림이다.

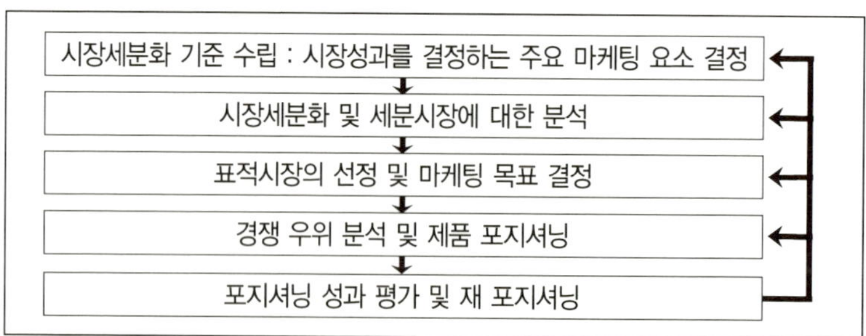


그림 21-4 : STP전략 구성과정 개념도

예전에는 소비자들의 대부분이 공통된 욕구를 가지고 있었고, 기업은 표준화된 제품을 대량생산한 뒤, 이를 대중마케팅하는 형태로 전략을 운용했다. 그러나 소비자들이 다양한 욕구를 갖게 되고, 경쟁이 심화되면서 이

STP는 마케팅전략에 있어 필수불가결한 사항이 되었다.

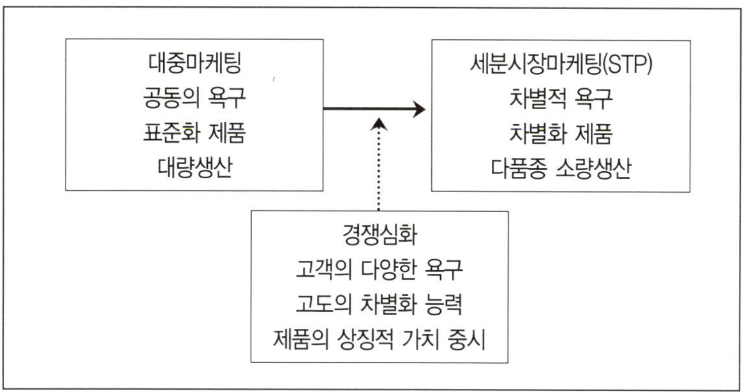


그림 21-5 : 시장세분화 등장 배경 개념도

시장세분화는 몇 개의 기준을 사용하여 시장을 가치 있는 다수의 시장으로 분류하는 것을 말한다. 시장은 소비자들의 집합이다. 시장에는 특정 제품군에 대한 태도 · 의견 · 구매행동이 비슷한 소비자 집단이 존재한다. 이 집단들을 분리하여 하나의 집단으로 묶는 과정이 시장세분화다.

이때 임의적 기준에 따라 시장을 분할해서는 안 된다. 목표와 관련성을 갖도록 시장을 세분화하는 것이 중요하기 때문에 기준이 매우 중요한 의미를 갖는 것. 시장세분화의 기준으로는 인구통계적 변수 · 심리적 변수 · 구매행동 변수 · 사용상황 변수 · 추구효익 변수 등이 사용된다.

## 너무 잘게 쪼갠 시장은 무리한 비용을 낳는다

단순한 인구통계적 변수만을 고려한 시장세분화는 기업이 처해있는 환경과 나아갈 방향에 도움을 주기 어렵다. 때문에 기업이 처해있는 환경과 나아갈 방향을 고려하여 기준을 설정하는 것 또한 매우 중요하다. 하나하나 쪼개놓은 각 세분시장은 마케팅프로그램을 실행했을 때 각기 다른 반응을 보일 수 있도록 분할되어야 한다. 그리고 그 규모와 구매력 등의 측정이 가능하도록 경계를 명확히 그을 수 있어야 한다.

각 세분시장은 마케팅프로그램을 실행하였을 때 효과를 거둘 수 있을만큼 충분한 규모를 갖추고 있어야 하며, 각 세분시장에 접근이 가능한 수단이 존재해야만 한다. 이처럼 측정가능성 · 규모 · 접근가능성 · 차별적 반응의 네 가지를 효과적인 시장세분화의 요건이라 부른다.

시장세분화라고 해서, 시장을 너무 잘게 쪼개놓는 것은 바람직하지 못하다. 과도한 시장세분화는 마케팅비용의 무리한 지출을 가져오게 하며 수익구조를 나쁘게 변화시킬 수 있다. 아래의 표는 시장세분화의 기준과 그 기준에 의해 시장세분화를 했을 경우, 효과적인 시장세분화 요건의 매치정도를 표시한 것이다.

| 구분 | | 측정가능성 | 규모 | 접근가능성 | 차별적반응 |
|---|---|---|---|---|---|
| 기준변수 | 인구통계 | ○ | ○ | ○ | × |
| | 심리분석 | ○ | × | × | △ |
| | 구매행동 | ○ | △ | × | ○ |
| | 사용상황 | ○ | △ | ○ | ○ |
| | 추구효익 | ○ | × | × | ○ |

표 21-3 : 시장세분화의 기준과 기준에 따른 요건 매치도

시장경쟁이 심화되고 구매자의 욕구가 다양해지면 시장의 세분화 정도가 높아지게 된다. 이때 하나의 기준변수만으로 시장을 세분화할 경우에는 위험이 발생할 수 있기 때문에 시장세분화의 기준변수를 조합하여 사용하는 것이 바람직하다. 흔히 이루어지는 상황변수 조합은 인구통계-사용상황, 인구통계-추구효익, 인구통계-심리분석-추구효익, 인구통계-구매행동-추구효익, 인구통계-사용상황-추구효익 등이다.

## 세부시장 매력도와 자사 적합성 평가를 통해 표적시장 결정

시장세분화가 끝났으면 표적시장을 결정한다. 표적시장은 세분시장 중에서 자신의 경쟁우위와 경쟁상황을 고려했을 때 자사에 가장 좋은 기회를 제공해 줄 수 있는 특화된 시장을 의미한다. 가장 유리한 표적시장을 선택하기 위해서는 다양한 시장세분화 변수를 이용, 정교한 세분시장 대안들을 마련해야만 한다. 표적시장을 결정하기 위해서는 먼저 각 세분시장의 매력도를 평가해야 한다. 세분시장 매력도 평가요인은 다음 표와 같다.

| 1. 시장요인 | 2. 경쟁요인 | 3. 자사와의 적합성 |
|---|---|---|
| 시장규모<br>시장성장률<br>제품수명주기 | 현재의 경쟁자<br>잠재적 경쟁자 | 기업목표<br>자원<br>마케팅믹스 |

표 21-4 : 세분시장 매력도 평가요인

이러한 과정을 통한 표적시장의 선정에는 전체시장 도달전략, 부분시장 도달전략(단일시장 집중화, 시장 전문화, 제품 전문화, 선택적전문화 등) 등 두 가지 방법이 활용된다. 아래 표는 각 도달전략의 내용을 표시한 것이다.

| 전략 | 내용 |
|---|---|
| 단일시장 집중화 | 단일제품으로 단일세분시장에 소구하는 단순한 형태 |
| 시장 전문화 | 특정 고객집단의 다양한 욕구를 충족시키기 위해<br>다양한 제품을 판매하는 전략 |
| 제품 전문화 | 다양한 세분시장에 단일제품으로 소구하는 유형 |
| 선택적 전문화 | 세분시장 중 매력적이고 기업목표에 적합한<br>몇 개의 세분시장에 진입하는 전략 |

표 21-5 : 각 도달전략의 내용

표적시장 결정까지 끝나고 나면 포지셔닝을 진행할 차례다. 포지셔닝이란 자사제품이 경쟁제품과는 다른 차별적 특징을 가지게 하여, 표적시장

내 소비자들의 욕구를 보다 잘 충족시킬 수 있다는 사실을 소비자들에게 인식시켜주는 과정이다. 경쟁기업들과 효과적으로 경쟁하기 위해 마케팅 믹스를 사용하여 소비자의 의식 속에 제품의 정확한 위치를 심어주는 과정이기도 하다.

포지셔닝은 자사의 경쟁우위를 최대한 활용할 수 있도록 구성하는 것이 효과적이다. 경쟁우위는 어떤 제품 혹은 브랜드가 다른 제품 혹은 브랜드에 비해 소비자들에게 더 많은 가치를 제공해줄 수 있을 때 달성된다. 앞에서도 말했듯, 가치란 제품이 원래 가지고 있는 타고난 우월성에 의해서 만들어지기도 하지만 그 제품 혹은 브랜드를 대하는 소비자들의 주관적 가치에 의해 많은 부분이 결정되기도 한다.

이러한 가치의 결정에는 사회적 트렌드도 영향을 미친다. 소비자의 욕구와 사회적 트렌드를 고려하여, 소비자들의 마음 속에 강력한 위치를 차지할 수 있는 포지셔닝전략의 구사는 매우 중요하다. 다음은 경쟁우위를 결정하는 요소들을 결합시켜 만든 경쟁우위 추출을 위한 개념도이다.

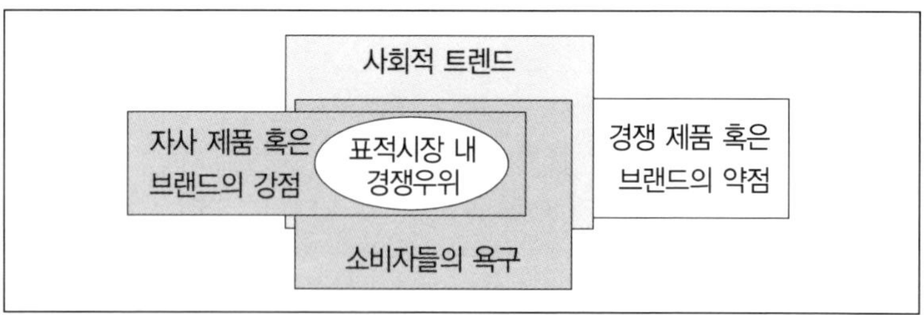


그림 21-6 : 표적시장에서 경쟁우위를 결정하는 요소들의 결합

# 22 고객관계관리(CRM)의 개념

## 단골고객을 잡고, 신규고객을 찾는 신세대 솔루션!

우리는 마케팅의 변화흐름을 살펴보았다. 그리고 이러한 변화를 통해 제품적 이점과 금전적 비용을 중시하던 소비자들의 관심이 감정적 이점과 시간적 · 심리적 · 에너지적 비용으로 변화하고 있다는 사실을 알게 되었다. 또 마케팅대전환으로 매스마케팅이 퍼스널마케팅으로 변화하고 있다는 사실도 알게 되었다. 퍼스널마케팅은 시장을 세분화하고, 목표시장에 대한 투입을 강화하는 것에서부터 시작된다.

여기에 컴퓨터와 인터넷의 발달은 고객 한 사람 한 사람에게 각기 다른 마케팅을 실시할 수 있게 하였다. 개별 고객마다 각기 다른 커뮤니케이션을 실시하고, 개별 고객마다 각기 다른 마케팅을 실시하는 것이야말로 바로 CRM(고객관계관리)의 가장 중요한 특징이다.

이렇게 대상을 개별화하는 데 있어 그 일차적 대상은 충성도 높은 단골고객이다. 충성도 높은 단골고객은 뜨내기고객들에 비해 훨씬 높은 수익을 가져다준다. 높은 매출을 올려주는 것은 물론, 투입비용과 에너지를 줄여주기도 한다. 뿐만 아니다. 충성도 높은 단골고객은 새롭게 유입해야할 신규고객들의 성향을 파악하게 해주는 모델이 되어주기도 한다.

## 80대20법칙이 낳은 헤비유저 중심의 마케팅 툴, CRM

이러한 사실을 우리에게 확인시켜준 것이 80대20법칙이다. 80대20법칙은 이탈리아 경제학자인 빌프레도 파레토(Vilfredo Pareto)가 발견한 법칙이다. 그래서 우리는 이 80대20법칙을 파레토의 법칙이라고도 부른다. 파레토는 19세기 영국의 부와 소득 유형을 연구하던 도중 전체 인구의 20%가 전체 부의 80%를 차지한다는 사실, 즉 부의 불균형 현상을 발견하게 되고, 이를 통해 이 법칙을 성립하기에 이른다.

인간들과는 조금 다른 면이 있기는 하지만 개미사회에서도 이와 같은 현상이 벌어진다. 개미의 사회적 행태를 연구하여 세계적인 권위자로 인정받고 있는 서울대 최재천 교수의 연구에 의하면 개미는 우리가 알고 있는 것처럼 부지런하고 협동적인 곤충이 아니라는 것이다. 개미의 80%는 열심히 일하고, 나머지 20%는 '놀고 먹는다' 는 것.

재미있는 것은 열심히 일하는 80%의 개미만을 골라 별도의 집단을 구성하면, 그 중 20%는 역시 놀고먹는 집단으로 변화한다는 것이다. 이를 토대로 연구한 결과 모든 동물사회는 항상 일하는 80%와 놀고먹는 20%가 존재하며, 이 중 어떤 경우는 예비군적 대비책이고, 어떤 경우는 단순히 성향이 다른 것에서 비롯된다는 사실이 밝혀지기도 했다.

마케팅에 있어서도 이러한 법칙은 예외 없이 나타난다. 기업의 전체 상품

중 20%가 전체 매출의 80%를 차지하며, 전체 고객의 20%가 전체 매출의 80%를 올려준다는 것. 이러한 파레토의 법칙에 힘입어 고객관계관리가 탄생한다. 20%의 충성도 높은 고객, 즉 헤비유저를 중심으로 집중적인 관계를 형성함으로써 매출극대화를 이뤄내 신규유저 역시 헤비유저들로부터 얻은 정보를 근거로 접근하여 영입하는 것이다.

## 컴퓨터의 발달이 과학적 근거와 소통 만들어

CRM은 고객관계관리라는 말로 바꾸어 부를 수 있다. 한 사람 한 사람 고객과의 지속적 관계를 유지하고 발전시켜나가는 행위라 하겠다. 이처럼 고객을 관리해나가기 위해서는 데이터의 수집과 활용이 필수적이다. 따라서 CRM의 시작은 데이터의 수집 및 활용과 맥을 같이한다 하겠다.

마케팅에 과학적 데이터를 활용하게 된 첫 계기는 POS(Point Of Sale)시스템이다. POS는 입출고관리시스템이다. 단순히 하루 매출과 부족 제품의 파악을 위해 시작된 것이지만 이를 통해 우리는 하루 매출 · 월간 매출 · 연간 매출 등을 집계할 수 있게 되었다.

이러한 단순 매출 집계기능은 곧 품목별 집계 · 월별 매출 추이 · 요일별 매출 추이 · 시간별 매출 추이 등을 파악할 수 있도록 발전하였고, 여기에 계절 · 날씨 · 기념일 변수요인을 투입하여 계절별 매출 · 날씨별 매출 · 기념일에 따른 매출 변화 등을 파악할 수 있게 되었다. 이러한 데이터들은 스캐너데이터(store scanner data)라고 부르며, 지금까지도 마케팅의 요긴한 기초자료로 활용되고 있다.

여기에 보너스카드 · 할인카드 등이 보태져 시너지가 생긴다. 보너스카드, 할인카드 등을 통해 고객의 기본신상정보 파악이 가능해지고, 소매점 패널데이터(store scanner panel data)가 확보되었던 것이다. 여기에 다시 데이터베이스 기능을 더하면 장바구니분석(Market Basket Analysis)이 가능해져 장바구니 속에 어떤 제품들이 들어있는지를 각 고객별로 파악할 수도 있게 된다. 우리는 이러한 장바구니분석을 통해 한 사람의 쇼핑횟수 · 쇼핑주기 · 매출량 · 품목 등을 예측한다.

나아가 장바구니 분석은 매우 정교하게 소비자의 구매패턴이나 선호상품, 심지어 판촉제안(가격 할인과 사은품 지급, 각기 다른 지역별 광고와 지역별 매출 등)에 따라 바코드를 달리함으로써 판촉에 대한 소비자의 반응까지 파악할 수 있게 해준다. 이러한 데이터 수집과 활용의 변화를 도식화하면 다음과 같다.

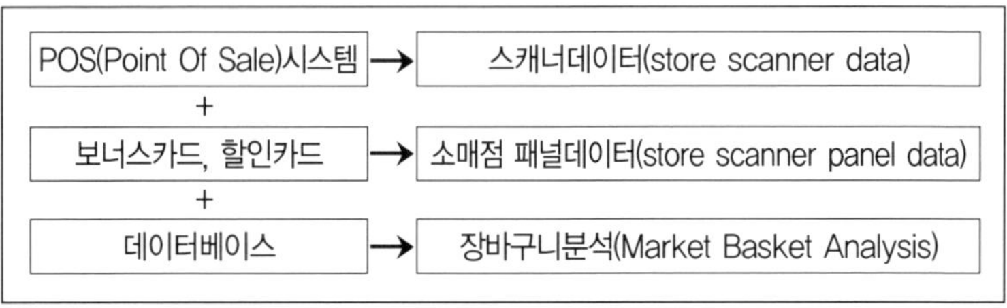


그림 22-1 : 데이터의 수집과 활용의 변화

일명 80대20으로 불리는 파레토의 법칙과 신규고객 개발보다는 단골고객 관리가 훨씬 효과적이라는 시장과 소비자적 요인의 발견이 CRM의 아버지라면, 컴퓨터의 개발 · 데이터베이스의 발전 · 인터넷의 발달 · 바코드 · 바코드리더와 스캐너 · 칩이 내장된 카드 · 카드리더의 개발 등 기계적 요인들은 CRM의 어머니라 하겠다.

대부분의 마케팅을 CRM시스템에 의존하는 인터넷쇼핑몰에는 별도의 소매점 패널데이터가 필요 없다. 회원가입 시 제공된 기본정보는 고객의 체류시간 · 클릭횟수 · 각 상품별 쇼핑시간 · 구매주기 등과 합쳐져 중요한 정보들을 제공 해주는 것은 물론 분석까지 하나의 시스템에서 운영할 수 있게 해준다.

그렇다면 CRM을 위한 고객데이터에는 어떤 것들이 있을까? 이 데이터들은 크게 고객정보 · 제품정보 · 구입정보 · 프로모션반응 · 행동관련 데이터 등의 다섯 가지로 구분해 볼 수 있겠다. 먼저 고객정보에는 이름 · 성별 · 생년월일 · 주소 · 전화번호 · 통신ID 또는 E-Mail address, 결혼여부 · 자녀수 · 연간수입 또는 월수입 · 학력 · 최종학력 · 직업 · 주거방법(단독 · 아파트 · 자가 · 전세 · 월세 여부 등) · 기타 라이프스타일 정보 등이 포함된다.

제품정보에는 제품군 · 구입상품 · 제품에 대한 의견이, 구입정보에는 최초구입일 · 최근 구입일 · 최근 구입시 가격 · 총 구입 누적 횟수 · 총 구입 누적금액 · 횟수에 따른 구입금액 평균 · 구입장소 등이, 프로모션 반응에는 제안한 프로모션과 그 내용 · 제안한 프로모션에 대한 반응 등이, 행동관련 데이터에는 소유 회원권 · 소유차종과 연식 · 즐기는 운동 · 취미 · 상품 및 서비스 구입처 · 상품 및 서비스 정보원천 등의 데이터가 포함된다.

효율적인 마케팅을 위해 시장세분화를 실시하고, 모든 타깃이 아닌 목표시장을 향해 마케팅을 운영하는 것은 전략마케팅의 기본이며, 마케터들에게는 상식이다. 이러한 변화의 최일선에 컴퓨터와 인터넷이 있었다. 컴퓨터는 고객을 관계있는 참여자로 변화시키는 데에 가히 혁명적 기여를 해주었다. 뿐만 아니라 컴퓨터와 인터넷은 단순히 고객정보를 파악하는 것에서 그치지 않고, 미디어로서의 제 몫 역시 톡톡히 해내고 있다는 점에서 더욱 중요한 가치가 있다.

## 우수고객과의 인터렉션이 CRM의 기본개념

CRM의 핵심은 우수고객들을 분류해내고, 우수고객들과의 개별적 접촉을 통해 인터렉션(Interactions:상호반응)을 이끌어내는 것이다. CRM은 고객분석을 통한 목표시장의 발견 · 마케팅평가 및 전략자료의 제공 · 의도별 맞춤형 판촉 · 고객군별 맞춤형 판촉 등 네 가지 기능을 가지고 있다.

첫째, CRM은 고객분석을 통해 목표시장을 발견하게 한다. 핵심고객 DB를 제공해주는 한편, 그들과의 소통통로를 확보해준다. 뿐만 아니라 고객 상황에 따른 매출추이를 분석하고, 이를 통해 세분시장의 성향을 분석해준다. 이러한 분석은 가망고객의 성향을 확인시켜주는 것에 다름 아니다.

둘째, CRM은 마케팅평가 및 전략자료를 제공한다. CRM을 통해 소비자의 니즈를 파악할 수 있으며, 제품의 시장테스트도 가능해진다. 프로모션별 바코드를 달리 부여함으로써 각 프로모션의 효과를 파악할 수도 있게 하며, 프로모션 샘플링도 가능하게 하는 것이다.

셋째, CRM은 의도별 맞춤형 판촉을 가능하게 한다. 베네핏시스템을 통해 1회 구매 마다의 단위매출 상승을 유도하도록 해주기도 하고, 누적매출의 상승을 유도하기도 한다. CRM을 잘 활용하면 시즌매출 상승유도의 효과도 거둘 수 있을 것이다.

넷째, CRM은 고객군별 맞춤형 판촉을 가능하게 한다. 각 고객의 선호품목을 파악하여 선호품목 중심의 판촉을 가능하게도 하며, 각 고객의 쇼핑주기를 파악하여 쇼핑주기에 따른 판촉을 가능하게도 한다. 핵심고객들을 선별, 그들을 중심으로 베네핏을 활용한 특별판촉도 가능하게 하는 것이 바로 CRM인 것이다.

이러한 CRM활동을 위한 절차는 데이터베이스 구축과 관리 · 데이터 마이닝 · 고객채널을 통합하고 연계하는 캠페인의 운영 등 3단계로 나누어 살펴볼 수 있다. 데이터베이스의 구축과 관리는 계약 · 처리와 관련된 데이터와 영업점 · DM · 콜센터 · 캠페인 등을 통해 얻은 고객반응정보를 인구통계학적 데이터들과 함께 데이터 웨어하우스(전사적 관점에서 데이터 모델에 근거하여 구축된 데이터베이스)의 관점에 기초하여 체계적으로 관리하고 활용하는 것을 말한다.

데이터 마이닝이란 모아진 데이터를 의미 있는 자료로 가공하는 것을 말한다. 과학적이고도 통계적인 방법을 통해 기존 고객들의 특성을 파악하여, 기존 고객에 대한 서비스를 개발하는 것은 물론 새로운 고객군 발굴에 활용하도록 하는 일련의 과정을 의미하는 것이다.

이렇게 데이터 마이닝이 마무리되면 마케터는 일련의 자료를 토대로 고객을 유치하고, 이탈을 방지하는 한편, 타 상품과의 연계판매(Cross-sell)·수익성 높은 상품 판매를 위한 상승판매(Up-sell) 등 고객채널을 통합하고 연계하는 캠페인을 운영하게 된다.

CRM의 이해를 돕기 위해 의류판매점 숍마스터의 역할을 분석해보자. 기존 숍마스터의 역할과 본격적 CRM의 도입으로 변화되는 환경을 비교해봄으로써 CRM에 대한 이해를 보다 넓혀갈 수 있을 것이다.

### 숍마스터의 눈썰미가 단골고객을 만든다

숍마스터는 매장으로 들어오는 고객들을 보며, 그리고 구매과정을 통해 무의식적으로 몇 가지 판단을 하게 된다. 우선은 입장한 고객이 단골고객인가, 신규고객인가를 판단한다. 이 판단에 따라 인사부터 달라지게 된다.

단골고객일 경우에는 파악되어 있는 기존 구매성향을 참고로 서비스에 임한다. 입장고객이 신규고객일 경우에는 그의 옷차림이 어떠하며, 그와 잘 어울리도록 코디되었는가를 살핀다. 그리고는 우선 고객의 취향에 맞추어 몇 가지 옷을 권유하거나, 얼굴모양·머리모양·체형 등과 옷차림의 조화에 따른 제안점을 파악, 몇 가지 옷을 권유하기도 한다.

그리고 판매서비스를 진행하는 동안 고객이 적극적 권유에 반응하는지, 아니면 간섭을 싫어하는 스타일인지를 판단하여, 그에 맞도록 서비스를 제공하게 되는 것이다. 이렇듯 고객에 따라 그때그때 서비스가 달라진다.

이러한 과정 중에도 숍마스터는 신규 구매고객으로부터 여러 가지 고객정보를 수집하기 위해 노력한다. 먼저 대화를 통해 고객정보를 수집한다. 이것저것 일상사에 대한 질문들을 해가며, 고객의 직업 · 소득수준 등 인적사항은 물론 내방계기 · 관심사 등까지 파악하는 것이다.

회원가입 권유와 카드발급을 통해 정보를 얻기도 한다. 보너스카드를 만들게 되면 고객의 개인정보를 제대로 수집할 수 있기 때문이다. 카드가 너무 많고, 카드신청서 쓰기가 귀찮거나 사생활이 노출된다고 꺼리는 고객들이 있으므로, 보너스카드 회원가입자에게는 이점을 주는 것이 보통이다(누적포인트를 통한 할인 · 카드고객만을 대상으로 하는 사은품 등). 이러한 베네핏들은 단위매출 상승 · 누적매출 상승 · 시즌매출 상승 등을 유도하는 직접적 방법으로도 활용된다.

그럼에도 불구하고 보너스카드를 만들지 않겠다는 고객이 있다면 세일고지 등을 미끼로 노트에 이름과 전화번호 등 간단한 메모를 남겨두는 선에서 정보를 수집한다. 이러한 일련의 과정을 통해 얻어진 정보는 숍마스터의 기억이나 기록 등을 통해 정리된다.

보너스카드 발급을 위한 개인정보는 POS데이터와 함께 요긴한 자료로 활용된다. 성별 · 연령 · 거주지역 · 직업 · 소득수준 등 제반 정보들과 함께 구매금액과 구매제품 · 구매주기 등의 분석은 매우 중요한 마케팅자료를 제공하며, 주소 · 전화번호 · e-mail 주소 등은 고객과의 소통통로를 제공하기 때문이다.

덧붙여 파악된 각종 기념일은 개별판촉 소스로도 활용된다. 여기에 숍마스터가 작성한 씀씀이 · 취향 · 구매과정과 파악된 신상정보를 보태면 훌륭한 패널 데이터가 만들어지게 되는 것이다.

## 숍마스터의 고객정보는 여러모로 매출을 견인해낸다

숍마스터는 이러한 고객정보들을 활용하여 매출을 견인한다. 첫째, 제품이 들어오면 숍마스터는 고객과 제품을 매치시킨다. 고객들의 씀씀이 · 취향 · 스타일 등을 고려하여 제품의 주인을 찾아내고, 전화 등을 통해 내방을 권유하는 것. 연계판매 · 상승판매 등을 고려하여 정보를 제공하고 판매를 권유하기도 한다. 연계판매란 의류의 경우 상하의 코디네이션을 통한 판매 등을 말하고, 상승판매란 보다 수익이 낮은 제품 대신 높은 제품을 권유하여 수익을 높이는 것을 말한다.

뿐만 아니라 숍마스터의 능력이 발휘되는 최고의 타이밍은 세일 등을 이용한 시즌매출 상승이다. 먼저 문자서비스 등을 통해 세일을 고지하게 되는데, 이때에는 얼마나 많은 고객을 가지고 있는지, 고객 취향에 맞추어 세일참여도를 높일 수 있는지의 여부가 성공을 가늠하게 한다. 헤비 유저들에게는 세일 하루 전 예약판매 등을 통해 특별판촉을 실시하기도 한다.

기념일과 고객을 매치시켜 매출을 상승시키기도 한다. 명절 · 발렌타인데이 등에 고객들을 대상으로 명절인사 · 명절기념품 등을 미끼로 문자 내지 전화를 실시하여 내방과 판매를 유도하는 것도 그 좋은 예이다. 생일 · 결혼기념일을 얼마 앞둔 시점에 안부전화를 하여, 생일이나 결혼기념일 선물로 제품구매를 유도하는 것 역시 매우 정교한 판촉방법이다.

CRM은 판매부진 요소 극복을 위해서도 활용될 수 있다. 요일 · 기상 등으로 말미암아 판매부진이 예상되는 상황에서 판촉문자 내지 전화를 실시하여 일정 이상 매출을 높이는 방법, 판매부진이 예상되는 특별한 상황에서 특별한 이점으로 고객 내방을 유도하는 방법 등도 모두 CRM을 활용한 판촉수단이라 하겠다.

유출고객의 관리도 CRM을 통하면 가능하다. 내방주기를 넘겨도 내방하지 않는 고객들의 대부분은 경쟁사로 유출된 이탈고객들이다. 때문에 이들을 상대로 판촉전화 · 불만상담 등을 실시하여 해결하곤 하는데 만약 CRM이 제공하는 데이터가 없다면 가능하지 않은 판촉이라 하겠다.

## 특급 숍마스터의 고객수첩이 무용지물인 세상!

위의 사례에서 보듯 의류판매점의 CRM은 어느 정도 진전을 본 상황이며, 그 역할도 어느 정도는 자리를 잡았다. 그러나 아직까지도 매출의 대부분이 숍마스터의 능력과 노력 여하에 좌우되고 있다. 그리고 CRM은 숍마스터의 능력을 보조하는 수단으로 기여하고 있는 수준이다. 아직까지는 숍마스터들 간의 개인차가 크며, 그 개인차에 의해 매출이 달라지는 상황. 그러나 이러한 개인차는 CRM에 의해 표준화될 것이다.

그렇다면 곧 닥치게 될 미래 의류판매점의 모습을 상상해보자. 숍마스터는 출근과 동시에 컴퓨터를 켜고 본사의 서버에 접속한다. 모니터에는 계절 · 요일 · 기상상태가 표시되고, 예년 같은 조건일 때의 매출추이 · 최근 매출추이 등의 그래프가 나타나게 된다. 그리고 이를 통해 산출된 그 날의 예상매출액과 목표액도 출력된다.

확인버튼을 누르면 당일 기념일을 맞이한 고객들의 명단과 전화번호, 그리고 그에 알맞은 문자서비스 상용문구가 출력되고, 다시 확인버튼을 누르면 자동으로 문자서비스가 송신된다. 그리고 난 뒤에는 업계 및 제품과 관련된 정보와 최근의 제품경향 등이 담긴 뉴스브리핑이 시작된다. 숍마스터는 필요한 기사들을 대충 훑어보고 다시 확인버튼을 누른다.

화면이 바뀐 모니터에는 내방주기를 일정 이상 넘긴 고객들의 명단과 정보가 출력되고, 숍마스터는 그 고객들의 명단 중 필요하다고 생각되는 사람들에게는 전화를 걸고, 전화까지는 필요하지 않다고 판단되는 고객들을 체크하여 확인버튼을 누르면 안부를 묻는 문자서비스가 발송된다.

유출예상고객 관리가 끝나고 나면 오늘 도착할 제품과 그에 가장 잘 매치되는 고객들의 리스트를 출력한다. 이 리스트는 그간 고객들의 구매성향과 제품취향 등을 고려하여 만들어진 것. 역시 필요하다고 생각되면 문자서비스를 이용하기도 하고, 전화를 걸기도 한다. 기상상태 · 요일 · 최근의 경향 · 현재 판매점 내의 재고상황 등을 고려한 디스플레이 제안이 모니터에 출력된다.

고객이 입장하면 게이트에 설치된 센서를 통해 고객의 각종 정보가 숍마스터의 모니터에 출력된다. 그 내용은 성별 · 연령 · 지역 · 직업 · 소득수준 등 기본정보는 물론, 최초 내방일 · 평균 내방주기 · 최종 내방일 · 총 구매금액 · 1회 평균 구매금액 등 기본구매정보가 망라되어 있다. 구매한 제품의 색상 · 디자인 · 스타일 · 사이즈 등 구매성향정보 등이 고스란히 들어있는 것은 물론이다. 숍마스터는 이 정보들을 활용하여 구매를 유도한다. 모든 구매기록들은 다시 보너스카드를 통해 데이터베이스로 저장된다.

### 고객정보로 일대일 커뮤니케이션을 만든다

그러나 정작 중요한 것은 숍마스터도 모르는 사이에 많은 일들이 벌어진다는 것이다. 본사의 CRM시스템을 통해 새로운 제품 정보들이 그간 저장되었던 데이터베이스를 바탕으로 고객들에게 전달된다. 시즌마다 혹은 월별로 고객에게 제품정보가 담긴 카탈로그, 혹은 e-mail이 발송되며, 그 속에는 각 고객의 구매성향과 제품취향에 맞추어진 몇 개의 제품들만이 골라져 담겨 있다. 뿐만 아니라 각 고객의 관심정보와 각 고객의 취향별로 제공되어야 할 이점들이 함께 들어 있다.

대부분의 시스템은 전자동으로 운영되며, 컨텐츠 생산만 마케팅팀 직원들이 담당한다. 마케팅팀에서는 기존고객들의 성향을 파악하고, 그에 맞는 이점을 통해 연계판매 · 상승판매 전략을 개발하는 한편, 기존고객들의 분석자료를 바탕으로 신규고객 개발을 위한 베네핏을 준비한다.

그리고 이러한 데이터들을 통해 얻어낸 정보를 토대로 가망고객들을 추출하며, 이 가망고객들을 대상으로 각종 지원판촉을 운영한다. 뿐만 아니라 숍마스터들이 의식하지 못하는 사이에 각종 제품개발과 판촉개발을 위한 테스트가 판매점 내에서 실시되며, 그 결과는 다시 CRM시스템에 의해 분석된다.

너무 심한 비약이라는 생각이 드는가? 하지만 이미 상당히 많은 분야에서 위에서 본 바와 같은 CRM시스템이 부분적으로나마 활용되고 있다. 그리고 이러한 시스템의 발전을 위한 연구가 매우 빠른 속도로 진척되고 있다. 이러한 CRM의 발전은 곧 숍마스터의 능력을 표준화하는데 기여하게 될 것이다.

CRM은 잘 정비된 기계나, 패키지 상품이 아니다. CRM은 솔루션이며, 언제든지 기능이 추가되고 발전될 수 있는 열린 도구이다. 때문에 그 가능성 역시 무한한 것이며, 사람들의 상상에 의해 그 역할은 더욱 늘어날 것이 분명하다.

지금까지 CRM을 개략적으로나마 알아보았다. 눈여겨보아야 할 것은 CRM의 역할과 기능이 앞서 살펴본 마케팅대전환의 10가지 변화와 상당부분 맥을 같이한다는 사실이다. CRM이야말로 마케팅대전환이 제시하는 새로운 마케팅흐름을 가장 잘 견지한 새로운 도구라 하겠다. 그리고 이러한 CRM은 인적판매와 판매촉진의 상당부분을 보완하거나 대체할 것으로 예상된다. 그러한 변화에 대응하는 것 또한 우리의 당면과제인 것이다.

## 23 통합마케팅커뮤니케이션(IMC)의 개념

# 고객과의 접점을 노린다, IMC라는 마법의 탄환!

IMC(Integrated Marketing Communications)는 통합마케팅커뮤니케이션이라고 해석되어 사용되고 있다. 이러한 이름 때문인지 IMC에 대한 오해가 많다. 그 중 가장 흔한 것은 동일한 아이콘 내지 동일한 이미지를 지속적으로 노출시켜 회사나 제품의 이미지, 즉 정체성을 만드는 일을 IMC라고 생각하는 오해다. 그러나 이것은 CI(Corporate Identity)를 IMC로 잘못 이해한 것이다.

그 밖에도 회사나 제품이 광고를 내보냄에 있어 각 매체들이 동일한 메시지를 유지하도록 하는 것, 혹은 각각의 매체 특성과 역할에 따라 제각기 다른 메시지를 내보내도록 하는 일을 IMC라고 말하는 오해다. 이것은 미디어믹스를 IMC로 잘못 이해한 경우이다.

## 4대매체의 퇴조, 퍼스널 커뮤니케이션의 시대

IMC의 가장 초보적인 정의는 '프로모션믹스의 통합'이다. 광고 · PR · SP · 인적판매를 구분 없이 하나의 전략에 녹여 넣는 것이라 할 수 있겠다. 그 수단이 되는 ATL과 BTL도 마찬가지로 하나의 전략 안에 녹여 넣는다. 이처럼 하나의 전략 안에 이 모든 것들을 녹여 넣어 활용한다는 측면에서 기존의 4대매체 중심의 광고전략과 다르다.

지금까지 우리는 4대매체를 중심으로 광고해 왔다. 이 4대매체를 중심으로 광고를 집행해온 이유는 무엇인가? 4대매체 중심의 광고가 매스마케팅 상황에서 그 위력을 유감없이 발휘해왔기 때문이다. 하지만 경쟁이 치열해지고, 고객들의 니즈가 다양해지는 것은 물론 사용상황에 따라 선택이 달라지는 시대에 와서는 이러한 매스마케팅이 퇴조를 보이게 된다. 마케팅상황이 퍼스널중심으로 이동했기 때문이다.

광고란 마케팅을 위한 커뮤니케이션이다. 마케팅목표를 잘 달성하기 위한 커뮤니케이션수단이었다는 것이다. 하지만 상황이 바뀐 지금까지도 굳이 4대매체에만 한정지어 전략을 수립해야 하는 것인가? 퍼스널마케팅시대는 퍼스널미디어의 선호를 불러왔다. 많은 사람들에게 동시다발적으로 전달되는 것보다는 고객 각각에 따라 메시지를 달리하는 형태, 즉 퍼스널미디어들이 선호되고 있다.

'꿩 잡는 게 매'가 아닌가? 대중매체에 의존한 광고가 물건을 파는데 과연 얼마나 효력이 있는가? 우리는 그동안 인구에 회자될 정도로 빅 히트를 친 TV광고가 판매증진에는 완전히 실패하는 경우를 종종 보아 왔다. 소비자의 구매활동이 극도로 위축되어 있는 현재, 광고활동은 직접적으로 매출에 영향을 미칠 수 있어야만 한다.

광고만으로 상표충성도를 형성하기가 매우 어렵기 때문에 기타의 마케팅

수단들도 힘을 합쳐야 하는 시대가 온 것이다. 여기에는 SP의 개념도 합쳐지게 되며, 소비자들은 물론 기업의 각종 이해관계망과 관계를 형성해나가는 PR도 함께 힘을 모으게 되는 것이다. 소비자가 정보의 주체인 이 시대에 와서 소비자와의 관계를 형성해가는 PR은 점점 더 그 중요성이 더해지고 있다.

소비자들은 광고는 물론, 구전 · 이벤트 · 객장 종업원 · 점포나 객장 혹은 회사나 공장 등에 방문한 경험 · 회사직원 · 회사직원의 가족 · 전문가 등을 모두 정보원으로 활용하고 있다. 특히 주목해야 할 것은 정보화 사회의 커뮤니케이션이 대부분 쌍방향으로 이루어진다는 사실이다. 그리고 나아가 기업은 상호작용을 통해 보다 우호적으로 소비자와의 관계를 형성하기 위해 노력해야 한다.

앞에서 우리는 광고를 집행함에 있어, 마케팅적 접근은 What to say를 제공하고, 커뮤니케이션적 접근은 How to say를 제공한다는 사실을 살펴보았다. 그러나 현대의 마케팅은 한가하게 Say에만 집중하도록 우리를 내버려두지 않는다. 마케팅은 프러포즈를 하는 것이며, 그 프러포즈를 위해 커뮤니케이션하도록 요구하고 있다.

그리고 고객의 인식이나 태도를 변화시키는 것을 넘어서 고객의 행동까지 유발해달라고 요구하고 있는 것이다. 이제는 say가 아니라 do의 시대다. 때문에 우리는 What to do, How to do에 집중해야만 한다. 커뮤니케이터는 더 이상 메가폰을 들고 다니는 사람이 아니다. 고객의 손을 잡고 함께 뛰어다녀야 하는 것이 우리 마케팅커뮤니케이터들의 운명이다.

## 한정된 자원을 최대한 효율적으로 활용하는 전략, IMC

때문에 이러한 시대의 커뮤니케이션은 단지 여러 미디어들을 통합하는 수준만으로는 만족할 수 없다. 그 목적과 내용의 변화도 수반되어야만 한다. 기술발달과 경쟁가속화로 말미암아 각 기업들이 내놓는 제품의 기능과 가격에 차별성이 떨어지면서 제품 차별성을 중심으로 고객을 설득하던 방식 역시 위력을 잃게 되었다. 그동안 광고전략을 견인해왔던 USP전략 · 포지셔닝전략 · 이미지전략 등도 그 영향력이 점차 떨어질 수밖에 없는 것이다.

이제는 4P를 고르게 잘하는 제품이 각광받는 시대가 아니라, 어느 것이든 하나를 뾰족하게 잘해서 표적시장 내 경쟁우위를 확보해야만 살아남는 시대다. 그리고 그것을 타깃들과의 호흡 아래에서 강력하게 전달하고 강제하는 시대다.

단순히 인식을 바꾸는 것이 아니라 행동을 유발시키는 툴이 필요해진 것. 여기에 덧붙여 한정된 자원을 최대한 효율적으로 활용하여, 얻고자 하는 것을 분명히 얻어내는 전략이 필요하게 됐다. 이를 위해 통합된 메시지를 기반으로 다매체를 통합하고 쌍방향커뮤니케이션은 물론 고객과의 관계획득과 유지활동이 가능하도록 하는 시스템이 마련되었다. 나아가 자원의 효율적 활용과 분명한 결과의 도출이 가능한 툴로 시스템을 만들었다. 이것이 바로 IMC다.

그러나 이 세 가지 특징, 즉 다매체의 통합, 자원의 효율적 배분, 분명한 결과의 도출이라는 IMC의 특징들은 서로 결합이 가능한 것인가? 다매체를 사용하기 위해서는 많은 자원이 필요하다. 그러나 IMC는 자원의 효율적 활용을 말하고 있다. 이 두 가지는 서로 충돌하는 조건이 아닌가? IMC를 단순히 다매체통합이라고 말할 수 없는 이유가 바로 여기에 있다. 다매체통합이란 미디어믹스의 보다 확대된 개념에 불과하다. IMC는 필요한 미디어들을 선별하고, 각각의 미디어에 분명한 목적을 부여하여 이를 배치하는 전략으로 보는 것이 옳다.

이렇게 탄생한 IMC는 고객의 획득과 유지전략을 구사한다. CRM에서 살펴본 것처럼 단골고객을 지속적으로 관리해가는 유지전략을 운영하는 동시에, 그들의 특징을 분석하여 우리에게 잘 맞는 잠재고객들을 새로운 고객으로 만드는 획득전략을 운영하는 것이다.

## 광고와 대별되는 IMC의 몇 가지 특징들

때문에 IMC는 광고와 대별되는 몇 가지 다른 특징을 가지고 있다. 광고는 개방적이고, 단기적이며, 비순환성을 가지고 있는 단선구조인데 반해, IMC는 폐쇄적이고, 지속적이며, 순환성을 가지고 있는 구조를 가지고 있다는 것 등이 바로 그것이다.

그러기에 앞서 광고의 개방성에 대해 알아보자. 광고는 공개되어 있다. 경쟁사 광고의 내용을 자세히 분석해 보면 경쟁사가 어떤 전략을 구사하고 있는지를 파악해낼 수 있다. 시간대와 방송횟수 등을 파악하면 얼마만큼의 예산을 쓰는지도 대충 파악이 된다. 반대로, 자사의 광고 또한 경쟁사에 파악되고 분석되어진다. 이것은 전쟁 중 적군과 아군 간에 화력 · 무기와 전략 · 전술이 훤하게 파악되고 있는 것과 마찬가지의 상황이다.

그러나 IMC는 데이터베이스에 나타난 현재고객들만을 상대로 하기 때문에 내용의 파악이 매우 어렵다. 일부 정보를 파악했다 하더라도 광고의 메시지가 충성도 높은 고객집단을 겨냥한 것인지, 경쟁사 사용집단에 대한 것인지, 아니면 상표전이가 쉽게 이루어지는 이동집단을 겨냥한 것인지를 파악하기가 쉽지 않다.

또한 접촉점 관리를 통해 접촉점과 경로를 선택하기 때문에 메시지의 흐름을 간파하는 것 또한 매우 어렵다. 설령 정보의 일부분을 탐지하여 경쟁사가 간파했다하더라도 그것은 전체 IMC 과정에서의 일부분일 뿐, 전체적인 내용은 아니다. 이러한 사실을 근거로 광고는 개방적이고, IMC는 폐쇄적이라는 특징을 말할 수 있는 것이다.

일반광고는 단기적이며, 순환되지 않는다. 하지만 IMC는 장기적이고 지속적이며, 순환의 구조 속에 있다. 광고는 순환되지 않기 때문에 단선적이라 말할 수 있고, IMC는 순환되기 때문에 시스템적이라고 말할 수 있다.

제이 월터 톰슨이 개발한 광고전략 모델이 있다. 이른바 티플랜(T-Plan). 이 티플랜에는 광고기획의 순환사이클(Planning Cycle)이란 것이 포함되어 있다. 그 내용은 우리가 어디에 있는가?(Where Are We), 우리가 왜 거기에 있는가?(Why Are We There), 우리는 어디로 갈 수 있는가?(Where Could We Be), 우리는 어떻게 거기에 갈 수 있는가?(How Could We Get There), 우리는 거기에 가고 있는가?(Are We Getting There)하는 다섯 가지의 질문이 순환된다는 것이다.

맨 마지막 질문은 다시 첫 번째 질문인 '우리가 어디에 있는가' 로 순환된다. 결국 이것은 상황분석 · 광고목표 설정 · 전략수립 · 광고효과 평가에 다름 아니다. 이 순환사이클을 보다 이해하기 쉽게 도식화한 표이다.

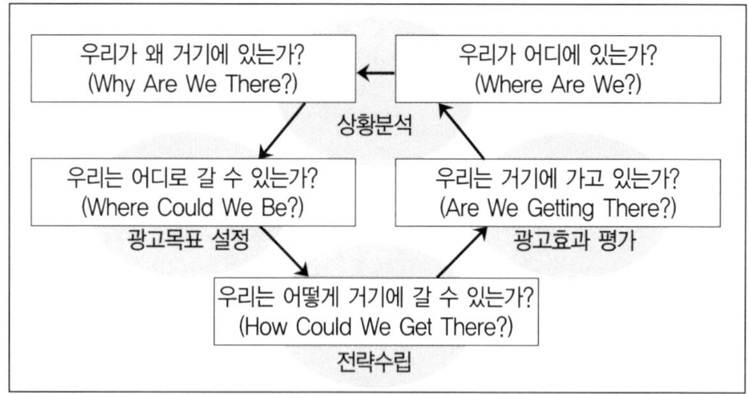


그림 23-1 : 제이 월터 톰슨의 광고전략 모델

그러나 과연 이 순환사이클처럼 광고전략이 순환하는가? 그렇지 않다. 지금까지 많은 광고인들은 광고효과의 측정을 위해 다그마(DAGMAR)를 활용해왔다. 그러나 다그마 역시 마케팅목표를 향한 과학적 데이터를 제공하는 데에는 한계가 있다. 다그마 자체는 매우 과학적이고, 객관적인 측정방법이다. 그러나 이 다그마의 광고측정으로도 순환 가능한 피드백자료를 제공하기는 매우 어렵다. 애초에 광고는 무척이나 주관적이고 기호적인 습성을 가지고 있다. 바로 이점이 객관적인 데이터로 광고를 분석할 수 없게 하는 요인이다.

문제는 그 뿐만이 아니다. 만일 A라는 광고를 1년간 집행했고, 1년 후 다그마를 통해 A광고의 결과로 '우리가 거기에 가고 있다' 는 사실을 알게 되었다고 치자. 그리고 그 결과가 매우 성공적이었다고 치자. 그렇다면 다음 해에도 같은 광고를 내보내야 하는가? 그 사이 시장환경이 변하기도 하고, 소비자의 경향이나 소구대상이 바뀌기도 한다. 다그마의 결과를 활용, 새로운 광고의 방향을 결정하는 것이 쉽지 않은 이유가 바로 여기에 있다.

결국 광고는 순환이 되지 않는 라인의 모양이다. 일방적으로 한 방향을 지향하며, 그 끝이 분명하다. 그러나 IMC는 다르다. 순환이 가능한 루프의 모양이다. 광고는 화살표처럼 앞으로만 나아가기 쉽지만 IMC는 동그라미처럼 돌고 돈다는 것. 그 이유는 광고가 소비자인식으로 평가되는 반면, IMC가 소비자행동반응으로 평가되기 때문이다.

### 고객의 획득과 유지를 위한 IMC시스템

이러한 IMC가 고객의 획득과 유지라는 큰 흐름으로 진행된다는 것은 이미 앞에서 밝힌 바 있다. 획득된 고객은 유지의 틀 속으로 들어가게 되고, 한번 틀 속으로 들어간 고객들에게 순환구조의 시스템을 통해 지속적으로 자극을 가하는 것이 바로 IMC라는 것.

IMC의 유지활동은 데이터베이스에서 출발한다. 이 데이터베이스를 토대로 고객을 평가하고, 각 고객군들에 대해 커뮤니케이션 메시지를 전달한다. 그리고 이렇게 전달된 커뮤니케이션 메시지의 효과는 투자수익률로 측정된다. 그리고 고객들의 변화된 행동들을 데이터베이스에 재배치하는 것으로 IMC는 마무리된다.

이러한 관점에서 보면 IMC의 종착점은 CRM이라고도 할 수 있다. IMC가 펌핑해서 CRM으로 밀어 넣고, CRM은 지속적으로 관리해나가고, 다시 IMC가 잠재고객들을 시스템 속으로 끌어넣는 일이 지속적으로 이루어진다는 것. 이 경우 획득활동에 필요한 기초자료는 이미 만들어져 있는 고객평가에 의해 공급된다. 아래 그림은 이러한 IMC활동을 도식화한 것이다.

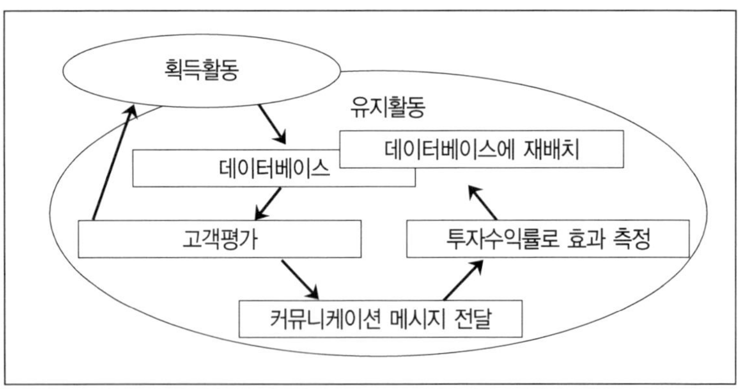


그림 23-2 : IMC활동의 진행방향과 순환성

소비자행동반응은 그 측정이 매우 간명하며, 문제가 생겼을 때 즉각적으로 대응할 수 있다는 특징이 있다. 행동반응의 정도뿐만이 아니라, 구체적인 투자수익률(ROI)에 의해서도 그 결과를 입증할 수 있다. 아래의 표는 기존의 광고전략과 IMC의 특징을 비교한 것이다.

| 구분 | 기존 광고전략 | IMC전략 |
|---|---|---|
| 매체 | 4대 매체 중심 | 다매체 통합 |
| 메시지 | 단일한 메시지 | 최종목표를 위해 통합된 메시지 |
| 미디어 방향성 | 일방향 | 쌍방향, 관계지향적 |
| 타깃의 범위 | 공중지향적 | 개인지향적 |
| 목적 | 타깃의 인식변화 | 타깃의 행동변화 |
| 자원 | 대량투입 | 효율적 활용 |
| 결과측정 | DAGMAR를 통한 인식 측정 | 행동반응 및 투자수익률 측정 |
| 개방성 | 개방형 | 폐쇄형 |
| 순환성 | 비순환적, 라인형 | 순환적, 루프형 |

표 23-1 : 기존 광고전략과 IMC전략의 특징 비교

## 고객에게 바치는 열렬한 프러포즈, 1P의 시대

지금은 제품적 이점보다는 감성적 이점이, 금전적 비용보다는 시간 · 심리 · 에너지적 비용 등이 더욱 중요해진 시대다. 커뮤니케이션노동에 의한 상품마케팅의 시대를 넘어 마케팅은 감성노동에 의한 상표마케팅의 시대를 지향하고 있다. 이러한 시대변화에 따라 커뮤니케이션의 중요성이 점점 더 커져가고 있음은 이미 앞에서 살펴보았다. 넓은 의미에서 마케팅의 4P 요인마저도 결국은 커뮤니케이션의 대상이며, 커뮤니케이션 그 자체라 하겠다. 결국 IMC란 곧 마케팅이라고도 볼 수 있다.

광고건 판촉이건 이벤트건 PR이건 간에, 아니면 데이터베이스 마케팅이건 간에 그것들은 잠재고객 또는 현재고객들의 직접적 행동반응이나 구매를 유도하기 위한 도구들이다. 즉, 고객에게 프러포즈하기 위한 활동에 다름 아니라는 것. 그 접합의 모든 수단들이 미디어라 하겠다.

때문에 기존 제안서의 목차는 바뀌어야만 한다. 지금까지의 전략구성 순서와 제안서의 목차는 상황분석 · 기본광고전략 · 크리에이티브전략 · 미디어전략의 순이었다. 그러나 IMC는 단일 메시지 전략이 아니다. 그렇기에

각 접점마다 목적도 메시지도 미디어도 다르다. 크리에이티브전략보다는 미디어전략이 앞서 제시되어야만 하는 것이 바로 IMC전략이라 하겠다.

## 포인트로 이끌어낸 SK엔크린의 브랜드충성도

많은 저서가 IMC의 사례로 SK의 엔크린 보너스카드 캠페인과 SK텔레콤의 TTL캠페인을 꼽는다. 다른 사례가 없는 것은 아니지만 이 두 캠페인만큼 잘 알려져 있으면서도 IMC의 특징이 잘 드러난 캠페인을 찾지 못해 이 책에서도 이 두 캠페인을 사례로 IMC를 설명하고자 한다.

먼저 SK엔크린보너스카드의 사례이다. 당시 고객들은 주유 관련 브랜드 충성도가 전무한 상태였다. 오늘은 이 브랜드주유소에서 기름을 넣고, 내일은 저 브랜드주유소에서 기름을 넣고 하는 식이었다. 특히 당시는 기름값 자율화가 실시된 초기였으며, SK의 기름값은 타 브랜드에 비해 비싼 편이었으므로 SK 입장에서 위기감이 고조되고 있던 시점이었다. 이때 실시된 엔크린 보너스카드 캠페인의 IMC는 다음과 같이 진행되었다.

박중훈과 이경영이 출연한 당시 SK 엔크린의 TV CF는 세간에 꽤 화제를 불러왔다. '새차니까, 헌차니까, 내차니까' 로 이어진 시리즈 광고가 SK의 브랜드 가치를 한창 높여놓았다. 하지만 없던 브랜드충성도를 금새 만들어내는 것은 결코 쉬운 일이 아니었다. 그 무렵, 이전 CF의 인기를 이어 만든 광고에서 박중훈은 엔크린 넣으면 차가 잘 나가듯이 '카드도 잘 나가네' 라는 말로 카드 가입과 사용을 독려한다.

박중훈이 나오는 TV CF와 함께 주유소마다 엔크린보너스카드 회원 모집중이라는 플래카드가 걸렸다. 주유소에 온 사람들에게 종업원은 엔크린 보너스카드의 가입을 권유했다. 가입할 경우 최대 1,000만원이 보장되는 보험을 들어주는 조건이었다. 당시로서는 이런저런 카드가 많지 않은 상황이었고, 별 손해 볼 일도 아닐 것이라고 생각한 많은 고객들은 거부감 없이 회원가입 양식에 자신의 정보를 적어주고 엔크린보너스카드에 가입했다.

그러나 카드를 만들었다고 해서 금방 브랜드에 대한 충성도가 생기는 것은 아니었다. 많은 고객들은 카드를 만들고 난 뒤에도 별다른 브랜드 선호 없이 습관대로 이 브랜드 저 브랜드의 주유소에서 주유했다. 하지만 이후 엔크린보너스카드 우편물을 받아본 고객들의 태도는 달라졌다. 보험증서가 우편물로 배달되었고, 자신이 엔크린 주유소에서 주유한 내역과 그에 따라 누적된 포인트, 그리고 포인트에 따라서 지급되는 사은품 · 우수회원 혜택 · 추첨에 의한 경품 등이 담긴 DM이 집으로 배달된 것이다.

조금만 더 주유하면 어떤 기념품과 어떤 경품이 가능하겠다고 느낀 많은 고객들이 지속적으로 엔크린주유소를 사용하게 된다. 엔크린에 대한 충성도가 높아진 것이다. 그러나 SK가 거둔 성과는 이 뿐만이 아니었다. SK는 일련의 과정을 통해 고객들의 데이터베이스를 확보하게 되었다. 그리고 이러한 데이터들은 향후 고객유지전략을 수행하게 하는 토대가 되었다.

## 20대 초반의 라이프스타일에 정조준한 TTL미사일

'스무 살의 011, TTL' 은 SK텔레콤이 PCS로부터 청소년시장을 뺏어오기 위하여 만든 캠페인이었다. 당시 SK텔레콤의 스피드011은 이동전화 서비스업계에서 부동의 1위를 고수하고 있었다. 하지만 경쟁사보다 높은 요금 등으로 경제적 자립도가 낮은 20대 초반의 젊은 층에게는 외면당했고, 이런 이유로 SK텔레콤의 이동전화서비스가입자 중 20대 초반의 비율은 전체 가입자 평균보다 훨씬 낮았다. 오히려 후발 PCS사업자보다도 낮은 수준에 머물고 있었던 것이다.

SK텔레콤은 20대 초반을 위한 새로운 이동전화서비스를 기획했다. 단순히 이름만 20대에 맞춘 서비스가 아닌 그들의 라이프스타일과 이동전화 서비스를 하나로 묶은 서비스를 기획 · 출시하기로 한 것이다. 이것이 바로 '스무 살의 011 TTL' 캠페인이다.

TTL은 가장 먼저 STP전략을 수립한다. 그리고 캠페인 타깃을 18~23세의 젊은 층으로 설정한다. 모든 마케팅 계획을 18~23세의 라이프스타일에 맞추었고, 스피드 011의 우수한 통화 품질을 바탕으로 20대 초반의 라이프스타일을 반영한 서비스 구성을 기획하였던 것.

기성세대와 차별화되는 젊은 층의 라이프스타일을 철저한 시장조사와 분석을 통해 추출해냈다. 그리고 이를 바탕으로 하여 신세대들의 통화패턴에 맞춘 저렴한 요금제(지역할인 · 지정번호할인 · 커플요금제 등), 경제적 문화적 혜택을 결합한 멤버십(TTL Card)과 전용공간(TTL Zone), N세대의 특징을 고려한 사이버공간(TTL College)등을 하나의 패키지로 묶어 제공하기로 한 것이다. 단순히 이동 전화 단말기와 요금제 정도로 단순하게 구성되어 있던 기존의 서비스들과 확실히 차별화를 기한 '스무 살의 011, TTL'을 기획해 낸 것.

이러한 시스템은 젊은 층의 욕구에 맞도록 판촉되었다. TTL은 다양한 서비스를 일곱 개의 특권으로 표현했다. 그 중 TTL 네버엔딩페스티벌이라는 카테고리 하에서 브랜드 출시 직후부터 연중 젊은 층의 욕구에 맞는 다양한 이벤트와 판촉활동들을 지속적으로 전개했다. 이러한 판촉활동들은 젊음과 새로움을 추구하는 브랜드이미지를 제고하는 한편, 가입 유치에도 혁혁한 기여를 한다. 또 인터넷에 만든 가상대학은 타깃 연령층에 맞는 그들만의 장소와 커뮤니티를 제공, 그들을 하나로 묶어주는 역할을 담당했다.

## 선풍적 관심을 불러일으켰던 광고캠페인, '스무 살의 TTL'

한편 TTL은 차별화된 광고캠페인을 실시하였다. 18~23세를 대표하는 말인 '스무 살'은 '항상 새로운 것, 남과 다른 나를 추구하는 개성과 함께 복잡한 것보다는 단순한 것을 더 선호하는 즉흥적 세대'를 뜻하는 것이었다. 이러한 세대들의 특성을 반영해 일방적으로 메시지를 소비자들에게 전달하기 보다는 소비자들 스스로 해석하고 이해하도록 유도했다. 또한 기존 광고와 차별화된 컨셉과 기법을 활용한 광고활동 및 모델전략으로 출시 1개월 만에 타깃 연령층에 80% 이상의 높은 브랜드인지도 및 60% 이상의 브랜드호감도를 확보하는데 성공한다.

TTL광고는 스무 살의 마음 속에 숨어 있는 다양하고 자유로운 감성들을 표현한 이미지들을 '숨은 그림찾기' 처럼 구성한 것이 특징. 기성세대들은 이해하기 어렵지만 20대 초반의 젊은 층들은 그들 나름대로 해석하고 이해할 수 있도록 하여 기존 광고들과는 차별화된 컨셉과 기법으로 신규 브랜드 조기정착의 기반을 마련했다.

이러한 일련의 캠페인을 통해 TTL은 이동 전화 업계 최초로 계층마케팅(Segment Marketing)전략을 성공시켰다. 상품 출시 직후 젊은 층 소비자들에게 대단한 관심과 호응을 얻었던 TTL은 출시 후 약 7개월 만에 약 120만 명의 가입자를 확보하는 대단한 성공을 거두었다. 이것은 10~20대 휴대폰 사용자의 47%가 TTL회원이라는 것을 의미한다. 이에 따라 가입자의 대부분이 10대 후반에서 20대 초반의 젊은 층 가입자로 구성되어 SK텔레콤의 가입자 구조가 젊은 층 위주로 변화하는 계기를 제공하였다.

## 기업의 경쟁우위를 확보해주는 마법의 탄환, IMC

최근 데이터베이스 기술의 발달로 각 기업들은 소비자의 이름 · 주소 · 전화번호뿐만 아니라 구매행위에 의한 소비자의 성향 파악도 가능하게 되었다. 데이터베이스 기술 발달은 고객에게로의 접근을 용이하게 만든 것이다. 앞장에서 설명한 CRM기법도 IMC전략의 효과를 높여주는 조건이다.

최고의 고객이 누군지를 알아낼 수 있게 됨에 따라 불특정 대중 중심의 매스마케팅으로부터 평생고객가치를 실현하기 위해 고객과 장기적인 관계를 형성하는 '일대일(One-to-One) 마케팅'이 가능해진 것이다. 특히 직접반응광고 및 판매촉진과 같은 프로모션 지향 매체는 프로모션 효과에 대한 추적을 용이하게 함으로써 보다 정확한 효과측정을 가능케 하고 있다.

여기에 마케팅커뮤니케이션비용이 분산됨으로써 발생하는 추가적인 부담을 줄이는 한편, 커뮤니케이션비용의 투자에 대한 효과를 체계적으로 평가하고자하는 기업의 요구는 IMC를 보다 활성화시키고 있다. 비용을 최소화하면서 매출을 극대화하는 것은 물론 투자에 대한 수익측정이 가능한 새롭고 다양한 마케팅커뮤니케이션전략에 대한 기업들의 요구가 증대되고 있는 것이다. 뒤집어 놓고 볼 때 결국, IMC전략이란 이러한 기업들의 요구를 충족시키기 위해 탄생한 것이다.

선진기업들의 대부분은 IMC가 높은 투자수익률을 가져다 줄 뿐만 아니라 마케팅커뮤니케이션을 효과적으로 수행하는데 매우 가치가 큰 것으로 인식하고 있다. 때문에 많은 기업들은 자신들의 경쟁우위를 확보해주는 IMC를 '마법의 탄환'으로 여기고 있는 것이다.

## 24 마케팅커뮤니케이션의 이해 2

# 완벽한 커뮤니케이션의 성공, 처절한 마케팅의 실패!

마케팅커뮤니케이션전략의 이해를 돕기 위해 2002년 실시되었던 부산의 한 쇼핑몰 오픈캠페인을 소개하고자 한다. 2002년 5월초, 부산 해운대신도시의 쇼핑몰 시티코아가 오픈캠페인을 위한 오리엔테이션을 실시했다. 참여한 광고대행사는 부산소재의 3개 광고대행사였다. 그 중 모 광고대행사가 이 프로젝트에 참여하여 전략을 수립하고 운용했던 상황을 재구성해보았다.

### 오리엔테이션의 내용은 다 믿을 수 있는 것인가?

오리엔테이션에서 시티코아의 마케팅팀장은 시티코아가 2002년 초가을 오픈예정이며, 약 4주간의 프레젠테이션 준비기간을 주겠다고 말한다. 이

캠페인은 분양이나 임대를 위한 것이 아니며, 오로지 오픈에만 포인트를 맞춰 진행되는 것이라는 설명과 함께 특히 오픈이벤트를 포함한 오픈프로모션에 신경을 써달라고 당부한다.

이어 해운대신도시지역은 소비력이 매우 높은 지역으로 소비자들의 쇼핑 수준이 매우 높고, 시티코아는 그 포켓상권의 유일한 쇼핑몰이며 포켓의 입구에 자리 잡고 있음을 강조했다. 시티코아가 부산 지하철 2호선의 종착역인 장산역과 지하통로로 연결되는 역세권 쇼핑몰인 것은 물론 이미 지하에 입점해있는 롯데마트를 중심으로 펌핑수요 형성이 가능한 쇼핑몰이라고 소개했다.

프레젠테이션에 참여하기로 한 이 광고대행사는 곧바로 TFT를 구성하고, 전략회의를 진행했다. 그러나 TFT에 참여한 사람들 대부분은 오리엔테이션 내용에 의문을 제기했다. '소비자들은 쇼핑 품목에 따라 쇼핑장소를 달리하는데, 과연 포켓상권 내 유일한 쇼핑몰이라는 점으로 소비자들을 유입시킬 수 있을까' 하는 것이 첫 번째 문제제기의 내용이었다.

선물구매일 경우, 남편의 옷을 구매할 경우, 아이의 옷을 구매할 경우, 자신의 옷을 구매할 경우, 식료품을 구매할 경우 등 각각의 경우마다 쇼핑처를 달리하기 때문에 단지 유일한 쇼핑몰이라고 해서 무조건 그 곳에서 구매할 것이라는 생각은 잘못된 것이라는 의견이었다.

시티코아가 역세권에 위치해있다는 주장에 대해서도 이견이 쏟아졌다. 단지 지하철 종착역이 있는 곳이라고 해서 그 주변을 역세권이라고 부르지는 않으며, 해운대지역 주민들 대부분이 자가용을 이용해 이동한다는 점, 상권이 형성되지 않은 채 나 홀로 쇼핑몰로 자리 잡고 있다는 점 등은 그만큼 이곳을 역세권으로 만드는데 한계가 있음을 증명하는 것이 아니겠느냐는 의견들이었다.

오히려, 시티코아는 주변 주거지에서 차를 타고 오기에도 걸어오기에도 애매한 위치에 놓여 있었다. 이미 입점해있는 롯데마트의 활성화 정도를 조사해본 팀원들은 신도시지역에서 좀 떨어진 곳에 위치한 E-마트 · 까르푸 등이 오히려 더 많은 소비자들을 유치하고 있음을 지적하며 롯데마트가 만들어줄 펌핑수요에 대해서도 의구심을 표했다. 오히려 롯데마트 쪽에서 쇼핑몰 오픈에 따른 샤워수요를 기대하고 있더라는 것이다.

그 뿐만이 아니었다. 이 건물이 건축당시 시행사의 부도로 십년 가까이 방치되어 있다가 새롭게 단장을 마치고 오픈을 준비하고 있다는 점도 우려할 만 했다. 십년 전에 맞추어 설계된 건물인 탓에 천정의 높이도 낮고, 주차공간도 협소할 뿐만 아니라 주차통로 또한 주부들이 차를 몰고 진입하기에는 무리가 있을 만큼 좁은 상황이었다.

하지만 이러한 물리적 문제보다 더 큰 문제는 소비자들의 신뢰를 잃은 쇼핑몰이었다는 점이었다. 부도 후 오랫동안 방치되어 있던 탓에 이곳에 실제 쇼핑몰이 들어오기 전까지는 다들 반신반의하는 분위기였던 것.

분양시기와 오픈시기 사이의 공백이 10여 년에 달하는 점 또한 문제로 지적되었다. 분양당시 이 쇼핑몰을 구좌 분양한 탓에 분양자들이 600여명에 달했고, 그 분양자들 중 현재 연락이 끊긴 사람들 또한 적지 않았던 것. 이것은 필요에 따라 쇼핑몰의 컨셉을 달리하거나, 공유면적의 다른 활용을 위한 합의조차 이끌어내기 어렵게 하는 요인이었다. 한마디로 제품변경이 어려운 상황이었다.

### 상황분석을 통해 알아낸 특별한 트렌드의 지역특성

시티코아의 상황은 이미 시작도 하기 전에 이처럼 많은 어려움을 안고 있었다. 처음부터 다시 시작해야만 했다. 단순히 만들어진 제품을 판매하는 것이 아니라 제품에 대한 분석부터 새롭게 진행해야했던 것. TFT 팀원들은 시장과 소비자에 대한 조사를 원점에서부터 새로 시작하기로 했다.

상황분석 전에 상황분석에 대한 가이드라인이 제시되었다. 시티코아의 입지와 환경 상 해운대신도시가 아닌 타 지역에서의 고객 유입이 어렵고, 해운대신도시에 거주하고 있는 고객들은 그 인구통계학적 분포가 너무나도 뚜렷하기 때문에 그 범위를 해운대신도시지역으로 한정지어 좁혀보아야 한다는 것이 가이드라인의 내용이었다.

때문에 이미 지역 · 연령 · 성별에 의한 인구통계학적인 세분화는 의미가 없다는 것. 이런 전제 하에서 조사의 대부분은 해운대신도시지역에 거주하고 있는 3~40대 여성들을 대상으로 실시되었다. 조사결과 재미있는 분석들이 많이 나왔다. 해운대신도시지역의 소비자 생활패턴과 트렌드가 다른 지역과 많이 다르다는 것을 알 수 있게 해주는 결과들이었다.

첫 번째로 확인된 것은 해운대신도시지역의 소비수준이 매우 높다는 점. 그렇다고 해운대신도시지역이 부산 중 가장 소득수준이 높은 곳은 아니다. 소비트렌드 조사를 맡았던 A씨는 해운대신도시지역의 소비수준이 높은 이유에 대해 젊은 부부들이 살고 있는 점과, 아파트 18개 단지만으로 구성된 인구밀도가 가장 높은 지역인 점을 이유로 꼽았다.

이 지역은 신도시로 조성된 탓에 30~40대 중심의 젊은 부부들이 많이 이주해와 살고 있었다. 그러다보니 자연 소득보다 높은 소비력을 과시하는 지역으로 알려져 있었을 뿐만 아니라, 특히 자녀들을 위한 소비가 많은 지역으로도 유명했던 것.

그러나 인구밀도가 높은 것과 트렌드 사이에는 어떤 연관성이 있는 것일까? 아파트지역만으로 구성되어 매우 높은 인구밀도를 가진 지역, 게다가 젊은 층으로 구성된 지역, 이러한 곳에서는 '소문에 의한 유행이 매우 빠르게 진행된다는 속성'을 A씨가 분석해낸 것이다.

예를 들어 어떤 아이가 장난감 전동자동차 한대를 구입해서 타고 다닌다 치자. 인구밀도가 낮은 지역에서는 이 전동자동차가 많은 사람들의 눈에 잘 띄지 않을 것이다. 그러나 인구밀도가 높은 지역이라면 상대적으로 많은 사람들의 눈에 띄게 된다. 뿐만 아니라 이렇게 여러 사람의 눈에 띄고 나면 그 아이 또래들과 젊은 주부들에 의해 금방 입소문이 나게 된다. 그리고 얼마 지나지 않아 비슷한 전동자동차들이 많아지게 된다는 것이 A씨의 주장이었다.

이러한 이유 때문에 해운대신도시지역에는 어중간한 장사가 별로 없었다. 아주 잘되는 음식점과 파리를 날리는 음식점, 아주 잘되는 학원과 파리를 날리는 학원 등 업종 내 양극화가 분명하게 나타나는 곳이 바로 해운대신도시지역이었다. 소문이 빠르고, 그 소문에 의해 승부가 금방 결정지어진다는 것이다.

또, 해운대신도시지역은 대부분의 가정이 자동차를 보유하고 있었으며, 자동차를 이용한 놀이 · 외식 · 쇼핑 등 가족외출이 매우 많은 지역이라는 사실도 확인할 수 있었다. 특히 초등학생 자녀 중심의 가족문화업종이 매우 많이 포진되어 있는 지역이기도 했다. 이러한 사실들을 종합해서 A씨는 해운대신도시지역을 물리적 거리보다는 심리적 거리에 반응하는 지역이라고 결론지었다.

### 유사지역 쇼핑몰 사례조사를 통해 얻은 힌트

한편, 쇼핑품목별 소비자인식을 조사했던 B씨는 해운대신도시 거주자들, 특히 주부들의 경우 쇼핑품목에 따라 쇼핑처를 달리하는 현상이 매우 높게 나타난다는 사실을 알아냈다. 예를 들어 남성복은 백화점의 세일을 주로 이용하고, 남성용품은 마트를 이용하며, 여성복 쇼핑은 아울렛 · 브랜드숍 · 마트 · 백화점의 순으로 이용하고 있더라는 것.

특이할만한 것은 아동복 및 아동용품, 유아복 및 유아용품 쇼핑이었다. 많은 팀원들은 자녀들에 대해 특별한 애정으로 투자를 아끼지 않는 신도시 지역의 어머니들이 자녀들의 옷과 용품을 백화점 등에서 구입할 것이라고 생각했었다. 하지만 조사결과 이 예상은 완전히 빗나간 것이었다. 성장이 빠른 아이들의 옷은 대부분 마트 · 보세 · 브랜드숍에서 구입하고 있었다.

C씨가 진행했던 사례조사의 결과가 이러한 쇼핑품목별 소비자인식을 보다 확신하게 해주었다. 해운대신도시지역과 비슷한 환경에 있었던 타 쇼핑몰의 사례를 조사했던 C씨는 현재의 시티코아와 입지 및 환경이 매우 흡사한 대전시 유성구 전민동의 엑스포코아의 MD와 운영사례를 샘플케이스로 제시했다. 그리고 서울의 위성신도시였던 일산지역과도 매우 유사한 상황을 보이고 있다는 사실을 보고했다.

대전 유성구 전민동의 엑스포아파트단지 입구에 위치해있던 엑스포코아는 지역밀착형 쇼핑몰이었다. 단지 입구에 위치해 있었기 때문에 단지 내 상가의 특성을 일부 띠고 있기도 했지만 단지 규모가 워낙 컸던 탓에 단지 내 상가라기보다는 지역밀착형 쇼핑몰로 보는 것이 옳다는 지적이었다.

엑스포아파트는 1992년 대전엑스포를 위해 만들어진 아파트다. 대덕연구단지의 연구원과 직원, 대전에 거주하던 젊은 부부들이 대거 입주해 있었다. 뿐만 아니라 대전의 중심권과는 매우 떨어져 한적한 곳에 위치해 있다는 점까지 해운대신도시와 유사한 점이 많았다.

이곳의 사람들 역시 쇼핑품목별로 쇼핑처를 달리하고 있었다. 백화점까지는 꽤 떨어진 거리였음에도 불구하고, 선물 구입이나 남성복 구입을 위해서는 백화점을 찾았고, 여성복 쇼핑 역시 멀리 떨어진 쇼핑타운을 찾아

나가는 상황이었다. 엑스포코아에서는 엑스포코아만의 쇼핑이 이루어지고 있었던 것이다.

엑스포코아의 지하에는 씨티코아처럼 중대형 마트가 입점해 있었고, 지하 나머지 공간에는 떡볶이부터 돈까스에 이르기까지 다양한 메뉴의 푸드코드와 반찬코너, 부침개코너 등이 입지해 있었다. 1층에는 주로 30~40대 여성들을 위한 신변잡화와 수입잡화 · 취미용품 등이 입지해 있었는데, 특히 고급사탕코너와 십자수코너, 몇 개의 오븐용품코너(과자나 빵 등을 굽기 위한 재료와 도구를 판매하는 상점)와 수입식품 코너 등이 눈에 띄었다.

2~3층에서는 아동복 및 아동용품, 유아복 및 유아용품, 여성들의 홈웨어 및 언더웨어 등 저가 여성복 및 여성용품, 아동도서 및 엔터테인먼트용품 등이 판매되고 있었고, 4층 이상에는 스포츠시설들이 입점되어 있었다.

비교적 고르게 활성화되어 있는 이 쇼핑몰은 점심시간 이후 저녁까지 손님들로 북적였으며, 특히 아이들을 데리고 나온 3~40대 주부들이 고객의 대다수를 이루고 있었다.

엑스포코아 사례조사를 통해 확실하게 분석된 포인트는 두 가지였다. 첫째는 이 쇼핑몰이 여성들의 커뮤니티를 제공하는 곳으로 활용되고 있다는 점이다. 많은 전업주부들이 친구들과 함께 어울려 간식을 먹기도 하고 수다를 떨기도 하면서 시간을 소비했다. 대부분의 점포는 그들에게 수다공간과 정보제공의 장으로 열려 있었다.

둘째는 대부분의 전업주부들이 아이들을 동반하고 이곳에서 쇼핑을 즐긴다는 점이다. 엄마들은 이곳에서 학교 혹은 학원을 마치고 돌아오는 아이들과 만났으며, 아이들과 함께 간식을 즐기기도 했다. 쇼핑몰에는 아이들을 위한 공간도 제법 크게 마련되어 있었다. 그런 탓에 아이들은 쇼핑몰을 집의 연장쯤으로 인식하고 있는듯했다.

## 가족을 위한 쇼핑명분, 커뮤니티 마련하는 제품컨셉

엑스포코아의 힌트가 시티코아의 컨셉에 반영되었다. 우선 TFT는 시티코아를 지역밀착형 쇼핑몰로 규정했다. 해운대신도시지역에 마땅한 커뮤니티공간이 없다는 점에 착안하여 주부들이 쇼핑 자체보다는 커뮤니티 확보를 위해 쇼핑몰을 이용할 수 있도록 제품컨셉을 잡고, 아이들과 가족을 위한 쇼핑이라는 명분이 제고될 수 있도록 공간을 배치했다. 층별 구성을 다시 진행해야한다고 제안했던 것.

앞에서 말한 바와 같이 별도의 시장세분화가 필요하지는 않았다. 다만 타깃을 남성보다는 여성 중심으로, 연령은 3~40대를 중심으로, 지역은 해운대 신시가지 거주민으로 잡았고, 타깃프로파일을 작성했다. 38세, 초등학교 5학년과 3학년의 아들과 딸을 둔 전업주부. 그리고 그녀의 구매성향과, 정보취득상황을 포함한 모든 정보들이 정리되었다.

남은 문제는 크게 세 가지로 압축되었다. 첫째는 주부들의 커뮤니티 제공으로 심리적 거리를 좁히기 위한 노력, 아이들과 가족을 위한 쇼핑몰이라는 명분 제고를 위한 제품컨셉의 확보였다. 둘째는 10년간의 방치를 만회할 만큼의 신뢰 확보와 제품컨셉을 충실히 반영해줄 커뮤니케이션컨셉의 설정이었다. 마지막으로 오픈 초기 최초방문을 확실하게 견인할 수 있는 시스템을 만들어내야만 한다는 것이었다.

먼저 제품컨셉의 확보를 위해 MD · 각종 편의시설 · 주차장환경의 개선 · 아웃테리어 및 인테리어 등 마케팅제안이 준비되었다. 또, 이를 보완하기 위해 층별 휴게 · 수유 · 놀이 등 보육관련 공간의 확충, 게임존 · 엔터테인먼트존 등 어린이 관련 공간 확충 등과 함께 주차대행서비스 등 주차불편 해소를 위한 방안 등도 제시되었다.

그리고 이어 '가족과 만나는 쇼핑, 가족을 위한 쇼핑이 가능한 쇼핑몰' 이라는 커뮤니케이션컨셉을 확정했다. 슬로건으로는 '행복한 만남, 기분 좋은 쇼핑' 이 채택되었다. 앞서 말한 대로 시티코아는 포켓상권인 해운대신도시 입구에 위치해 있었으므로 고객들에게는 늘 노출되어 있는 쇼핑몰이었다. 따라서 오픈을 알리는 일은 건물 외벽에 오픈고지를 하는 것만으로도 충분했다. 때문에 오픈을 알리는 광고는 의미가 없었다.

## 어떻게 소비자들의 동선 속으로 들어갈 것인가?

고객 접점에 대한 분석이 진행되었다. 고객들의 대부분은 아파트를 중심으로 동선이 잡혔으며, 그 중 가장 많은 시간을 TV 및 라디오를 켜놓은 채 생활하고 있었다. 광역광고인 신문광고와 잡지광고는 채택하지 않기로 했다. 또, 인지도 제고를 위한 옥외광고 및 교통광고 역시 불필요하다고 판단, 채택하지 않기로 했다.

방송광고는 지역케이블 TV광고와 부산 로컬공중파 TV 및 Radio 광고로 한정되어 집행되었다. 로컬공중파 TV 및 Radio 역시 광역광고이기는하지만 부산 전역에 퍼져나갈 쇼핑백의 가치와 소비자신뢰를 높이기 위해 집행되어야한다고 판단했기 때문이었다. 곧 콘티작성을 위한 아이데이션이 실시되었고 다음과 같은 콘티가 구성되었다.

쇼핑백을 들고 기분 좋은 표정으로 걸어가는 남편.

자막 : 8월 30일 해운대 신도시가 행복해집니다.

내레이션 : 오늘 난 처음으로 아내의 속옷 사이즈를 물었다.

공원으로 꽃을 들고 달려온 아이 : 아빠, 그렇게 좋아?

자막(스크롤) : 시티코아 오픈기념 사은행사 고지.

딸아이를 끌어안고 행복한 미소를 짓는 남편.

내레이션 : 아내는 대답대신 딸아이의 운동화 치수를 일러줬다.

공원을 나란히 걸어가는 부녀. 뒤로는 아파트단지가 펼쳐진다.

내레이션(여) : 행복한 만남, 기분 좋은 쇼핑

로고가 물결치며, 징글 : 시티코아

문제는 마지막 과제였던 오픈 초기 최초방문을 견인하기 위한 시스템이었다. 광고주 측에서 강력하게 요구했던 사항이기도 했지만 해운대신도시 지역밀착형 쇼핑몰의 성공여부는 초기의 폭발적인 방문과 붐업, 그리고 제품효익의 체험에 달렸다는 TFT의 판단 때문에 이 과제에 대한 집착은 대단한 것이었다.

TFT는 이 과제를 세분화된 목표로 구성했다. 줄을 서지 않으면 안 되는 이유 만들기, 꼭 오지 않으면 안 되게 하는 이유 만들기, 각층을 다 돌아보지 않으면 안 되는 이유 만들기, 꼭 사야만하는 이유 만들기, 단위 매출액 상승시키기, 향후 활용할 데이터베이스 구축하기가 그것이었다.

아침나절 출근길에 줄을 서지 않으면 안 되는 이유를 만들어 줄을 세움으로써 화제를 유도하고, 이런 붐업을 통해 내방욕구를 확산하는 일, 오고, 돌아보고, 구매하는 일련의 과정을 통해 타깃으로 하여금 '나에게 꼭 맞는 쇼핑몰' 이라는 태도를 형성하게 하자는 최종적인 목표도 설정되었다.

얻고자하는 태도는 '가족과 아이들을 배려하는 쇼핑몰, 커뮤니티가 가능한 쇼핑몰, 나의 쇼핑스타일과 꼭 맞는 쇼핑몰' 이었다. 이것은 제품컨셉의 실현으로 가능해지는 것들이다.

따라서 마케팅커뮤니케이션의 목표는 앞서 말한 바대로, 줄서게 하고, 오게 하고, 돌아보게 하고, 구매하게 하는 과정을 강제하는 것이었다. 다시 세 가지 고민이 생겼다. 첫째 고민은 '어떻게 소비자들의 동선 속으로 들어가서 소비자 접점을 만들어낼 것인가 하는 문제였고, 둘째는 '어떻게 우리가 원하는 행동을 유발할 것인가' 하는 문제였으며, 셋째는 '그러한 일련의 과정을 통해 우리가 원하는 태도를 어떻게 유발할 것인가' 하는 문제였다.

## 아파트 정문을 열어젖힌 시티코아만의 빅아이디어

이 대목에서 TFT는 아주 오랜시간 고민에 빠졌다. 정적만이 흐르던 지루한 시간들. 점점 날짜는 다가오고 모두들 지쳐갈 때쯤, 빅아이디어가 터졌다. 그것은 다름 아닌 '잠자는 책과 장난감을 깨우자' 라는 캠페인이었다.

이 캠페인은 이 지역 타깃들 대부분이 아이들의 철지난 책과 장난감 때문에 적지 않은 고민을 가지고 있다는 점에서 힌트를 얻어 만들어진 것이었다. 그리고 더 결정적인 빅아이디어는 이 캠페인을 시티코아가 직접 진행하는 것이 아니라 해운대지역 내 18개 아파트단지의 부녀회장들로 하여금 진행하도록 하자는 것이었다.

이 캠페인은 매우 명분이 있는 것이었으므로 이를 잘 조직화 하기만하면 타깃 거주지역, 즉 아파트단지 내로 시티코아를 끌고 들어갈 수 있는 매우 훌륭한 전략이었다. 그렇게만 된다면 소비자접점의 가장 핵심적인 위치로 접근할 수 있으므로 첫 번째 고민이 해결될 것이었다. 또 직접 소비자의 손에 시스템에서 원하는 티켓들을 쥐어줄 수 있는 방법이므로 행동의 유발을 손쉽게 얻어낼 수 있었다. 두 번째 고민 역시 해결이 가능했다.

뿐만이 아니었다. 이 캠페인을 통해 시티코아가 '가족과 아이들을 배려하는 쇼핑몰' 이라는 인식을 소비자들에게 보다 강하게 심어줄 수 있었고, 이로써 세 번째 고민까지도 해결되었던 것이다. 언론에 기삿거리를 제공하기에도 손색이 없었다. 그리고 방송프로그램을 활용할 수 있도록 하고, 여기에 부녀회장들을 등장시킴으로써 핵심오피니언리더라 할 수 있는 부녀회장들을 손쉽게 우리 편으로 끌어들이는 것은 물론 그들 스스로가 꼭 성공시켜야하는 쇼핑몰로의 포지셔닝이 가능해졌던 것이다.

캠페인의 주요내용은 이러했다. 먼저 부녀회장들을 시티코아의 편으로 만들어 이 캠페인을 주도하게 한다. 부녀회장들을 통해 아파트단지 내 캠페인 홍보를 진행하게 하며, 그 툴은 아파트 현관입구의 게시판 · 안내방송 · 직접 독려 등을 활용하게 한다. 무개차량(뚜껑이 없는 차량)을 대여하여 아이들의 시선을 끌 수 있도록 꾸미고, 풍선을 만들어주는 키다리아저씨, 도우미들과 함께 일정대로 아파트를 순회한다.

각 아파트의 부녀회장들은 정해진 시간에 함께 나서서 책과 장난감의 수집을 독려한다. 책과 장난감은 정해진 가격에 의해 상품권으로 교환된다. 적정한 가격의 상품권 외에도 해운대지역과 부산기업들과의 코마케팅(Co-Marketing)에 의해 확보된 경품으로 교환할 수 있는 '꽝 없는 스크래치복권 교환권' 을 나눠준다. 상품권과 교환권은 오픈행사기간 동안 교환되어지게 함으로써 오픈행사기간 동안 내방과 구매를 강제한다.

수거된 책과 장난감은 선별 · 수리 · 청소의 과정을 거쳐 오픈기간 중 판매하며, 상품권으로도 교환이 가능하게 구조화시킨다. 이를 통해 오픈기간 중 집객 · 이미지형성 · 화제유발 · 분위기고양 · PR소스마련이라는 효과를 모두 거둘 수 있게 된다.

책과 장난감 판매처는 화제유발을 위해 야외 매대에서 진행하고, '꽝 없는 스크래치 복권' 의 교환과 경품 지급은 시티코아 내에서 진행하여 각 층을 돌아보아야 하는 이유를 제공한다.

판매 후 남은 책과 장난감, 그리고 준비한 선물을 가지고 어린이복지시설에 전달한다. 이 전 과정은 물론 쇼핑몰 오픈이벤트에도 해운대신도시지역 18개 아파트단지의 부녀회장들을 초청함으로써, 부녀회장들이 시티코아를 자신의 쇼핑몰로 인식하도록 유도한다. 이러한 전 과정의 설계를 도식화하면 아래 그림과 같다.

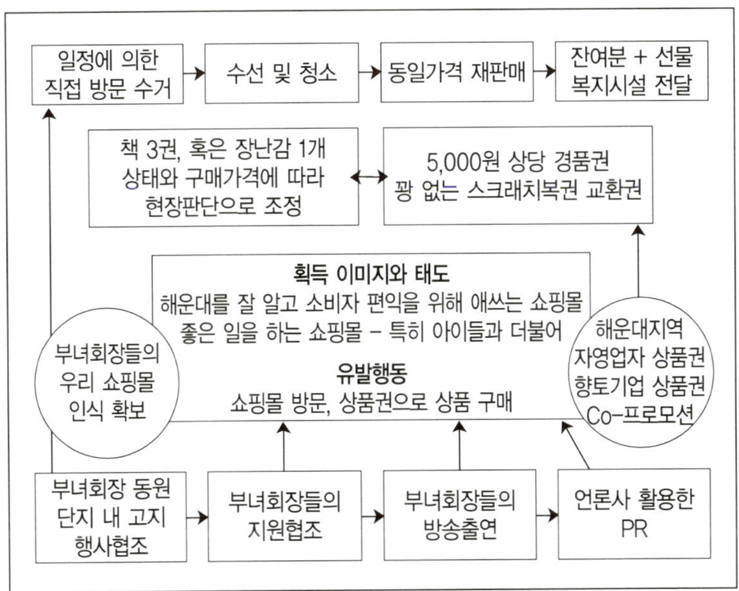


그림 24-1 : '잠자는 책과 장난감을 깨웁시다' 캠페인 설계도

## 초대장과 장미꽃이 든 봉투도 집집마다 투입되고

여기에 보조적인 장치들을 덧붙였다. 우선 오픈행사 기간 내내 출근시간마다 시티코아에 줄서는 모습을 보여주기 위해 선착순 기념품을 내걸었으며, 선착순 기념품 대상자들에게는 번호표를 나눠주고 기념품은 쇼핑몰 내부 상층에서 배포함으로써 각 층을 돌아보아야 할 이유를 강제하기도 했다. 각층을 돌아보아야 할 이유를 제고하기 위해 기습 알밤증정이벤트(안내방송을 통해 증정장소를 고지하고, 선착순 20명에게 알밤 4kg씩을 조건 없이 나눠주는 행사)를 2시간 간격으로 실시하기도 했다.

단위 구매금액 상승을 위해 3만 원 이상 구매고객 대상의 경품과 3만 원 이상 구매고객 대상 행운의 열쇠고리 뽑기 등 특별사은품을 내걸었다. 통합POS가 구축되지 못한 채여서 본격적인 CRM을 실시할 수 없었던 탓에

3만 원 이상 구매고객들의 기본정보가 필요했던 것. 3만 원 이상 구매고객들을 대상으로 특별사은품 추첨을 진행한 것은 단위 구매금액을 높이는 역할을 담당했다.

향후 활용할 데이터베이스를 구축하기 위한 노력도 병행되었다. 시티코아 임대점주들과의 합의 상 어려움, 무리한 시간계획 등으로 아쉽지만 보너스카드 발급은 유보되었으나, 일단 가장 기본적인 고객데이터만이라도 확보하기 위한 계획이 수립되었던 것.

데이터는 모두 두 가지 방향으로 입수되었다. '꽝 없는 스크래치복권 교환권' 의 뒷면에 성명 · 성별 · 주소 · 전화번호 등을 기재하도록 해 데이터를 확보하는 한편, 3만 원 이상 구매고객들의 경품응모권에 역시 성명 · 성별 · 주소 · 전화번호 등을 기재하도록 한 것이다. 여기에 보태 구매한 매장을 명기하도록해 매장별 판매현황과 고객데이터를 분류할 수 있도록 했다.

한편, 지역주민들 스스로가 우리 모두 함께 키워가야 할 이웃 쇼핑몰이라는 이미지를 갖게 하기 위한 노력이 필요했다. 부녀회장들을 오픈이벤트에 참석시키는 것은 물론 주민들을 초청하여 오프닝행사를 치르자는 계획이 마련되었다. 동그랗게 구멍을 뚫어 문 손잡이에 걸 수 있도록 제작한 초대장 봉투에 오프닝 행사 초대장과 함께 장미꽃 한 송이씩을 넣어 몇몇 메인타깃 아파트단지에 직접 투입했다. 그렇게 해서 오프닝행사에 참석한 주민들에게는 기념품과 음식을 대접했다.

오프닝프로그램으로는 해운대신시가지가 넓지 않다는 점을 고려, 고적대 퍼레이드를 실시해서 분위기를 고양시켰으며, 행사장 곳곳에 배치한 무료 솜사탕 코너 · 무료 풍선인형 증정코너 등과 각종 공연들은 행사장 분위기를 띄우는 일에 일조했다. 또, 각 층을 돌며 이벤트와 퀴즈 등을 실시하여 그때마다 사은품을 나눠주기도 했으므로 많은 고객들은 이벤트팀을 따라 쇼핑몰 내 동선을 돌아볼 수 있었다.

이런 제반의 오픈이벤트는 초청장은 물론 신문전단으로 고지되었으며, 도우미들이 해운대신시가지 전역에서 배포한 핸드빌(전단형 소형리플릿)로도 고지되었다. 이 외에도 부녀회장들의 설득을 위한 구조설계와 부녀회장단 대상 행사설명회 및 언론사기자간담회 등이 기획되고 실행되었다.

## 마케팅커뮤니케이션전략이란 마케팅이 전제되어야

이러한 전략을 수립했던 광고회사는 경쟁프레젠테이션을 통해 시티코아의 마케팅커뮤니케이션캠페인을 수주할 수 있었고, 기획되었던 행사들은 모두 성공적으로 실시되었다. 그리고 각 행사들과 행사목표를 당초의 계획보다 모두 초과 달성하는 성과를 거둔다.

하지만 시티코아는 오픈 후 2개월 만에 문을 닫았다. 당초 시티코아 측이 입점자 확보는 걱정하지 말라고 호언했기 때문에 캠페인전략 어디에도 입점자 확보를 위한 프로모션은 포함되어 있지 않았었다. 하지만 오픈 전 밤 늦은 시간, 한창 리허설을 하고 있던 광고회사 측에 오픈행사 연기가 통보되었다.

광고회사에서 제안한 제품컨셉이 실현되지 못한 것은 물론, 입점자들이 들어오지 않아 쇼핑몰은 15% 정도만 입점을 한 상태였고, 대부분의 공간이 비어있었기 때문에 불가피하게 오픈을 연기해야한다는 것이었다. 결국 쇼핑몰 오픈은 약 보름 후로 연기되었고, 선착순 기념품증정행사를 제외한 모든 행사 또한 연기되었다.

주최측은 사과공고를 여기저기 걸어야 했으며, 오픈 연기고지와 사과전화로 밤을 새워야만 했다. 십 년째 비어있던 쇼핑몰의 신뢰를 다시 세우겠다던 야심찬 계획이 여지없이 무너져내리는 순간이었다. 보름 후 오픈행사를 치렀지만 보름 후까지도 입점한 매장은 20%를 넘기지 못했고, 행사에 참여했던 고객들은 텅텅 비어있는 매장을 뒤로한 채 발길을 돌려야 했다.

그리고 그렇게 매장을 찾았던 고객들은 두 번 다시 시티코아를 찾지 않았다. 뿐만 아니라, 그들의 버즈는 내방하지 않은 일부 타깃들의 발길마저 꽁꽁 붙들어 매는 위력을 발휘했다. 마케팅커뮤니케이션전략이란 마케팅이 전제되지 못한 상황에서는 결코 성공할 수 없음을 보여준 사건이었다.

## 25 마케팅커뮤니케이션의 이해 3

# 또 하나의 가족, 절반의 실패가 준 또 하나의 교훈!

마케팅커뮤니케이션전략의 이해를 돕기 위해 1997년 4월부터 현재에 이르기까지 집행되고 있는 삼성전자 '또 하나의 가족' 캠페인의 진행과정을 살펴보기로 한다.

1990년대 초반까지 소비자들은 각 제품별로 선호하는 브랜드가 달랐다. 이를테면 TV는 삼성, 냉장고는 LG, 세탁기는 대우 등의 공식이 존재했던 것이다. 그리고 전자제품에 대해 소비자와 기업을 지배한 인식은 '첨단기술력의 차이가 제품력의 차이를 만든다' 였다. 하지만 IMF를 지나면서 소비자들의 인식은 개별 제품에서 브랜드 중심으로 옮겨가기 시작했으며, 브랜드선호도의 기준 역시 바뀌어가기 시작했다. 첨단기술력만으로는 더 이상 소비자선호도의 확실한 우위를 확보할 수 없게 되었던 것이다.

## 똑똑한 기업의 따뜻한 시도, '또 하나의 가족'

기업이미지의 재정립과 그것을 수행할 새로운 이미지광고캠페인이 필요했던 이유가 여기에 있었다. 이전까지 삼성전자는 '똑똑한 기업'의 이미지를 가지고 있었다. 그러나 이젠 소비자를 위해 노력하는 기업, 친근감과 인간미가 느껴지는 괜찮은 기업이라는 이미지가 필요하다는 인식 하에서 '또 하나의 가족'이라는 새로운 이미지광고 캠페인을 실시하게 됐던 것.

새로운 기업이미지 광고의 이 같은 목표는 '정이 느껴지는 삼성전자', '따뜻함이 있는 삼성전자'로 확대되었다. 또한 소비자와 삼성전자의 공감공간을 '생활'과 '행복'으로 설정하였다. 일상생활에서 행복이 머무는 공간은 가정이며, 가정의 구성원인 가족이야말로 한국인에게 가장 친근한 대상이다. 때문에 광고컨셉은 삼성전자가 행복한 가족의 생활 조연으로서 소비자에게 가족 같은 기업이 되겠다는 의미에서 '삼성전자 = 가족 같은 기업'으로 결정되었다.

광고표현은 TV 한 대를 놓고 온 동네 사람들이 마당에 둘러앉아 행복한 웃음꽃을 피우고, 축 처진 어깨로 퇴근길 포장마차에 들른 가장이 딸의 전화 한 통을 받고 행복해한다는 설정 등 일생생활에서 느낄 수 있는 행복한 순간들을 포착하는데 주력했다. 소박하지만 풋풋하고 인정이 넘치는 평범한 소재들이었기 때문에 표현기법의 차별화가 무엇보다 중요한 과제였다.

삼성전자는 3D 애니메이션이라는 독특한 표현기법을 택했다. 가장 한국적이고 소비자들을 공감하게 할 수 있는 정서적 표현기법일 뿐만 아니라 친근감의 전달이 용이하다는 판단에서였다. '동네TV'편에서 처음 선보인 3D 애니메이션 기법은 소비자뿐만 아니라 각종 언론과 전문가들로부터 뜨거운 호응을 얻었다. 가장 인상적인 광고이자 한국인의 정서로 고객들의 가슴을 파고든 한국적 광고의 전형이라고 평가받기도 했다.

캠페인 집행 초기부터 뜨거운 관심을 불러일으켰던 '또 하나의 가족' 캠페인은 철저히 소비자들의 관점에서 컨셉을 도출하고 꾸준한 소비자조사를 통해 검증함으로써 신선함과 호감도를 이어갔다.

이 캠페인은 출발 당시 집행 4개월만에 광고선호도 4위, 기업이미지 광고 중 호감도 1위라는 놀라운 성과를 거두었다. 국내 광고계에 새로운 포맷을 개척하고, 한국적 광고의 전형을 창조했다는 평가를 받으며 각종 광고상을 휩쓸기도 했다. 그리고 많은 광고인들은 이 광고캠페인을 대한민국 기업광고사에 큰 발자취를 남긴 광고로 꼽는다.

광고일을 하는 사람들이라면 누구라도 이런 대작에 함부로 입을 대기가 쉽지 않음을 잘 알고 있을 것이다. 그러나 정말 이 광고캠페인에 문제는 없었던 것일까? 문제가 있다면 과연 어떤 것이 문제인가?

대한민국 사람치고, 이 광고를 모르는 사람은 없을 것이다. 이 광고의 완성도에 대해서 폄하하는 사람 역시 그리 많지 않을 것이다.

그러나 정작 소비자들은 삼성전자를 또 하나의 가족으로 받아들이고 있는가? 삼성전자를 가족 같은 기업으로 받아들이게 되었는가? 그렇지는 않았다. 이러한 사실들은 삼성전자에 대한 소비자조사들을 통해 밝혀졌다.

## 십년 동안 공들인 '또 하나의 가족'이 실종되다

소비자들은 광고의 이미지에 대해서는 '따뜻하고 정감 있는 다정한 광고'라고 대답했지만, 삼성전자의 이미지에 대해서는 '능력 있는 기업, 냉철한 기업, 1등의 재벌기업'라는 응답을 보였던 것. 광고와는 전혀 상반된 반응이다. 그렇다면 10년 동안 공들인 '또 하나의 가족' 캠페인은 어디로 실종된 것일까? 그리고 그 이유는 무엇일까?

그 중요한 이유는 광고이미지와 기업이미지의 괴리라 할 것이다. 광고를 통해 소비자들은 삼성전자가 또 하나의 가족 캠페인에서 '가족'을 말하고 있다는 사실은 알고 있었다. 하지만 사람들은 이 광고의 이미지를 삼성전자의 이미지로는 연결시키지 못했다. 진정한 의미에서의 공감이 형성되지 못한 것이다.

광고를 통해 가족의 일상과 추억을 보여주고 무엇인가 가족의 이야기를 하고 있다는 것은 알 수 있지만 삼성전자가 가족처럼 느껴지지는 않는다는 것이다. 항상 곁에 있어서 가족이다? 삼성의 전자제품을 사용하니 가족이다? 그 어느 것도 공감을 주기에는 어려움이 있었다. 그러나 더 큰 문제는 삼성전자가 가지고 있는 기존 이미지와 현재의 정체성이다.

삼성전자에 대한 좋은 평가들은 연일 넘쳐나고 있다. 일하고 싶은 기업 1위(잡코리아), 3년 연속 존경받는 기업 1위(한국능률협회), 2006년 FORTUNE지 선정 세계 48위 기업, 시가총액 기준 세계 반도체 주식 1위, 세계 최초의 HSDPA폰 W200 출시 등 삼성전자를 위한 굿뉴스는 헤아릴 수 없을 만큼 많다.

삼성은 1938년 창업 이래 한국경제를 주도해온 대기업이다. 합리적인 기업, 인재제일주의 기업, 건실한 기업의 대표주자인 삼성. 이 삼성의 경영목표는 기업의 위상 높이기, 사회 공헌 실현, 최고제품 지향, 대표적인 브랜드로 거듭나는 것. 소비자들이 가지고 있는 이미지 또한 삼성의 아이덴티티와 경영목표 위에서 만들어졌다.

합리적인 기업, 인재제일주의 기업이라는 코드가 '따뜻하고 정이 느껴지는 기업'과는 잘 어울리지 않는 데에서 그 첫 번째 문제를 찾을 수 있을 것이다. 합리적인 인재제일주의 기업은 똑똑한 이미지이지, 따뜻한 이미지는 아니기 때문이다. 이것은 자칫 선민의식의 부정적 이미지를 전달할 수도 있다. 혼자 잘 먹고 잘사는 기업이라는 소비자들의 폄하와 질투가 있을 수 있다는 것이다. 얄밉기는 하지만 제품은 좋으니 구매할 수밖에 없는 상황이 전개되고 있지는 않은가?

물론 그렇다고 합리적인 기업, 인재제일주의 기업이 결코 따뜻한 기업이 될 수 없는가? 꼭 그렇지만은 않다. 문제는 실체가 가지고 있는 정체성이다. 앞장에서 우리는 사실보다는 인식이 더 중요하다는 점을 살펴보았다. 그러나 실체가 없는 인식이란 없다. 인식을 만들기 위해서는 반드시 사실이 전제되어야만 하는 것이다. 특히 정보화가 진척된 사회일수록 감추고 속이는 일은 점점 더 불가능해진다. 번듯한 포장만으로는 인식을 만들어낼 수 없게 되었다는 것이다.

## 겉과 속이 같은 표현, 전략적 커뮤니케이션으로 뚫어라

그렇다면 삼성이 그간 소비자들에게 보여준 또 한 쪽의 사실들에는 어떤 것들이 있는가? 사회적 책임을 못하는 기업 1위(매일경제), 해외에서와는 달리 국내에서의 평판은 훼손되고 있다(AWSI), 2002~2004년 장애인고용 꼴지 대기업, 그로 말미암은 장애인고용부담금 납부 1위 기업 등의 오명을 안고 있는 것이다.

여기에 재벌기업 전체에 대한 반감도 한 몫을 하고 있다. 정경유착 · 불법증여 등으로 말미암은 부정적 이미지 등이 그것이다. 좋은기업지배구조연구소는 '한국 사람들은 삼성전자의 성장과 기업의 능력을 자랑스러워한다. 하지만 법도 유린할 수 있는 삼성전자의 권력에 대해서는 두려워한다' 는 말로 삼성전자를 평가했다.

특히 삼성그룹의 경우에는 파격적인 조건제시와 기업활동으로 인재와 돈 모두가 몰리는 기업이라는 인식이 강하다. 돈과 사람을 빨아들이는 블랙홀, 일명 삼성독주론이 그것이다. 그리고 이러한 삼성의 독주는 소비자들로 하여금 상대적 박탈감과 양극화인식을 심어주고 있다. 이른바 동반성장의 걸림돌로까지 인식되고 있는 것이다.

이러한 문제들은 삼성전자로서도 감수할 수밖에 없는 현상일 것이다. '삼성전자는 국내 최고의 기업' 이라는 소비자의 이성적 판단이 머리로는 전달되었지만 '삼성전자가 또 하나의 가족은 아니다' 라는 소비자의 감성적 판단이 가슴에 만들어져 있는 것.

여기에 더해 최근의 시사저널사태와 같은 일들은 한국의 언론과 기사들조차도 신뢰하지 못하게 하는 계기를 만들었다. 대기업들이 언론사와 기자들에게 압력을 행사하거나 거래를 하는 것이 아닌가하는 인식이 일반에 널리 퍼져 있다. 때문에 '좋은 기사가 나와도 기업이 만들었겠거니, 나쁜 기사가 안 실리면 안 실리는 대로 뭔가 있겠지만 숨기고 있겠거니' 하는 여론이 만들어져 있다는 것이다. 물론 이것은 삼성만의 문제는 아니다. 하지만 시사저널사태 등 표면적으로 드러난 사건이 삼성과 관계가 있었다는 사실만큼은 고객들이 잊지 않고 있다.

삼성으로서는 억울한 측면이 있을 것이다. 그간 삼성전자는 상당한 수준의 사회공헌을 진행해왔기 때문이다. PR을 하지 않았던 것도 아니다. 그럼에도 불구하고 좀처럼 '돈 잔치로 때우려 한다' 는 부정적 인식이 바뀌지 않는 이유는 무엇일까? 무엇이 문제인가?

이러한 문제의 원인은 전사적이지 못했던 것과 전략적이지 못했던 것으로 압축해서 살펴볼 수 있다.

전사적이지 못했다는 것은 '겉과 속이 달랐음' 을 말하는 것이다. 경영이념과 철학, 그리고 목표가 가지고 있는 내용과 소비자들에게 전달하고자 했던 내용이 달랐다는 것. 앞서 말한 것처럼 삼성이 지향하는 기업은 '최고의 기업' 이다. 그런 기업이 '또 하나의 가족' 이라는 말을 십년이나 반복해

왔지만 소비자들은 이를 믿지 않았다. 소비자들에게 삼성전자는 지금도 '최고의 기업, 똑똑한 기업' 일 뿐이다. 이를 극복하기 위해서는 겉과 속을 같이하는 노력이 필요하다. 기업의 아이덴티티 자체를 바꾸지 않은 상황에서는 캠페인의 목적을 달성할 수 없다. 소비자들의 인식 속에 존재하는 삼성전자의 이미지 괴리를 도식화하면 다음과 같다.

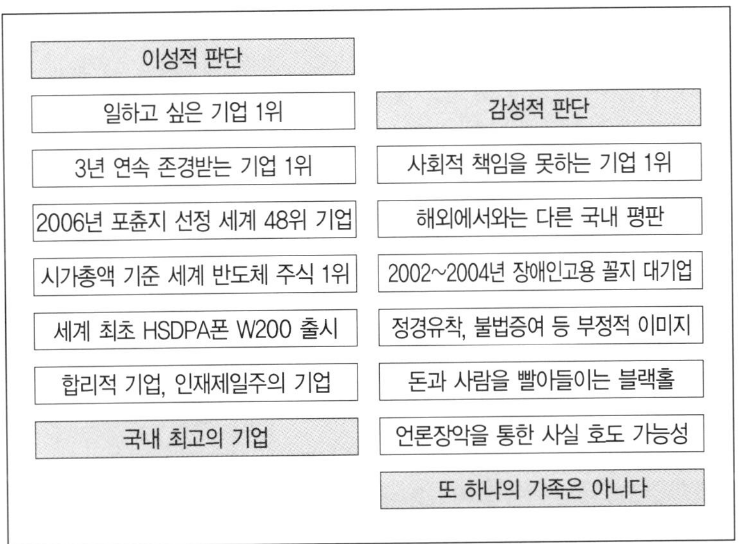


그림 25-1 : 삼성전자의 이미지 괴리

전략적이지 못했던 측면은 크게 네 가지로 나누어 살펴볼 수 있겠다. 먼저 삼성전자가 그간 해왔던 기부형태의 사회공헌활동이 소비자들에게 준 이미지다. 직접 참여자로서가 아니라 단지 돈으로 참여하는 간접 참여자로서의 느낌이 강했던 것.

둘째는 그간의 사회공헌활동들이 삼성전자만이 할 수 있는 전자업체의 그것으로서 아이덴티티를 갖지 못했다는 점이다. 전략적 홍보란 기업의 활동이 그 기업의 정체성을 나타내는 데에도 기여해야만 한다. 어떤 기업이라도 할 수 있는 수준의 사회공헌활동은 삼성전자의 활동을 돈 많은 기업의 단순한 봉사로 폄하시키는 위험성이 있다.

셋째는 가족이라는 키워드의 문제이다. 삼성전자가 처음 시작하기는 했지만 오늘날에 와서는 삼성생명 · 교보생명 · 푸르덴셜 · 대상 · 삼성건설 · GS홈쇼핑 · KTF 등 헤아릴 수 없이 많은 기업들이 가족이라는 키워드를 사용하고 있어 차별성이 크게 떨어졌다는 것.

마지막으로 삼성전자가 광고내용으로 전자제품을 등장시켜, 이 전자제품을 매개로 '또 하나의 가족' 이 되고자 했던 부분의 설득력이 약했다는 것 등을 지적해볼 수 있겠다.

## 안으로부터의 변신, 밖으로 뻗는 커뮤니케이션

그렇다면 어떻게 문제를 해결해야 할 것인가? 우선은 앞에서 지적된 문제들을 풀어내는 것에서 해결방법을 모색해 볼 수 있겠다. 가장 먼저 기업의 경영이념과 철학 그리고 목표를 수정하는 노력이 필요하다. 그리고 회사의 시스템을 고객들과의 교감이 가능한 형태로 움직여야 한다. '삼성맨' 들 스스로가 소비자들에게 '또 하나의 가족' 으로 거듭나려는 노력이야말로 진정한 의미에서 목표를 달성이라고 할 수 있겠다.

그러기 위해서는 안으로부터의 이미지변신이 중요하다. 내부 캠페인 운용 · 각종 교육 · 각종 내부 제안과 공모 · 서비스시스템의 구조개편 · 사회기여활동의 직원 직접 참여 · 사원가족들을 통한 이미지 확산 유도 등의 전방위적인 노력만이 문제를 해결할 수 있을 것이다.

다음으로는 캠페인의 통합적이고도 전략적인 운용이 필요하다. 각종의 PR활동이 삼성전자 아이덴티티를 잘 보여줄 수 있도록 구성되어야하며, 이 모든 것들이 가급적 직원과 기업의 참여를 통해 '참여형' 으로 진행될 수 있도록 해야만 한다. '삼성맨'의 손으로 하는 열린 가슴의 PR만이 소비자들의 가슴을 열 수 있기 때문이다.

마지막으로 캠페인의 리뉴얼이다. 그 기조를 유지하되, '그림 좋은 가족, 삼성전자가 드러나는 가족'에서, '삼성전자가 만들어내는 가족, 실재하는 가족, 삼성전자와 함께 약속하는 가족'으로의 변화를 모색한다면 보다 소비자들에게 공감을 얻는 캠페인으로 변화할 수 있을 것이며, 이러한 캠페인을 통해 삼성전자는 '따뜻한 기업, 정이 느껴지는 기업'으로 다시 태어날 수 있을 것이다.

삼성전자 '또 하나의 가족' 캠페인 사례를 통해 우리는 많은 교훈을 얻을 수 있다. 아무리 설득력 있고, 훌륭한 광고를 상당기간 운용한다 하더라도 시스템과 실재가 일치하지 않을 경우에는 소비자들을 설득해내기가 어렵다는 사실이 그것이다. 또 이는 광고의 기능과 효과의 한계를 확인시켜주는 사례가 될 것이다. 이제, 이러한 교훈을 마케팅과 커뮤니케이션까지 확대시켜보자. 그리고 좋은 커뮤니케이션이란 좋은 마케팅시스템에서 비롯된다는 점을 기억하자.

## 시장상황을 읽지 못한 좋은 광고들은 기업의 기회비용을 잃게 한다

유승준을 모델로 썼던 농심의 카프리썬 광고를 기억하는가? 많은 사람들이 기억하지 못하고 있겠지만 이 광고는 임팩트나 영상적인 면에서 크게 흠잡을 데 없는 광고 중 하나였다. 뿐만 아니라 당시 유승준은 대단한 인기를 누리던 최고의 가수였고, 유승준이라는 빅 모델을 쓰고도 매출이 늘지 않은 제품 광고를 찾아보기란 그리 쉽지 않았던 상황이었다. 그런 속에서 이 광고는 바로 그 흔치 않은 경우 중 하나로 우리에게 기억되고 있다. 엄청난 광고비를 쏟아 부었음에도 불구하고 매출에 별 영향을 주지 못했기 때문이다.

거기에는 다음과 같은 몇 가지 이유가 있었다. 그 중 하나는 커뮤니케이션 타깃의 선정이 신중하지 못했다는 것이며, 또 하나는 할인점 · 자판기 지향으로 음료시장이 변화하고 있었음에도 불구하고 할인점과 자판기 판매가 이루어지지 않았다는 것. 제품포장(비닐포장)이 유통에 안 좋은 영향을 끼쳤다는 것도 이유 중 하나다. 결국 이 광고는 우리에게 제품과 유통 · 광고를 따로 떼어놓고 관리해서는 안 된다는 교훈을 남긴 채 사라졌다.

그 후 농심은 타깃을 주부들로 바꾸고, 자녀들에게 이 음료를 권하게 된다. 유통을 할인점 중심으로 바꾸는 한편, 유통점에 맞도록 제품포장 또한 12개 들이를 내놓는다. 원미경을 모델로 해서 새롭게 만든 광고에서는 카프리썬을 아이들에게 권하는 주스로 새롭게 포지셔닝했고, 그 결과는 당시 매우 고무적으로 나타났었다.

델몬트주스의 '따봉' 신화 또한 우리에게 많은 교훈을 준다. '따봉' 때문에 유명해진 델몬트주스. 실제로 이 광고 때문에 오렌지주스 시장의 매출이 크게 늘어났다. 그러나, 정작 당시의 델몬트주스 매출에는 큰 기여를 하지 못했던 것. 광고에는 델몬트라는 브랜드보다는 '따봉"라는 단어만을 기억하게 하는 함정이 있었던 것이다. 따봉이라는 단어의 임팩트가 너무 강해서 정작 델몬트라고 하는 브랜드의 인지에는 좋지 않은 영향을 주었던 것.

하지만 그보다 더 큰 문제는 바로 시장상황을 간과했다는 점이다. 당시 우리 음료시장은 환타 · 써니텐 · 오란씨 등 오렌지맛 청량음료에서 희석식 주스로 옮겨갈 정도의 추동력 밖에는 가지고 있지 못했던 것. 때문에 델몬트의 '따봉' 광고를 보고 주스에 관심을 가진 소비자들은 비싼 프리미엄 주스보다는 그보다 저렴한 희석식 주스, 즉 '과일촌' 을 선택했던 것이다.

이에 놀란 델몬트가 뒤늦게 '따봉주스' 라는 희석식 주스를 내놓았지만 과일촌의 시장선점 · 네이밍 문제 등으로 따봉주스는 결국 시장에서 사라지고 말았다. 그러는 사이, 따봉의 광고주인 델몬트는 꽤나 많은 손해를 봤을 것이다. 직접적 손해도 있었겠으나, 기회비용을 잃었다는 점에서 더 큰 손해의 의미를 찾을 수 있겠다.

## 어떻게 만들 것인가가 아니라, 무엇을 얻을 것인가가 문제

1986년 8월, TV에서 집중적으로 방영되었던 도투락의 육개장 면만두 광고도 우리에게 많은 교훈을 준다. 면과 만두를 함께 끓여먹을 수 있는, 매우 획기적인 제품을 개발한 도투락은 최불암과 김도연이라는 당시 최고의 모델들을 광고에 등장시켰을 뿐 아니라 4개월간 3편의 CF를 제작 · 방영하는 등 막대한 광고비를 쏟아 부었다.

'쉬~' 라는 유행어를 낳으며 제대로 티저소구를 집행, 화제를 불러 모았던 도투락 육개장 면만두 광고. 그럼에도 불구하고 당시 도투락 육개장 면만두를 먹어본 사람들은 그리 많지 않았다. 그 이유는 유통과 가격 때문이었다. 1인분으로 먹는 냉동식품의 가격이 소비자들의 일반적인 가치와 너무 동떨어지게 책정되었고, 과도한 가격 저항과 유통력 부족 · 유통 상의 제품 애로 등 몇 가지 문제들 때문에 이 제품은 결국 세상에서 자취를 감추게 되었던 것.

이처럼 임팩트가 강한 광고, 영상성이 좋은 광고, 빅모델의 광고보다 더 중요한 것은 '무엇을 말할 것인가? 무엇을 기억시킬 것인가? 어떤 태도를 갖게 할 것인가? 어떤 행동을 유발시킬 것인가?' 등의 문제이다.

그리고 그보다 더 중요한 것은 시장 속에서 제품이 처해 있는 상황을 제대로 이해하고, 제품의 방향을 명확히 하여 마케팅을 실시하는 것. 특히 현대에 와서는 이런 일련의 과정이 따로따로 기획되는 것이 아니라 하나의 틀 속에서 이루어짐을 간과해서는 안 된다. 그리고 이 틀의 책임에 있어 커뮤니케이터가 결코 자유로울 수 없음을 기억해야 한다. 기업이 처해 있는 상황, 마케팅이 처해 있는 상황을 제대로 알고 이에 대처하지 못한 채 만들어내는 커뮤니케이션전략과 광고는 비용만 낭비하게 할 것이며, 나아가 기업에게 독이 되어 돌아가게 할 수도 있기 때문이다.

## 26 문화, 트렌드, 커뮤니케이션

# 문화를 읽고 활용하는 소통, 소비자 트렌드 바로 알기 !

앞으로 펼쳐지게 될 세상을 미리 알 수만 있다면? 앞 장에서 우리는 반 발짝 빠른 타이밍의 중요성에 대해 살펴본 바 있다. 그러기 위해서는 이 사회와 소비자들의 트렌드를 읽어야 한다.

트렌드는 '추세' 라는 우리말로 직역된다. 추세라는 말은 개개의 단편적인 현상이 어떠하든, 전체로서의 대세가 어떤 방향을 가리키는가를 일컫는 말이다. 트렌드가 미래예측이라는 말로도 쓰일 수 있는 이유이다. 트렌드는 과거로부터 현재까지의 추세를 통해 확인할 수 있다. 그러나 이러한 트렌드는 미래의 것이기도 하다. 트렌드는 다가올 미래를 읽게 해주는 창문의 역할을 하는 것이다.

현대의 마케팅과 마케팅커뮤니케이션에 있어 트렌드는 힘이다. 아니 트렌드를 알지 못하고는 어떤 전략도 성공시킬 수 없다. 트렌드를 알아내고, 그 트렌드에 의지할 때 비로소 소비자를 만족시킬 수 있는 전략을 수립하게 된다. 뿐만 아니라 커뮤니케이션에도 이 트렌드가 활용된다. 현재의 추세가 어떠한지를 제대로 파악해야만 소비자들의 코드를 읽을 수 있고, 그 코드에 맞는 커뮤니케이션을 실시할 수 있기 때문이다.

## 문화 개연성의 발견이 곧 트렌드의 발견

사실 얼마 전까지만 해도 우리나라의 마케팅과 마케팅커뮤니케이션은 선진국을 따라하고 흉내내는 것으로 운용되었다. 많은 마케터들은 트렌드를 알아내려는 노력보다 선진국의 현재를 베껴 와서 활용하는 방식을 선택했었다. 선진국의 현실을 빌려오는 것만으로도 충분히 성공이 보장되는 시대였던 것이다.

그러나 지금은 다르다. 우리나라의 경제는 여러 지표상 이미 세계 11위 수준을 유지하고 있으며, 정보의 빠르기는 상상을 초월한다. 마케터보다도 훨씬 영리하고 눈썰미 있는 소비자들이 있고, 커뮤니케이터보다도 훨씬 빠르게 정보를 흡인하는 소비자들이 있다. 때문에 이젠 베껴오는 것만으로는 결코 성공할 수 없다.

선진국마케팅의 내용을 들여다보면 나라마다 각기 그 코드가 다르고, 개성이 분명하다는 사실을 알 수 있다. 미국과 일본이 다르고, 유럽이 다르다. 예전에는 우리나라와 선진국들 사이에 수준차가 존재했지만 지금은 코드의 차이만이 존재할 뿐이다. 때문에 더 이상은 그들로부터 베껴올 만한 높은 수준이 없다. 설사 몇 가지 분야에서 베껴올 만한 것이 있다 하더라도 그것이 우리의 코드와 맞지 않는다면 성공할 확률은 낮아질 수밖에 없다.

그렇다면 우리는 무엇을 기준으로 미래를 전망하고, 미래를 준비해야 할까? 답은 트렌드다. 트렌드를 알기 위해서는 공시태적 시각과 통시태적 시각이 함께 필요하다. 공시태적 시각이란 현재의 각 분야를 조망하고, 그 속에서 통합된 개연성을 발견해내는 시각이다. 통시태적 시각이란 지금까지 거쳐 온 시대들을 조망하고, 그 속에서 통합된 개연성을 발견해 내는 시각이다. 그 개연성이 바로 추세다.

개연성의 발견이 곧 트렌드의 발견이다. 지금까지 사회는 어떻게 변화해 왔는가? 그 변화 방향에 연장된 선을 그으면 내일을 알 수 있다. 그 변화의 방향에 따라 지금의 사회는 어떤 내용을 가지고 있는가? 그 속에서 '우리 제품에 대한 소비자들의 욕구는 어떤 방향으로 나아갈 것이며, 소비자들은 어떤 커뮤니케이션에 반응할 것인가?' 하는 의문들의 답을 얻게 될 것이다.

이 개연성을 발견해내는데 가장 근거가 되는 것이 문화다. 때문에 문화를 읽으면 트렌드를 읽는 데 도움을 받을 수 있다. 또 문화 읽기는 트렌드 읽기 외에도 소비자들에게 맞는 키워드와 소구방법을 제시해주는 역할을 한다. 때문에 우리는 트렌드 읽기와 함께 우리의 문화 읽기, 타깃들의 문화 읽기에도 힘을 기울여야만 한다.

사람은 태어나고 자라면서 의도된, 혹은 의도되지 않은 엄청난 양의 커뮤니케이션을 만나게 된다. 그리고 이러한 커뮤니케이션과 환경은 문화를 만들어낸다. 사람들은 일정한 문화적 틀 속에서 인식을 갖추게 된다. 때문에 사람의 영구기억은 많은 부분에서 문화와 교집합을 이루고 있다. 그리고 이러한 문화는 나라마다, 지역마다, 세대마다, 혹은 집단마다 눈에 보이지 않는 형태로 늘 존재하기 마련이다.

### 문화는 환경과 사회적 관념체계에 의해 만들어지고 전래된다

문화의 차이에 관한 우스갯소리가 있다. 유엔에서 전 세계를 대상으로 설문을 진행했단다. 질문은 딱 한 가지였다. 그 내용은 다음과 같다. '지금 다른 나라들에서 벌어지고 있는 식량부족에 대해 해결책이 있다면 정직한 의견을 부탁드립니다.' 그러나 설문은 엄청나게 실패했다.

아프리카 사람들은 '식량'이 뭔지 몰랐고, 서유럽 사람들은 '부족'이라는 말을 이해하지 못했다. 동유럽 사람들은 '의견'이라는 말의 뜻을 몰랐고, 중동 사람들은 '해결책'을 몰랐다. 남미 사람들은 '부탁'이라는 말을 몰랐으며, 아시아 사람들은 '정직한'이라는 말의 뜻을 몰랐다. 그리고 미국 사람들은 '다른 나라들'이라는 말이 무슨 뜻인지 몰랐다고 한다.

문화의 다양성과 그에 맞는 커뮤니케이션을 설명하는 유머다. 세상 사람들은 모두 무언가를 먹으며 살아왔다. 그러나 우리나라 사람들이 가지고 있는 김치의 의미와 미국 사람들이 생각하는 김치는 사뭇 다르다. 빵의 의미 또한 프랑스 사람들과 미국 사람들의 그것이 각기 다르다.

문화란 사람이 가진 사유와 행동양식이다. 이러한 문화는 사회로부터 습득하고 전달받는다. 문화는 기후 · 풍토 등 환경에 적응해가는 과정에서 만들어지며, 종교 · 의례 · 세계관 등 사회적 관념체계의 영향을 받는다. 그리고 이러한 문화는 여러 가지 형태로 표현된다.

무인도에 표류한 사람이 게임을 하고 싶다는 생각을 하기는 어려울 것이다. 예의범절을 차리기도 쉽지 않으며, 예의범절을 차릴 대상도 없다. 죽창 하나 깎아들고 물고기 잡고, 열매 따러 다니는 일에 골몰하게 될 것이다. 문명이 발달하기 전 에스키모인들은 멀리서 찾아온 손님에게 자신의 아내를 내어주는 습속이 있었다고 한다. 이것은 그들의 기후가 만들어낸 문화이다. 형이 죽은 뒤, 동생이 형의 아내를 취하는 풍습을 가진 민족도 있었다. 전쟁과 질병으로 말미암아 사망률이 워낙 높고, 가장이 사망한 뒤에 남은 미망인과 아이들의 생계가 막막한 상태에서 만들어진 문화라 하겠다.

이처럼 문화는 필요에 의한 적응과정에서 생겨난다. 때문에 같은 문화를 가진 공동체 내에서의 문화도 객관적이고 보편적인 가치로 재단되기 어려운 측면이 있다. 우리는 이러한 문화를 제대로 알고, 그 문화의 다리를 건너 트렌드를 읽어내야만 한다. 그리고 이러한 문화의 틀 속에서 타깃을 설득시키는 커뮤니케이션을 이해해야만 한다. 문화를 고려한 커뮤니케이션이야말로 행동을 가장 잘 유발시키는 커뮤니케이션이기 때문이다.

발신자가 빵을 제시했을 때, 수신자들은 나라마다 다른 의미로 그 빵을 받아들일 수 있다. 한 나라 안에서도 지역에 따라 그 의미는 사뭇 달라질 수 있다. 우리나라의 경우에도 지역마다 선호하는 젓갈의 종류가 다르고, 젓갈에 대한 태도가 다르다.

## 성 · 연령 · 지역마다 다른 가치와 다른 문화가 있다

인사법도 다르다. 서울에서는 사람들을 만나면 '안녕하세요?' 하고 인사하지만 부산에서는 '반갑습니다' 라고 인사한다. 학교에서 차렷 · 경례를 할 때에도 그렇다. 평야지대의 풍족함이 있는 지역일수록 예술이 발달하고, 바닷일 같은 위험한 환경, 힘든 상황이 벌어지는 지역의 사람들일수록 말과 행동이 크고 빠르다.

바닷가 사람들의 언어습관은 내륙의 그것보다 훨씬 더 간결한 것이 보통이다. 이러한 이유 때문에 각 지역마다 독특한 생활양식과 의미전달 체계가 각각 존재한다. 언어와 그로 말미암은 상징체계, 의미전달체계가 다르다는 것은 커뮤니케이션에 엄청난 영향을 미친다.

앞 장에서 설명했듯 커뮤니케이션이란 ①설득목적 ②정보전달 ③의미공유 ④상징사용의 특성을 갖는다. 그리고 그 중심에는 당연히 문화라는 기반이 존재한다. 때문에 커뮤니케이션과 문화 사이에는 따로 떼놓고 생각할 수 없는 불가분의 관계가 존재하는 것이다.

각기 다른 세대, 다른 나이에 의해서도 문화차가 발생하게 된다. 칠십 년대에 청춘기를 보낸 지금의 오십대들에게 있어 통기타와 청바지가 주는 문화적 의미는 다른 세대와 사뭇 다를 것이다. 때문에 수신자집단의 문화적 특질을 파악하고, 이 문화에 기댄 상징을 활용하는 것은 매우 효율적 커뮤니케이션 수단이 된다.

이처럼 문화는 성별 · 연령별 · 지역별 등 여러 집단 별로 각각 다르게 나타난다. 그중 가장 선명하게 드러나는 문자세대와 영상세대의 차이를 살펴보자. 문자세대는 유년기에 컬러TV를 시청할 수 없었던 지금의 4~50대를 일컫는 것이고, 영상세대는 2~30대를 일컫는다.

문자세대는 이성 중심이며 옳고 그름을 중심으로 세상을 보는 반면, 영상세대는 감성 중심이며 좋고 싫음을 중심으로 세상을 본다. 문자세대는 논리적 사고를 하며 지금의 결정이 미래에 어떤 영향을 미칠 것인가를 중심으로 판단하는 반면, 영상세대는 감각적 판단이 많고 지금의 결정이 현재 어떤 이익을 주는가를 중심으로 판단한다.

문자세대는 남과 다른 것을 두려워하여 동질 지향적인데 반해, 영상세대는 남과 다르기 위한 노력을 기울이는 이질 지향적 성향을 보인다. 문자세대는 자기절제를 통해 공동의 생활을 중시하는 성향을 보이는가하면 영상세대는 자기표현을 통해 공동의 생활 속에서도 자신을 드러내려 애쓴다. 이러한 성향은 문자세대로 하여금 스스로 감성을 억제하게 만들었고, 영상세대는 해방된 감성을 가지고 살아간다.

한편 두 세대 사이에는 사물에 대한 관점도 달라서 문자세대의 경우에는 소유에 대한 욕구가, 영상세대의 경우에는 사용에 따른 가치가 더욱 중요한 문제로 작용한다. 이러한 내용들을 표로 만들어보면 다음과 같다.

| 문자세대 | 영상세대 |
| --- | --- |
| 이성 중심 | 감성 중심 |
| 논리적 사고 | 감각적 판단 |
| 미래의 득실을 중심으로 판단 | 현재의 이익을 중심으로 판단 |
| 옳고 그름을 중심으로 판단 | 좋고 싫음을 중심으로 판단 |
| 동질 지향적 | 이질 지향적 |
| 자기 절제 | 자기 표현 |
| 억제된 감성 | 해방된 감성 |
| 소유 욕구 | 사용 가치 |

표 26-1 : 문자세대와 영상세대 간 문화차에 따른 가치관 평가

## 사회의 변화가 새로운 커뮤니케이션 환경을 만든다

이러한 세대 간 차이를 두고 어느 세대가 더 낫다거나 어느 세대가 더 못하다거나 하는 판단을 하자는 것이 아니다. 이렇게 변해왔다면 다음세대는 또 어떻게 변할까, 그리고 지금의 세대가 공감할 수 있는 커뮤니케이션이란 무엇일까? 지금의 40~50대가 공감할 수 있는 커뮤니케이션이란 무엇일까? 그들에게 환영받을 수 있는 제품은 무엇일까? 이처럼 특성을 제대로 살펴 그 특성에 맞게 구조화한 커뮤니케이션의 필요성을 일컫는 것이다.

서부로부터 이주해온 많은 사나이들의 '고향에 대한 동경' 을 읽은 말보로는 '말보로맨' 을 탄생시켰다. 모든 한국 사람들의 정서 속에 녹아 있는 또 다른 '고향에 대한 향수' 를 읽은 제일제당의 다시다는 '고향의 맛' 을 탄생시켰다. 부모님에 대한 효의 의미가 각별한 우리의 정서를 읽은 경동보일러는 '효도보일러' 를 탄생시켰다. 때문에 우리는 각 타깃들의 문화를 잘 이해해야만 한다.

현재의 사회분위기와 경향은 어떠한가? 많은 문명의 이기들이 만들어져 생활을 편리하게 해주고 있음에도 불구하고, 많은 사람들은 복잡해진 일상, 빡빡한 사회 속에서 스트레스를 받고 있다. 경제적 양극화가 가속화되

고 상대적 빈곤감이 커지면서 사람들은 보다 큰 경제적 욕구를 갖게 되었고, 이 때문에 맞벌이 경향이 두드러지게 늘어나고 있다. 이러한 현상은 여성들의 사회 참여욕구와 맞물려 보다 많은 수의 사람들을 경제활동에 참여하게 만들었다.

미디어환경은 어떠한가? 미디어의 수는 기하급수적으로 늘어나서 급기야 개인마다 미디어를 갖는 시대를 맞이했다. 시각적 소구능력이 크게 높아졌고, 자극성이 향상되었다. 직접적 커뮤니케이션 미디어들이 등장하기도 했다. 그러나 이러한 경향은 인터넷을 통한 인스턴트정보를 난무하게 했고, 미디어정보 전반의 질 저하를 초래했다.

때문에 수용자들은 복잡한 것보다는 심플한 것을, 진지한 것보다는 오락적 요소를 선호하는 경향을 보이고 있다. 바쁜 일상 때문에 모든 정보에 귀 기울이기보다는 필요 정보만을 선택하여 수용하는 경향도 나타나고 있다. 워낙 많은 미디어와 정보가 있기 때문에 그 중 자신에게 필요한 것을 능동적으로 선택하게 되었으며, 자극적인 것 중심으로 먼저 주의를 기울이는 경향이 나타나고 있다.

개인미디어와 직접 커뮤니케이션 미디어의 등장으로 일방향 커뮤니케이션이 아닌 쌍방향 커뮤니케이션에 대한 선호가 늘었으며, 글로벌화로 말미암아 눈높이가 높아졌고 내셔널리즘이 약화되는 현상도 나타나게 되었다.

그러나 앞서 설명한 것처럼 각 타깃 집단들은 각기 다른 문화를 가지고 있다. 따라서 하나의 콘텐츠로 모든 타깃들에게 똑같은 자극을 전달하는 것은 불가능하다. 그러므로 타깃을 명확하게 하는 타깃팅이 필요해지는 것이다. 그리고 아무리 잘 계획된 콘텐츠라 하더라도 타 콘텐츠들과의 차별성이 확보되지 않으면 주의를 기울이게 하기 어렵다. 때문에 차별성의 확보 또한 매우 중요한 요소라 하겠다.

## 자극에 대한 내성, 임팩트 지상주의를 불러왔다

이러한 수용자 경향에 따라 각 미디어들은 정보를 보다 잘 전달하기 위한 내용과 전달요소 구축을 위해 노력을 기울이고 있다. 내용적 요소로는 ① 즉각적(instant) ② 정보적(informative) ③ 오락적(entertainment) ④ 침투적(intrusive) ⑤ 흥미적(intersting) ⑥ 호기심적(intrquing) ⑦ 상호작용적(interactive) ⑧국제적(international)인 요소들을 만들어내고, 이러한 내용들을 잘 전달하기 위해 ⑨시각적(iconic) ⑩ 통합적(integrated) 요소를 강화하고 있는 것이다. 이를 표로 만들어보면 다음과 같다.

<table>
<tr><th>배경</th><th>수용자 경향</th><th>내용적 요소</th><th>통합적 요소</th></tr>
<tr><td>복잡해진 일상, 빡빡한 사회,<br>스트레스신드롬,<br>경제적 양극화, 여성사회참여,<br>경제적 욕구가 만든<br>맞벌이 경향</td><td>복잡한 것 싫어함,<br>오락적 요소 선호,<br>필요정보<br>선택적 수용</td><td>즉각적(instant)<br>정보적<br>(infromative)<br>오락적<br>(entertainment)</td><td rowspan="4">명확한 타깃팅<br>차별성 확보<br>시각적<br>(iconic)<br>통합적<br>(integrated)</td></tr>
<tr><td>미디어 증가,<br>시각적 소구능력, 자극성 향상,<br>인터넷 통한<br>인스턴트정보 난무,<br>미디어정보의 질 저하,<br>선택권 행사 가능케 하는 기술력</td><td>자극적인 것에<br>눈이 감,<br>능동적으로<br>선택함</td><td rowspan="2">침투적(intrusive)<br>흥미적<br>(intersting)<br>호기심적<br>(intrquing)<br>상호작용적<br>(interactive)</td></tr>
<tr><td>개인미디어,<br>직접커뮤니케이션 미디어 등장</td><td>상호 커뮤니케이션<br>욕구 증가</td></tr>
<tr><td>글로벌화가 대세</td><td>눈높이 상승,<br>내셔널리즘 약화</td><td>국제적<br>(international)</td></tr>
</table>

표 26-2 : 최근의 커뮤니케이션 환경과 미디어 트렌드

앞에서 살펴본 표의 내용은 커뮤니케이션의 현재다. 그리고 그 내용의 대개는 매우 인스턴트하고, 말초적인 방향으로 내닫고 있음을 보여준다. 그렇다면 앞으로는 어떤 커뮤니케이션 현상들이 나타날까? 지금까지의 역사와

인문학적 지식을 바탕으로 한 시각은 이후의 커뮤니케이션이 '사람냄새 나는' 쪽을 향할 것이라며 그 방향을 제시하고 있다. 지나친 요란스러움은 평온함을 희망하게 하고, 지나친 고요함은 시끌벅적함을 부르기 때문이다.

## 열정과 관심이 만든 습관으로 문화와 트렌드를 읽는다

발신자의 주관적 생산물인 메시지가 수신자에게까지 전달되지 못하는 이유는 무엇일까? 대개의 이유는 발신자가 사회와 수신자들의 문화와 트렌드를 제대로 읽지 못한 것에 기인한다. 때문에 커뮤니케이터들은 사회와 수신자들의 문화와 트렌드를 읽기 위한 노력을 기울여야만 하는 것이다.

그러나 문화에 대한 이해는 갑작스럽게 만들어지는 것이 아니다. 때문에 우리는 평상시 각 타깃들의 문화에 대해 늘 관심을 가져야만 한다. 날을 잡아서 하는 공부로는 이 높은 벽을 넘을 수 없다. 이러한 관심은 습관이 되어야만 한다.

요리가 취미인 사람은 TV 리모콘을 돌리다가도 요리프로그램이 보이면 리모콘을 멈춘다. 잡지를 넘기다가도 요리파트를 만나면 시선이 멈춘다. 시간이 남으면 요리를 하고, 손님을 초대해 요리를 선보이기도 한다. 그러면서 그는 요리의 대가가 된다. 열정과 관심이 노하우를 만들어 내는 것이다. 문화를 읽는 노력도 다르지 않다.

문화와 트렌드를 읽기 위한 보다 구체적인 방법은 시사에 대한 관심과 글 읽기 습관이다. 시사는 공시태다. 그리고 이 시사가 모이면 통시태가 된다. 여기에 인문학적 소양을 길러주는 것은 물론 우리 문화의 소산이 고스란히 녹아있는 글 읽기 습관은 우리에게 문화는 물론 트렌드를 읽는 방법을 가르쳐준다. 그리고 여기에 매사를 분석적으로 보는 시각까지 갖춘다면 문화 읽기, 트렌드 읽기가 그리 어려운 일이 아님을 알 수 있게 될 것이다.

# 03

# 3부. 마케팅커뮤니케이션전략 수립을 위한 상황분석

31. 마케팅의 변화와 목표의 변화
    밖으로부터 안으로의 지향, 마케팅의 시대정신!

32. 마케팅환경분석
    소비자를 읽어내는 것, 마케팅을 읽어내는 것!

33. 마케팅전략분석
    마케팅전략의 꽃 STP, 그 핵심을 읽는다!

34. 소비자 중심의 제품분석과 대응
    소비자의 인식과 판단이 전략을 바꾼다!

35. 소비자 태도분석과 전략적 대응
    평가점수와 신념점수를 활용한 전략지점의 발견!

36. 커뮤니케이션 환경분석
    토끼목을 지키며, 낡은 그물을 고친다!

## 31 마케팅의 변화와 목표의 변화

# 밖으로부터 안으로의 지향, 마케팅의 시대정신!

마케팅커뮤니케이션전략을 수립하기 위한 첫 단계는 무엇일까? 모든 전략수립의 첫 단계는 상황분석이다. 그리고 이 상황분석을 통해 밝혀진 실마리를 통해 공략 대상과 목표를 분명히 한다. 하지만 상황분석이 '분석을 위한 분석'에 그쳤을 땐 전략을 구성하는 단계와 분리되는 현상이 나타난다. '분석을 위한 분석'이란 무엇인가? 그것은 전략수립의 과정을 고려하지 못한 분석이다.

교과서적으로 잘 정돈된 상황분석이라 하더라도 이후에 이루어질 전략수립을 고려하지 않은 것이라면 그것은 결국 어떤 도움도 되지 않는 '분석을 위한 분석'에 그치고 만다는 것이다. 그렇다면 '전략 수립을 고려한 분석'이란 무엇인가? 그리고 그러한 분석을 위해서는 어떤 과정을 거쳐야 하는 것인가? 이 장에서는 상황분석의 실제 절차를 중심으로 마케팅커뮤니케이션전략 수립을 고려한 분석에 대해 살펴보기로 한다.

## 안으로부터 밖으로인가? 밖으로부터 안으로인가?

앞장에서 전략이란 '목적지를 정하는 것이며, 목적지까지 가는 가장 효율적인 길을 찾는 것이고, 그 길을 효과적으로 갈 수 있는 방법을 찾는 것' 이라고 개념화하였다. 상황분석은 이 세 가지 전략구축을 위한 사전단계라고 할 수 있겠다. 그리고 그 중에서도 가장 먼저 고려되어야 할 것은 목적지를 정하기 위한 환경분석이다.

목적지를 잘 정하기 위해서는 마케팅의 변화와 현재의 지점을 정확히 이해해야 한다. 여기에서는 그중에서도 마케팅목표를 중심으로 마케팅의 변화과정과 현재의 지점을 다시 한 번 확인해 보도록 하자. 물론 그 변화의 단계를 정확히 구분하기 어려운 측면이 있지만 설명의 편의를 돕기 위해 마케팅을 3세대로 갈라서 살펴보았다. 다음은 각 세대별 기본특징들을 표로 만든 것이다.

| 구분 | 1세대 | 2세대 | 3세대 |
|---|---|---|---|
| 중심 | 제조업 중심 | 유통업 중심 | 소비자 중심 |
| 이론 | 마케팅 | 마케팅관리론 | 전략관리론 |
| 핵심요소 | 상황분석<br>마케팅목표<br>4P | 제한된 영역에서 시장을 세분화 하고 목표를 설정, 마케팅 믹스 진행 | SWOT분석<br>경영자원 배분<br>핵심역량 활용<br>경쟁우위 확보 |
| 마케팅 툴 | 4P | 4C | 4E |
| 대상 소비자 | 공중 | 분중 | 개인 |
| 대 소비자 소통 | 일방향 | 쌍방향 | 상호작용 |
| 소통개념 | 자극-반응 | 교환 | 관계 |
| 마케팅목표기준 | 마케터의 지침 | 각 부문 상황 종합 | 목표시장과 포지셔닝 |
| 사고체계 | Inside – Out | | Outside – In |

표 31-1 : 각 세대별 마케팅 기본특징 비교

1세대는 마케팅이론이 도입되어 상황분석 · 마케팅목표 · 4P의 개념이 만들어진 세대로 정의할 수 있다. 이때에는 공중을 상대로 일방향 커뮤니케이션을 실시하였으며, 자극과 반응을 소통의 개념으로 삼았다. 1세대의 마케팅목표는 상황을 분석한 마케터의 지침에 의해 좌우되었다. 기업의 목표를 소비자에게 실현하는 과정이라 할 수 있다.

1세대의 마케팅은 안으로부터 밖으로의 단계이다. 이때의 마케팅목표는 시장점유율 · 판매량 · 이익의 증대 등이었다. 물론 이러한 목표를 정할 때 잠재수요를 예측하는 등의 과정을 거치기는 하였으되, 매우 막연한 것일 수밖에 없었다. 이러한 목표는 마치 큰 공장에 붙여놓은 현수막의 '10% 생산량 증가, 10% 불량률 감소' 캠페인과 같은 것이다. 안으로부터 밖으로 목표를 구현해가는 과정이었으며, 탁상공론이 되는 경우가 많았다.

2세대는 마케팅관리론이 도입되어 시장세분화 · 타깃팅 · 포지셔닝의 개념이 만들어지고, 4P를 믹스하여 운용하는 세대다. 공중보다는 분중을 대상으로 마케팅을 실현하고자 했으며, 기업에서 소비자로 송출되던 일방향의 소통을 쌍방향으로 바꾸려는 노력이 생겨난 세대이기도 하다.

이러한 2세대의 마케팅목표 설정과정은 1세대의 그것에 비해 보다 합리적이다. 대부분의 기업들은 각 부문이 각각의 목표를 상정하게 하고, 이를 수요예측과 종합하는 형태로 목표를 정하게 되었기 때문이다. 내부적으로는 매우 합리적인 구조를 갖게 되었다고 볼 수 있으나, 이것 역시 안으로부터 밖으로 목표를 구현해 간다는 측면은 마찬가지였다.

## 타깃팅과 포지셔닝은 마케팅커뮤니케이션목표의 산실

3세대의 마케팅목표 설정방법은 이전 세대와 확연한 차이를 보인다. 목표시장을 정하고 그 사이즈를 측정하며, 이에 대한 포지셔닝을 실시한 뒤,

목표시장과 포지셔닝 사이에서 당겨져 올 것으로 예상되는 소비자와 그들을 통해 획득 가능한 성과를 측정하여 마케팅목표로 삼기 시작한 것.

매우 과학적인 접근법이며 동시에 소비자들로부터 목표를 가져온다는 점에서 앞 세대들과 확연한 차이를 보인다. 그 전과는 반대로 밖에서부터 안으로 목표를 구현해가기 시작한 것이다. 때문에 지금 우리가 정해야할 목적지는 우리가 정한 목표시장과 우리가 정한 포지셔닝 사이에서 도출된다. 결국 소비자와의 관계를 바탕으로 목표를 확인하게 된다는 것. 때문에 커뮤니케이션목표와 마케팅의 목표가 일치하는 현상이 나타나게 되었다.

위에서 아래로 내려가는 단계로만 보면 2세대까지는 마케팅 · 프로모션 · 광고의 시대였다. 그런데 재미있는 사실은 앞 뒤에 위치한 마케팅과 광고의 목표는 있으나, 프로모션목표 혹은 커뮤니케이션목표는 없었다는 것이다. 이러한 기형적인 구조가 만들어지게 된 이유는 무엇이었을까?

짐작컨대, 마케팅목표는 기업의 하달사항이요, 광고목표는 광고회사의 제안사항이니 그 두 가지는 존재하되, 중간에 있던 프로모션을 감당할 사람이 따로 없었던 탓에 생긴 문제로 짐작할 수 있다.

광고회사는 대행사이다. 더구나 광고에는 적지 않은 비용이 발생한다. 때문에 기업은 당연히 광고회사에 광고목표를 요구할 수 밖에 없다. 하지만 당시 광고를 제외한 PR · SP · 인적판매 등은 기업이 담당하고 있었으므로, 이를 통합한 목표를 세우는 일을 담당할 사람이 없었을 것이다.

이러한 시기를 지나 지금의 기업들 대부분은 프로모션을 통합하여 운용하고 있으며, 그 중 상당수는 다시 프로모션의 통합수준을 넘어 통합마케팅커뮤니케이션을 도입하여 활용하고 있다. 통합마케팅커뮤니케이션의 단계에 들어서면 마케팅목표와 커뮤니케이션목표는 일치한다. 오히려 커뮤니케이션목표를 먼저 수립하여 이를 마케팅목표에 반영하는 경우도 있다.

목표시장을 설정하고, 포지셔닝을 결정한 뒤에 할 일이란 결국 커뮤니케이션이다. 제품적 요소나 가격적 요소조차도 소비자들의 가치를 충족시켜주기 위한 마케팅커뮤니케이션의 요소에 불과하다는 주장이다. 좋은 제품을 만들어 이것을 파는 개념은 구식이 되었다. 소비자들의 요구대로 만들어진 커뮤니케이션을 위해 제품 · 가격 · 유통을 얼마든지 바꿀 수 있다는 개념이 현대의 마케팅으로 자리잡게 된 것이다.

마케팅커뮤니케이션목표의 달성을 통해 얻어내는 결과가 다시 마케팅목표가 된다. 이것이야말로 진정한 의미에서 '밖에서부터 안으로'의 접근방식이라 하겠다. 이러한 과정을 도식화하면 다음과 같다.

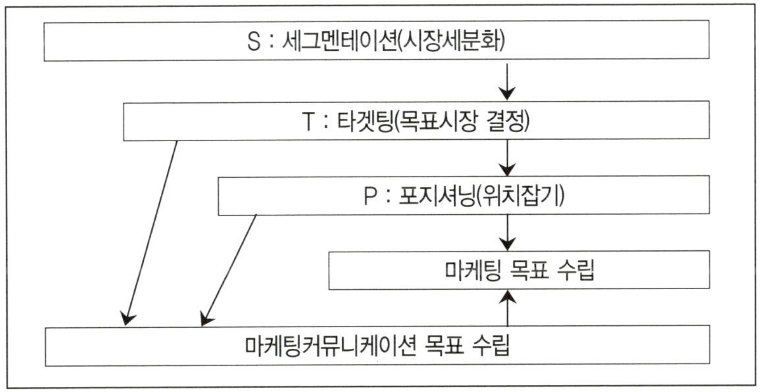


그림 31-1 : 마케팅커뮤니케이션과 마케팅의 목표수립 절차

## 커뮤니케이션과 마케팅은 목표와 타깃이 같다?

그렇다면 커뮤니케이션 목표는 무엇인가? 그리고 커뮤니케이션 목표가 가져야할 요건은 무엇인가? 먼저 그 요건은 다음 세 가지로 나누어 볼 수 있다. 첫째, 판매효과로서 판매증가에 목표를 두는 것. 둘째, 행동효과로서 소비자의 행동반응을 획득하는 것. 셋째, 커뮤니케이션효과로서 일정한 '정보-설득-의미공유'를 도모하는 것 등이 그것이다.

일반적으로 광고목표를 설정하는 것은 측정 가능한 커뮤니케이션목표를 설정하는 것이지만 마케팅커뮤니케이션의 목표는 이러한 광고목표와 함께 판매증가 · 행동반응 획득 · 커뮤니케이션 목표달성 등을 모두 포함하는 개념이다. 그렇다면 마케팅커뮤니케이션전략은 어떻게 표현될까? '○○○○ 소비자들(산출 가능한 인구분포)에게 ○○○○한 마음이 들도록 하여 우리 제품을 ○○○○하고 싶도록 만들기' 가 바로 커뮤니케이션목표인 것.

이 커뮤니케이션목표가 달성됨으로써 자연스럽게 얻어지는 새로운 고객 ○○○○명 만들어내기, 새로운 매출 ○○○○원 만들어내기, 시장점유율 ○○○○% 만들어내기를 실현할 수 있으며, 그것이 바로 마케팅목표인 것. 결과적으로는 1~2세대의 마케팅목표와 다를 것이 없어 보이지만 그 도출과정과 내용은 전혀 다르다는 점에 유의해야 한다.

목표뿐만이 아니다. 타깃 또한 커뮤니케이션타깃과 마케팅타깃이 일치한다. 데이터베이스를 바탕으로 한 유지나 획득 과정의 경우에는 더더욱 그러하다. 그러나 그렇지 않다고 해도 커뮤니케이션타깃들에게 커뮤니케이션목표를 달성하는 것으로 마케팅목표가 달성된다는 개념이므로 그 두 타깃은 자연 일치하게 되는 것이다.

이렇게 도출된 목표는 앞서 말한 '목적지' 이다. 그리고 이 목적지 도출을 위해서는 상황분석과, 시장세분화 · 목표시장 결정 · 포지셔닝의 단계를 거쳐야 한다고 했다. '목적지' 가 결정되고 나면, '목적지까지 가는 길' 과, '효율적으로 가는 방법' 에 대한 고민이 시작될 것이다. 그 맨 앞에 놓이는 상황분석은 이후 벌어질 제반의 절차를 고려해서 진행해야 한다. 다음 절차들이 필요로 하는 자료들을 내놓을 수 있는 분석이 돼야 한다는 것이다.

전략수립과정을 고려한 분석이란 다음의 네 가지 특징을 가지고 있다. 첫째는 제품과 업종을 고려한 시장분석이다. 둘째는 인식과 태도를 고려한 소비자분석이다. 셋째는 실마리를 찾아내는 분석이다. 넷째는 통시성을 고려하여 미래를 예측하는 분석이다. 그리고 이렇게 분석된 결과들은 STP전략의 수립, 커뮤니케이션목표와 마케팅목표의 수립은 물론 구체적인 툴의 운용과 메시지의 결정에까지 영향을 미치게 된다.

### 경쟁범주의 결정이 첫 번째 해야 할 일

흔히 마케팅전략을 위한 환경분석은 시장 · 소비자 · 경쟁 · 자사의 네 분야를 주요 분석대상으로 삼는다. 대상을 중심으로 한 분류이다. 그러나 실전에서는 이 네 분야를 따로따로 떼내어 분석하기가 쉽지 않다. 철저하게 각 분야를 따로 분석했다하더라도 그렇게 만들어진 데이터는 전략수립 단계에서 그리 유용하게 활용되기 어렵다. 때문에 이러한 분류는 실전을 위한 분류라기보다는 개념설명을 위한 분류라고 보는 것이 옳다.

그렇다면 실전에서 운영되는 환경분석은 어떻게 분류되고, 어떤 절차에 의해서 진행될까? 현재의 마케팅환경과 전략수립의 제 과정을 고려할 때, 환경분석은 크게 시장과 소비자의 두 분야로 진행하는 것이 가장 합리적이라 하겠다. 경쟁사와 자사는 시장과 소비자라는 유기체 속에 대부분 녹아들어 있다. 때문에 시장과 소비자를 분석해나가는 과정 중에 경쟁과 자사의 관계와 상황을 확인해나가는 형태로 환경분석이 진행된다.

이처럼 시장과 소비자에 대해 분석을 실시하기 위해서는 먼저 경쟁범주를 결정해야만 한다. 경쟁범주를 결정하고, 경쟁범주에 해당하는 시장과 소비자를 살펴나가는 사이, 경쟁사와 자사의 상황들이 분석될 것이다.

경쟁범주 결정이란 무엇인가? 많은 이론서들이 경쟁범주에 대해 다루고 있다. 그러나 아직까지도 실전에서는 경쟁범주를 너무 단편적인 기준에 의해 결정하는 경향이 짙다. 영화관마케팅을 위해 경쟁범주를 정할 때 주변에 있는 영화관들만을 대상으로 하는 것이 대표적인 오류이다. 과연 주변 영화관들만이 경쟁 상대인가? 이런 판단은 시장과 소비자를 분석할 때 그 분석의 범위를 주변 영화관들과 자기 영화관만으로 좁히는 결과를 초래한다.

경쟁은 내용이 같은 제품 사이에서만 일어나는 것이 아니라는 사실을 늘 기억해야 한다. 동일 속성 제품뿐만 아니라 동일한 효익을 갖는 다른 제품도 고려해야한다는 것이다. 비슷한 가격의 제품, 추구하는 효익이 같은 제품, 제품의 사용시기가 같은 제품 등도 모두 경쟁의 범주에 들어 있는 것.

이러한 기준으로 보면 커피숍과 도우넛전문점도 같은 경쟁범주에 들게 될 것이고, 비행기와 버스도 같은 경쟁범주에 들 수 있는 것이다. 그리고 이러한 경쟁상황은 시대 변화, 소비자들의 니즈 변화에 의해서도 수시로 변화하므로 소비자들의 입장에서 경쟁범주를 바라보는 시각이 필요하다 하겠다.

## 기업의 사전조사가 있었는가? 그래도 조사해야 하는가?

경쟁범주가 정해졌으면 그에 따라 유력한 경쟁사들을 발굴하고, 경쟁사와 자사를 시장과 소비자라는 거울에 비춰 필요한 사항들을 밝혀내게 된다. 앞 장에서도 분석과 조사의 대상이 달라지는 경우를 설명했다. 이를테면 소비자분석을 위해서는 소비자에 대한 직접 인터뷰나 설문만 동원되는 것이 아니라는 것. 유통점 종업원들의 F.G.I.를 통해서도 소비자조사가 가능하며, 자사가 보유하고 있는 데이터를 통해서도 소비자분석이 가능하다.

따라서 제대로 된 상황분석을 위해서는 각 항목들마다의 분석대상 · 조사방법 · 조사대상을 결정하고, 그 결합방법을 기획해야 한다. 때문에 하나의 조사대상에 대해 여러 각도의 조사방법이 동원되는 경우는 흔히 있다.

그러나 기업이 상황분석을 모두 마친 상태에서 대행사를 대상으로 오리엔테이션을 했다면 얘기는 달라진다. 이미 분석작업을 완료한 상태에서 광고대행사가 다시 상황분석을 할 필요는 없기 때문이다. 하지만 이미 진행된 분석을 커뮤니케이터의 입장에서 다시 검토할 필요는 있다. 이 또한 STP전략과 그에 따른 마케팅목표가 설정되어 있다면 얘기가 달라지게 된다. 이 경우 기업의 의견을 전적으로 받아들이는 것은 위험하다. 기업이 광고대행사에 프레젠테이션을 요구했다면 바로 이 STP전략부터 새로 검토해달라고 요구하는 것이라는 사실을 알아야 한다.

여기에 보태어 제품에 대한 객관적 분석, 소비자의 제품에 대한 태도와 인식의 조사는 커뮤니케이터가 해야 할 의무사항이다. 뿐만 아니라 경쟁사와 자사의 광고비 · 광고매체 · 광고크리에이티브 · 목표소비자별 광고성향 · 광고규제 등을 분석하는 커뮤니케이션환경 분석과 트렌드 분석 또한 광고대행사가 실시해야하는 각종 상황분석의 내용들이다.

특히 트렌드를 알아내고 미래를 전망하는 것은 매우 중요하다. 때문에 공시적인 데이터의 분석도 중요하지만 주변 기술의 발달 등 주변 환경의 변화와 더불어 통시적인 분석이 매우 중요하다. 소비자의 니즈와 트렌드를 정확히 읽으면 시장의 변화방향이 보이고, 그렇게 읽어낸 시장변화의 방향은 기업과 브랜드를 반 발짝 앞서갈 수 있도록 하는 힘이 된다.

### 4C를 잘하기 위해 알아내야 할 것들은?

상황분석이 끝나고 나면 다음과 같은 질문들에 답할 수 있어야 한다. 시장은 잘 돌아가는가? 시장의 미래는 어떠할 것인가? 시장은 어떻게 나눠볼 수 있는가? 시장 내 소비자들은 어떻게 나눠볼 수 있는가? 각각의 섹션은 어떻게 다른가? 섹션의 변화전망은 어떠한가? 지금은 어디가 제일 큰가?

그것을 잘하면 되는 것인가? 너무 경쟁이 심한 것은 아닌가? 결국 넘지 못하는 것은 아닌가? 넘기 위해서 필요한 재원은 무엇이고, 어느 정도나 될까? 앞으로는 어떻게 될까? 어디가 제일 가능성이 큰 것일까? 너무 먼 얘기는 아닌가? 우리가 해낼 수 있는 것인가? 하려면 뭘 준비해야 하는가?

어디가 제일 약한 구멍인가 (경쟁이 약하거나, 경쟁자가 약하거나)? 왜 약한가? 우리는 그 벽 넘을 수 있는가? 우리가 특히 잘 할 수 있는 것은 무엇인가? 우리가 잘 하는 것을 하면 넘을 수 있는가? 남들이 아예 안 건드린 곳은 어딘가? 왜 안 건드렸을까? 그것을 하면 넘을 수 있는가? 우린 뭘 하면 되는가? 그걸 잘 하기 위해서는 뭐가 필요할까 (조직 · 예산 · 일정운영 · 지원 등)? 지금까지는 어떻게 알려왔는가? 남들은 어떻게 알려왔는가? 지금은 어떻게 알려져 있는가? 뭐가 문제인가?

소비자들의 니즈는 무엇인가? 시대적 환경과 트렌드는 어떠한가? 소비자들은 무엇으로 움직이는가? 소비자들은 어디에서 이 제품의 정보를 얻는가? 소비자들이 이 제품의 정보를 얻는 과정은 어떠한가? 소비자들은 이 제품의 구매를 위해 어떤 절차를 거치는가? 소비자들의 인식은 어떻게 전개되는가? 그것만 해결하면 다 해결되는가? 얻고 싶은 것이 무엇인가? 얻기 위해서 사용할 수 있는 방법은 어떤 것들이 있는가?

마지막으로 4P의 의미와 4C의 의미를 되새겨봄으로써 환경분석의 방향을 재점검해보자. 4P는 '좋은 제품을 만들어, 알맞은 가격을 제시하고, 시장에 잘 유통시켜, 잘 팔리도록 촉진하는 활동' 이다. 이에 반해 4C는 소비자의 욕구(Consumer)에 맞게, 소비자의 기회비용(Cost)을 고려하여, 소비자가 편리(Convenience)하게 구매할 수 있도록, 소비자와 소통(Communication)하는 활동이다. 그렇다면 우리는 이러한 4C를 잘 수행하기 위해 과연 무엇을 알아내야 할 것인가? 그것이 바로 진정한 의미의 상황분석이라 할 것이다.

# 32 마케팅환경분석

## 소비자를 읽어내는 것, 마케팅을 읽어내는 것!

마케팅환경분석을 위해서는 시장환경 · 경쟁환경 · 소비자환경 · 자사환경에 대한 파악이 필요하다. 이러한 환경분석을 위해 가장 먼저 해야 할 일은 앞서 설명했듯이 경쟁범주를 결정하는 것이다. 앞장에서 우리는 경쟁상황이 '자사가 생산하고 판매하는 특정제품과 그 내용이 같은 제품만을 의미하는 것이 아니라는 사실' 을 살펴보았다. 이 장에서는 구체적인 경쟁시장의 범주와 그에 대한 소비자의 태도를 통해 현대 마케팅의 올바른 방향을 설정해가는 과정을 살펴보기로 한다.

### 내용은 달라도 추구효익과 사용상황이 같다면 경쟁제품

앞장에서는 경쟁자 확인에 있어서 특히 유의해야할 점에 대해 알아보았다. '동일 속성 제품뿐만 아니라 동일한 효익을 갖는 다른 속성의 제품들도 고려해야한다' 는 것이다. 언뜻 보기에는 전혀 다른 제품 속성으로 경쟁관계가 없는 것처럼 보이지만 효익 측면에서는 분명한 경쟁관계에 있는 경우가 많다. 보다 넓은 안목으로 경쟁의 범위를 설정하고, 차원을 제품 속성뿐만이 아니라 효익이나 사용상황에까지 확대해야만 한다.

우리 제품을 구매하는 고객의 사용예산범위 내에 있는 제품, 추구효익이 같은 제품, 제품 사용시기가 같은 제품 등도 모두 경쟁의 범주로 보아야 한다. 같은 내용을 가진 제품이라 하더라도 가격대가 현저히 다르거나, 지역에 따라 사용상황이 현저히 다르거나, 이미지가 현저히 다르다면 경쟁의 범주에서 벗어나는 것이다.

예를 들어 같은 아이스크림이라 하더라도 아이스크림숍의 아이스크림과 편의점이나 수퍼마켓에서 판매하는 아이스크림은 직접적 경쟁상대가 아니며, 부산에서 주로 판매되는 시원소주와 제주도에서 주로 판매되는 한라산은 서로 직접적인 경쟁상대가 아니라는 것이다.

이러한 경쟁관계는 각 기업들이 채택한 전략 · 시장점유율 · 수익성 · 매출증가율의 급격한 변화에 의해서도 달라질 수 있다. 기업에 있어 경쟁의 진정한 의미는 그 기업이 획득한 최종성과와 관계가 있는 것이므로 그 범위는 매우 넓어질 수 있다. 경쟁의 유형을 표로 나타내면 다음과 같다.

| 고객 지향적 기준 | 고객이 사용가능한 예산, 제품사용시기, 추구효익 |
|---|---|
| 마케팅 지향적 기준 | 광고, 유통, 제품, 가격 |
| 자원 지향적 기준 | 원재료, 종업원, 재무적 자원 |
| 지리적 기준 | – |

표 32-1 : 각 기준별 경쟁의 유형

경쟁의 범주를 결정하고, 주요 경쟁자들을 확인하였다면 다음은 시장분석과 소비자분석을 진행하여야 한다. 그리고 시장과 소비자를 분석하는 가운데 경쟁사와 자사의 상황을 하나하나 표시해나가야 한다. 먼저 시장환경 분석에 대해 알아보자. 시장환경을 파악하기 위한 분석법으로 제품수명주기(Product Life Cycle), BCG매트릭스, GE매트릭스 등이 활용된다.

## 경쟁 적은 도입기엔 강력한 인지 촉진

먼저 해당 제품의 제품수명주기를 파악, 그 특성에 맞도록 전략근거를 마련하는 방법을 소개한다. 모든 제품들은 시장에 도입된 후 시간의 경과에 따라 매출액 수준이 달라진다. 따라서 해당 제품군의 매출추세를 분석해보면 해당 제품군이 놓여 있는 위치를 알 수 있다. 주기는 수요와 관련된 특성에 따라 도입기 · 성장기 · 성숙기 · 쇠퇴기로 구분된다. 그러나 이 제품수명주기는 각 단계별 기간을 예측하는 데 한계가 있다는 문제를 안고 있다.

아래 그림은 제품수명주기를 그림으로 나타낸 것이다. 이 그림 안에 자사와 경쟁사들의 출발시점과 규모를 표시해보는 것도 좋은 방법이다.

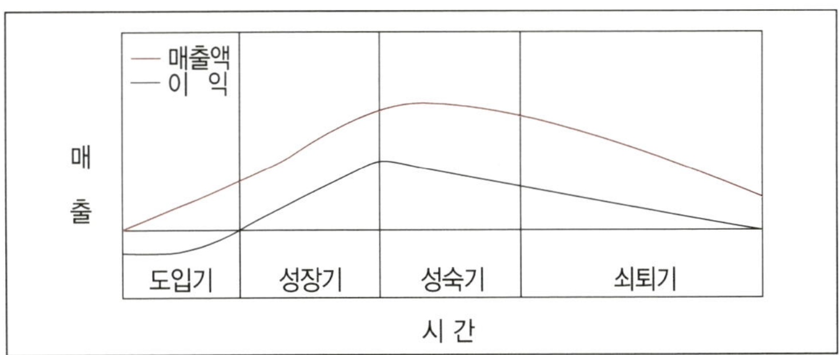


그림 32-1 : 제품수명주기

이렇게 파악된 제품수명주기의 각 단계는 다음 표와 같은 특징을 가지며, 전략수립의 힌트를 제공한다

| 제품수명주기 | 도입기 | 성장기 | 성숙기 | 쇠퇴기 |
|---|---|---|---|---|
| 개혁확산이론 | 혁신층 | 조기수용층 | 조기/후기다수층 | 추종적수용층 |
| BCG매트릭스 | Question Mark | Star | Cash Cow | Dog |
| 광고수명주기 | 인지광고 | 침투광고 | 포지션광고 | 유지광고 |
| 판매량<br>원가<br>이익<br>경쟁<br>투자규모 | 적음<br>높음<br>없음<br>없음<br>적음 | 고성장<br>낮음<br>절정<br>소수<br>많음 | 저성장<br>낮음<br>위축<br>다수<br>보통 | 쇠퇴<br>낮음<br>낮음<br>소수<br>회수 |
| 마케팅 목표 | 제품고지 | 시장점유율 확대<br>(상표선호도) | 기존점유율 유지<br>(상표충성도) | 비용절감<br>투자회수 |
| 전략의 초점<br>제품<br>가격<br>유통<br>광고<br>촉진<br>위험원천 | 시장확대<br>미비점 개선<br>고가격<br>선택적 유통<br>제품인지광고<br>강력한 촉진<br>수요예측 | 시장침투<br>약간 다양화<br>고가격<br>집중적 유통<br>제품특성광고<br>보통의 촉진<br>수요예측 | 점유율 유지<br>다양화, 세분화<br>저가격<br>집중적 유통<br>차별점 광고<br>상표충성도 유지촉진<br>경쟁압력 | 생산성<br>제품믹스 합리화<br>최저가격<br>선택적 유통<br>최소유지광고<br>촉진활동 최소<br>고객기호변화 |

표 32-2 : 제품수명주기에 따른 전략수립의 힌트

## 시장환경 속에서 자사 제품의 환경을 파악하는 분석법들

앞서 말했듯 제품수명주기분석은 측정의 명확성이 떨어진다. 이를 보완하기 위한 방법으로 BCG매트릭스에 의한 분석방법이 있다. BCG매트릭스는 시장성장률과 상대적 시장점유율로 포트폴리오를 분석하는 방법이다.

| 시장성장률 | | 상(10) | 하(0.1) |
|---|---|---|---|
| | 상 | 스타(Star)<br>시장성장률↑ 시장점유율↑<br>성장기<br>(고성장시장에서의 선도자) | 물음표(Question mark)<br>시장성장률↑ 시장점유율↓<br>도입기<br>(고성장시장에서의 추종자) |
| | 10% | | |
| | 하 | 현금젖소(Cash Cow)<br>시장성장률↓ 시장점유율↑<br>성숙기<br>(저성장시장에서의 선도자) | 개(Dog)<br>시장성장률↓ 시장점유율↓<br>쇠퇴기<br>(저성장시장에서의 추종자) |

상(10) (1.0) 하(0.1)
시장점유율
경쟁적 위치(최대경쟁사의 시장점유율에 대한 점유율비율)

그림 32-2 : BCG매트릭스

물음표공간(Question mark)은 우측상단에 위치한다. 성장률은 높은 반면 시장점유율은 낮은 경우이다. 이 공간에서는 성장을 위해 자금이 필요하지만 경험곡선의 효과가 낮아 현금창출이 불가능하다. 때문에 외부로부터 현금이 유입되어야만 한다. 시장점유율이 높아지면 스타(Star)로 이동하고, 하락하면 개(Dog)로 변화되어 시장진입에 실패하게 된다. 제품수명주기 개념으로 보면 신제품 도입기에 해당한다.

스타공간은 좌측상단에 위치한다. 시장성장률과 시장점유율이 동시에 높은 공간이다. 성장국면이기 때문에 많은 현금지원이 필요하다. 강한 경쟁적 위치를 확보하고 있으므로 마진이 높고, 많은 현금도 창출되어 필요한 현금을 자체조달할 수 있다. 균형을 이룬 상황이라 하겠다. 이 시점에서 시장성장률이 떨어지면 현금젖소(Cash Cow)로 이동하게 된다. 제품수명주기 개념으로 보면 성장기에 해당한다.

현금젖소공간은 시장점유율은 여전히 높으나 상대적으로 성장률이 낮아지는 공간이다. 시장위치 때문에 현금창출은 많으나, 시장성숙으로 인해 투자는 줄어들어 현금을 공급하는 자금원의 역할을 하게 된다. 이 경우 시장점유율이 떨어지면 개공간으로 이동하게 된다. 제품수명주기 개념으로 보면 성숙기에 해당한다.

개공간은 성장률과 점유율이 상대적으로 가장 낮은 공간이다. 점유율이 낮기 때문에 이익은 낮거나 거의 없는 상태이고, 성장률이 낮기 때문에 시장확대가 어렵고 비용이 많이 든다. 제품수명주기 개념으로 보면 쇠퇴기에 해당한다.

BCG 성장률 · 점유율 매트릭스는 현금을 관리하기 위해 고안된 모델이다. 그러나 경쟁사의 제품위치를 파악하는데 도움을 주며, 특히 자사 제품의 현재단계를 확인하는 데에도 매우 유리한 모델이다.

### 종합적 시장평가가 가능한 GE매트릭스

이 외에도 GE매트릭스가 있다. GE매트릭스는 기업의 강점과 시장기회를 일치시키기 위해 구조화된 방법이다. 수평축인 시장매력도에는 시장성장률만이 아닌 시장규모 · 경쟁 · 고객만족수준 · 가격수준 · 수익성 등의 요인들을 종합적으로 평가하여 표시한다. 이 요인들 중 해당 제품에 적합한 요인들을 선택하고 각각에 맞는 가중치를 부여하여, 각 요인들의 평가와 가중치를 곱한 뒤, 그 모두를 합하면 된다.

수직축은 사업위치평가이다. 시장점유율 대신 기업규모 · 성장률 · 고객선호도 · 세분시장점유율 등의 요소를 포함하며, 역시 이 가운데 가장 적합한 요인들을 선택하고 각각에 맞는 가중치를 부여하여, 각 요인들의 평가와 가중치를 곱한 뒤, 그 모두를 합해 나타낸다. 나온 점수에 따라 고 · 중 · 저로 구분, 정해진 공간에 배치한 뒤 전략에 반영한다. 아래 그림은 GE매트릭스를 도식화한 것이다.

| | 고 | 중 | 저 | |
|---|---|---|---|---|
| | 1 | 1 | 2 | 고 |
| 사업<br>위치 | 1 | 2 | 3 | 중 |
| | 2 | 3 | 3 | 저 |

시장매력도

*1: 시장을 위한 투자, 2: 선택적 투자, 3: 현금회수 및 처분

그림 32-3 : GE매트릭스

앞서 설명한 제품수명주기 · BCG매트릭스 · GE매트릭스는 모두 시장환경과 그 속에 있는 자사 제품의 환경을 파악하기 위해 필요한 분석법들이다. 다음 표는 각각의 단계마다에서 나타나는 특징들을 정리한 것이다.

| 구분 | 시장상황 | 주요내용 |
|---|---|---|
| 기술 | 탄생(도입기) | - 새롭고 혁신적인 기술로 사람들에게는 생소함<br>- 제품은 기본기능에 몇 가지 부가기능만이 존재 |
| | 고속성장기 | - 갑작스럽게 발전하는 경향이 많음<br>- 옵션이 많아지고 기술이 정교해짐<br>- 많은 사람들이 만족하지만 지속적 개발이 필요한 상황 |
| | 점진성장기 | - 기술이 광범위하게 사용되고 잠재시장 대부분에서 수용<br>- 기술은 계속 발전하지만 발전정도는 점차 낮아짐<br>- 제품의 기능이 많아지고 옵션이 마케팅의 수단이 됨<br>- 구매자들이 제품의 성능에 대해 정통함 |
| | 성숙기 | - 기술이 표준화되며 업계 대부분에서 통용됨<br>- 기술향상이 없음(오히려 기술향상에 대한 저항이 존재)<br>- 기능과 옵션이 기본제품에 표준화되면서 선택폭이 좁아짐<br>- 점차 사용방법이 쉬워짐<br>- 새 기술의 등장으로 기존 기술의 퇴출 가능성 발생 |
| 주요 고객 성향 | 탄생(도입기) | - 최고가 되려 하고, 기회를 혼자서만 누리려고 함<br>- 특권을 누리려 하며 독특한 것을 좋아함<br>- 혁신적인 기술과 서비스를 원함<br>- 접근경험이 없어도 사용할 수있는 지식과 자원 보유 |
| | 고속성장기 | - 향상된 솔루션과 성능을 원함<br>- 능력을 갖추고 있거나 갖추기 위해 불편함과 비용을 감수<br>- 각자의 요구에 맞춰 첨단제품을 구매<br>- 구매결정을 위해 전문적인 설명을 요구함 |
| | 점진성장기 | - 제품사용 경험이 있어 제품에 대한 상당한 지식 보유<br>- 자신에게 필요한 기능이 무엇인지 정확히 인지<br>- 자신만의 필요성에 맞춰 기능과 인도조건을 제시 |
| | 성숙기 | - 대중이 선호하는 제품을 중심으로 고민없는 신속한 구매<br>- 제품이나 인도조건에 특별한 옵션을 바라지 않음<br>- 제품에 결점이 있어 만족 못할 경우 신속히 A/S 받음 |
| 시장 기회 및 시장 상황 | 탄생(도입기) | - 전체시장의 1%만 공략가능<br>- 탄생기시장, 반응은 차가우며, 경쟁상대 거의 없음 |
| | 고속성장기 | - 전체시장의 20%까지 공략가능<br>- 고속성장 시장으로 고객의 반응이 신통치 않으며,<br>대부분의 고객은 필요성에 의문을 갖거나 가격에 저항함 |
| | 점진성장기 | - 전체시장의 70%까지 공략가능<br>- 점진적인 성장시장으로 경쟁업체가 많음<br>- 성공하기 위해서는 지나치는 틈새시장의 발견이 필요함 |
| | 성숙기 | - 전체시장의 94%까지 공략가능<br>- 성장기시장으로 대형 공급업체가 지배<br>- 새로운 사업으로 시장진입 어려움 |

표 32-3 : 시장단계별 특성요약

## 각기 다르게 반응하는 소비자군의 축을 찾는다

시장분석이 끝나면 소비자분석을 실시하여야 한다. 소비자들은 자신의 욕구를 충족시키기 위해 제품을 구매한다. 지금은 욕구충족의 시대가 아니다. 소비자들은 보다 개성화되고 가치 중심의 제품구매 성향을 보이고 있다. 이러한 점을 감안할 때 마케터의 주관적 판단만으로 소비자를 파악하는 것은 매우 위험하다. 소비자가 시장에서 제시된 마케팅믹스에 대해 어떻게 반응을 보이는지, 그리고 어떠한 과정을 거쳐 제품을 구매하는지를 파악해야만 한다. 이러한 내용들을 정리해보면 다음 표와 같다.

| 그들은 누구인가? | 구매자인가, 사용자인가? 성별, 소득, 나이, 직업, 지역 등 |
|---|---|
| 그들은 무엇을 사는가? | 구매량, 상표, 제품의 특성, 사용상황 등 |
| 어디에서 구입하는가? | 재래시장, 수퍼마켓, 편의점, 백화점, 인터넷 등 |
| 언제 구입하는가? | 일년, 한달, 일주 한번, 매일, 세일기간, 평상시 등 |
| 어떻게 선택하는가? | 의사결정과정, 사용하는 정보원 등 |
| 특정제품을 선택한 이유는? | 상표, 기능적 특성, 서비스, 이미지 등 |

표 32-4 : 시장에서 알고자 하는 소비자에 관한 정보

그러나 소비자들은 각기 다른 행동양식을 가지고 있다. 이러한 행동양식들이 비슷한 부류에서 비슷하게 나타난다는 점에 착안하여 소비자행동분석을 실시할 필요가 있다. 소비자행동분석의 기준이 되는 것은 문화적 요인 · 사회적 요인 · 인구통계적 요인 · 심리적 요인 등이 있다. 문화적 요인의 경우 글로벌한 제품인 경우가 아니라면 크게 신경 쓸 필요가 없을 것이다. 그러나 사회적 요인을 포함한 세 경우에는 그 분류별 행동특성이 분명하므로 어떤 분류 사이에 가장 큰 차이를 보이는지에 대한 파악이 필요하다. 이것은 후에 STP전략의 수립과 운용에 크게 기여하게 된다.

사회계층을 측정하고 분류하는 방법은 개인에게 자신의 계층적 지위를

묻는 법, 개인에게 다른 사람들의 계층적 지위를 평가하게 하는 법, 사회구성원의 객관적 속성을 근거로 계층적 지위를 결정하는 법 등 세 가지가 있다.

객관적 속성을 근거로 계층적 지위를 결정하는 법은 각 구성요소들에 가중치를 부여, 각 개인의 각 요소에 해당되는 점수를 합산하여 구하는 방법이다. Warner의 지위특성지표(Index of Status Characteristics : ISC)가 있으며, 이 지표는 직업 · 소득원천 · 주택의 유형 · 주거지역 등을 이용하여 계층을 분류하는 방법이다.

우리나라의 경우에는 통계청의 주관적 계층의식이 대표적이다. 통계청의 계층분류는 조사대상을 가족단위 가구주로 하여 주관적 방법으로 조사, 상상 · 상하 · 중상 · 중하 · 하상 · 하하의 여섯 계층으로 구분하고 있다. 진정한 의미의 사회계층이란 직업 · 교육 · 소득원천 · 주택의 유형 · 주거지역 등 여러 변수를 종합적으로 고려하여 나눈 분류여야만 할 것이다.

제품에 대해 준거집단별로 달리 나타나는 행동양식을 파악하는 것도 매우 중요하다. 준거집단이란 개인행동에 직 · 간접적으로 영향을 미치는 개인이나 집단을 의미한다. 이 준거집단 내의 개인들에게도 비슷한 행동양식이 나타난다. 준거집단에는 학교동료나 직장동료 · 종교집단 · 스포츠동호회나 등 여러 가지 형태가 있다.

준거집단의 의견은 신뢰성 있는 정보원천이 되는 경우가 많다. 공동결정이냐 · 개별결정이냐, 미혼이냐 · 기혼이냐, 자녀가 있느냐 · 없느냐, 핵가족이냐 · 대가족이냐, 라이프사이클 등도 영향을 미친다. 연령 · 성별 · 소득 · 교육 · 계층의식 · 직업 등의 인구통계적 요인들로 구분된 집단들 사이에도 각기 다른 행동양식이 나타난다. 욕구(자아실현 · 존경 · 사회적 · 안전 · 생리적 등을 포함) · 동기 · 태도 · 학습 · 개성 등의 변별적 차이에 따른 심리적 요인 역시 집단 간 행동양식이 다르게 나타나는 이유이다.

## 컴퓨터와 아이스크림은 찾는 것도 사는 것도 다르다

제품을 중심으로 각기 다른 행동 특성을 보이는 집단들의 행동분석을 마쳤다면 다음은 해당 제품에 대한 소비자들의 정보처리과정 및 구매의사결정과정을 파악하는 것이 남았다. 일반적 정보처리과정과 구매의사결정과정은 다음 그림과 같다.

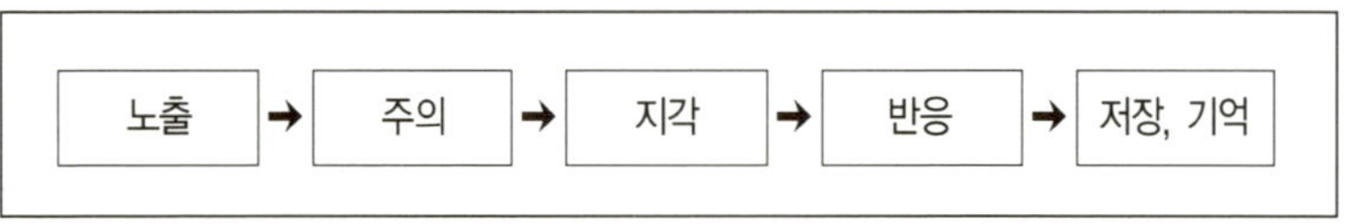


그림 32-4 : 소비자들의 정보처리과정

그림 32-5 : 소비자들의 구매의사결정과정

이러한 정보처리과정은 각 제품마다 매우 다르게 나타난다. 컴퓨터와 아이스크림의 정보처리과정과 구매의사결정과정을 생각해보자. 아주 간단히 말해서 컴퓨터의 경우에는 매우 신중하고 조심스러운 반면 아이스크림의 경우에는 그리 신중하지도 조심스럽지도 않을 것이 분명하다. 때문에 제품별로 정보처리과정과 구매의사결정과정의 구체적인 상황들은 달리 나타나게 되며, 그 속에서의 소비자행동 또한 매우 다른 양상을 보인다.

여기서 문제인식이란 '소비자가 해결해야 할 욕구가 있다고 인식하는 것'을 말하며, 이 문제인식은 네 가지로 구분된다. 첫째, 실제 상태와 바라는 상태간의 차이가 발생할 것이 기대되며 문제가 발생하면 즉각적으로 해결이 필요한 일상적 문제. 둘째, 문제발생이 기대되지만 즉각적인 해결이 필요하지 않은 계획적인 문제. 셋째, 기대하지 않았던 문제가 갑자기 발생하며 즉각적으로 해결이 요구되는 긴급한 문제. 넷째, 소비자가 기대하지 않은 문제이며 즉각적인 해결이 요구되지 않는 점증적 문제가 그것이다.

정보의 탐색에는 내적탐색과 외적탐색이 있다. 내적탐색이란 정보를 회상해내는 것으로 즉시 가능한 탐색방법이다. 예전의 기억을 떠올리는 것만으로 탐색하는 것을 말한다. 외적탐색이란 내적탐색에 의해 의사결정을 할 만큼 충분한 정보를 가지고 있지 않거나, 회상할 수 없을 때 실시하는 것이다. 외적탐색은 특히 중요한 것이거나 고가일 때 많이 나타난다. 앞서 말한 컴퓨터의 경우도 이에 포함될 것이다. 컴퓨터를 사려는 소비자는 주변사람 · 전문가 · 매장점원 등을 통한 외적탐색을 시도한다는 것이다.

소비자가 탐색하는 정보의 내용은 욕구를 충족시켜 줄 수 있는 선택대안의 종류, 선택대안들을 평가하기 위한 기준, 그리고 각 대안의 평가기준별 성과수준 등이다. 소비자가 제품에 대해 잘 모르는 경우에는 선택대안들의 종류와 평가기준에 편중하여 탐색하게 되고, 잘 아는 경우에는 각 대안의 구체적 특성에 편중하여 정보를 탐색하게 된다. 정보원에는 자신의 경험 · 가족 및 동료 · 전문가 · 각종 매체의 광고나 기사 · 판매원 · 중립적 기관인 소비자보호원이나 각종 관련기관의 간행물 등이 포함될 것이다.

선택대안의 평가와 구매가 한 장소에서 같은 시간대에 이루어지는 경우도 있지만 그렇지 않은 경우도 있다. 동시에 이루어지는 경우에는 특히, 입지 · 상품구색 · 광고 및 판매촉진 · 판매원 · 서비스 등 현장상황에 대한 배려가 중요한 요인으로 작용하게 된다.

### 시장 · 소비자 분석과 별도로 진행하는 경쟁사 및 자사의 상황분석

이처럼 시장분석과 소비자분석을 진행하는 동안 경쟁자의 위치와 자사의 위치는 자연스럽게 파악되기 마련이다. 그러나 이러한 분석과정이 끝나고 나면 그것과는 별개로 경쟁사와 자사에 대한 분석을 실시해야 한다. 여기에서 주로 분석되는 것은 경쟁자 및 자사의 목표와 현재 전략 및 능력 등이다. 이를 통해 우리는 경쟁자들의 미래전략을 예측할 수도 있다. 능력에는 신제품 개발 · 생산 · 마케팅 · 재무 · 관리 능력 등이 포함된다.

자사분석의 내용에는 자사의 성과분석 · 원가구조 · 조직의 강점과 약점 · 조직의 내부특성 · 과거와 현재의 전략 · 자사의 전략적 문제점 등이 포함된다. 성과분석은 장 · 단기적 사업전망을 반영하는 목표와 관련되어 진행되어야 한다. 장기적 생존이 목표인 기업은 단기적인 현금회수나 시장점유율보다는 혁신 · 생산성 향상 · 자원 확보 등에 초점이 맞추어져야하며, 단기적 이윤을 목표로 하는 경우에는 그 반대가 될 것이다. 기업의 강점과 약점을 분석하기 위해서는 마케팅 · 재무 · 생산 · 인사 · 회계 등의 경영기능을 중심으로 접근하는 것이 효과적이다.

이러한 제반의 분석이 끝나고 나면 앞서 설명한 마케팅전략 수립방법과 절차에서와 같이 SWOT분석을 실시한다. SWOT분석은 강점(Strengths) · 약점(Weaknesses) · 기회(Opportunities) · 위협(Threats)의 매트릭스를 통해 바람직한 전략을 수립하는 과정이다. 이 SWOT분석은 지금까지 진행한 제반의 상황분석을 전제로 작성된다.

# 33 마케팅전략분석

## 마케팅전략의 꽃 STP, 그 핵심을 읽는다!

현대 마케팅전략의 핵심은 STP전략이다. STP전략이란 시장을 세분화하고 평가한 뒤, 그 중 표적시장을 찾고 이 시장에서 확실한 경쟁우위를 갖기 위해 소비자들의 인식 속에 분명한 위치를 잡아가는 과정이다.

결국 STP전략이란 기업이 다양한 소비자들의 욕구를 찾아내고, 이를 잘 반영할 수 있도록 하기 위한 일련의 과정이다. 해당제품의 시장 특성을 고려해서 기준을 선택하고, 이를 바탕으로 동질적 특성을 가진 소비자군을 분화시킨 뒤(시장세분화), 경쟁상황과 자신의 능력을 고려하여 가장 자신 있는 시장을 찾아내서(표적시장의 결정), 그 시장의 소비자들에게 자사의 제품이 가장 적합하다는 것을 알려주는(포지셔닝) 일련의 과정을 수행하는 것이 바로 STP.

## 표적시장 선정이란, 마케팅 목표에 맞는 시장을 찾아내는 일

시장세분화의 핵심은 시장세분화 기준을 결정하는 것이다. 시장세분화의 기준은 소비자의 인구통계적 특성 · 추구효익 · 구매행동 · 사용특성 · 라이프스타일 등 여러 가지가 있겠지만 실제적인 적용에 있어서는 마케팅목표에 맞는 제품의 특성과 시장의 경쟁구조 등의 상황변수에 의해서 결정된다. 시장세분화의 오류를 줄일 수 있는 방법은 단 하나의 기준보다는 여러 개의 기준으로 시장을 세분화 해보고 그 중 가장 적합한 시장세분화 결과를 토대로 마케팅전략을 수행하는 것이라 하겠다.

표적시장 선정에서 가장 중요한 것은 마케팅 목표에 맞는 시장을 찾아내는 일이다. 단일 브랜드만을 보유한 경우에는 단 하나의 목표시장을 갖게 되겠지만 제품 효익이 다른 여러 브랜드를 보유하고 있을 경우(다수제품 전체시장 도달 전략)의 표적시장은 마케팅목표에 따라서 하나 혹은 여러 개가 될 수도 있다.

포지셔닝의 핵심은 표적시장 내에서 확실한 경쟁적 우위를 가질 수 있는 자사의 강점을 구축하고, 이를 커뮤니케이션하는 일이라 하겠다. 동일한 효익을 추구하는 세분시장 소비자들에게 자사제품이 가장 만족스러운 효익을 제공한다는 사실을 인식시켜야 한다. 가격에 민감한 소비자들에게는 저가정책으로, 제품이미지나 사용상황에 따라 결정된 목표시장에서는 커뮤니케이션을 통해 자사제품의 적합성을 알려주어야만 한다.

앞에서 시장세분화와 표적시장에 대해서 충분히 설명을 하였으므로 이 장에서는 포지셔닝전략과 맵 구성을 중심으로 설명하고자 한다. 포지셔닝 전략의 유형은 크게 속성-효익에 의한 포지셔닝 · 사용상황에 의한 포지셔닝 · 제품사용자에 의한 포지셔닝 · 경쟁에 의한 포지셔닝 · 니치시장에 대한 포지셔닝 · 제품군에 의한 포지셔닝 등이 있다.

속성-효익에 의한 포지셔닝은 가장 흔히게 사용되는 포지셔닝 방법이다. 이 방법은 소구제품이 경쟁제품과 비교하여 차별적 속성을 가져 소비자들에게 차별된 효익을 제공하고 있다고 인식시키는 것이다.

사용상황에 의한 포지셔닝은 소구제품의 적절한 사용상황을 묘사 또는 제시하는 것이다. 그 사례로 자주 인용되는 것이 Arm & Hammer 베이킹 소다다. Arm & Hammer 베이킹 소다의 기본용도는 빵제조시 사용되는 것이다. 그러나 그 외에도 냉장고 냄새를 제거할 수 있다는 새로운 용도를 발견, 이를 새롭게 제품 포지셔닝에 반영하였다. 결과는 대성공이었다. 이후 Arm & Hammer 베이킹 소다는 빵을 만드는 용도는 물론 냉장고 탈취제로서도 그 명성을 떨치게 된다. 단지 사용상황을 달리한 포지셔닝으로 성공한 경우라 하겠다.

제품사용자에 의한 포지셔닝은 소구하는 제품이 특정한 소비자들에게 적절하다고 포지셔닝하는 방법이다. 제품사용자에 의한 포지셔닝은 특정한 제품사용자들이 가지고 있는 가치관 · 라이프스타일 등을 고려해, 어필할 수 있는 속성이나 광고메시지 등을 찾아내는 것. 이상적인 소비자 유형을 새로 만들어놓고 기존의 소비자들이 그 제품을 사용해봄으로써 그러한 소비자 유형에 포함될 수 있을 것이라는 기대를 갖게 하는 방법이다.

경쟁에 의한 포지셔닝은 소비자의 지각 속에 자리 잡고 있는 경쟁제품과의 명시적 혹은 묵시적인 비교를 통해 자사제품의 혜택을 강조하는 방법이다. 이 때는 경쟁상표로부터 소비자를 끌어오기 위해 경쟁상표를 준거점(reference point)으로 사용한다.

니치시장에 대한 포지셔닝은 기존의 경쟁제품들이 충족시키지 못하고 있는 틈새를 기회로 이용하는 것이다. 일반적으로 니치시장은 규모가 작기 때문에 비교적 소규모기업들에게 선호된다. 하지만 이 경우 제품의 소구가 니치시장으로만 한정되는 위험이 따를 수 있다.

제품군에 의한 포지셔닝은 소비자들이 특정 제품군에 대해 좋게 평가하고 있는 경우에 자사의 제품을 그 제품과 동일한 것으로 포지셔닝하고, 반대로 소비자들이 특정 제품군에 대해서 나쁜 평가를 할 때에는 자사의 제품을 그 제품군과 다른 것으로 포지셔닝하는 방법이다.

## 잘 짜여진 포지셔닝맵은 마케팅의 전략지도

포지셔닝맵은 제품위치도로 바꿔 부를 수 있다. 이것은 소비자의 마음 속에 있는 자사제품과 경쟁제품들의 위치를 2차원 혹은 3차원의 그림으로 작성한 것이다. 소비자들이 상품이나 특정 대상물에 대해서 지니고 있는 인식상의 위치, 즉 포지션을 파악하여 적절한 경쟁사와 함께 표시하는 것이다. 이러한 포지셔닝맵의 유형은 제품의 물리적인 특성을 사용한 제품위주의 포지셔닝맵과 소비자의 지각을 측정하여 만드는 제품인식도가 있다.

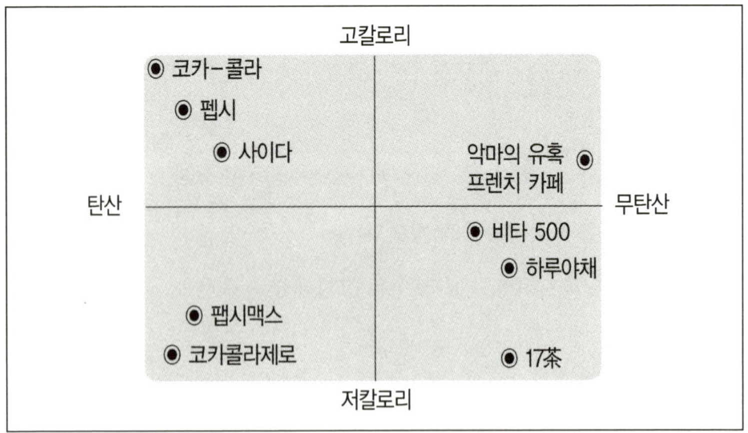


그림 33-1 : 물리적 특성에 의한 포지셔닝 맵의 작성 사례

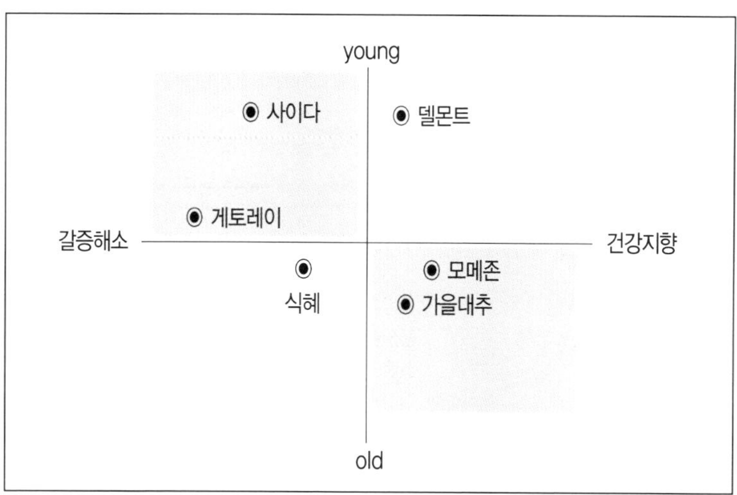


그림 33-2 : 소비자 지각에 의한 포지셔닝맵의 작성 사례

소비자들이 제품을 평가하고 선택할 때 제품의 물리적 속성을 기준으로 하는 경우에는 위의 방법들이 유용하나, 최근에는 소비자들이 감성적 이점을 중요하게 생각하므로 제품 위주의 포지셔닝맵은 점차 그 중요성이 줄어들고 있다. 따라서 현대에 와서는 많은 기업들이 소비자 지각에 의한 포지셔닝맵을 선호하고 있다.

소비자 지각에 의한 포지셔닝맵은 제품의 물리적 속성을 기준으로 한 맵에 비해 그 작성이 용의하지 않다. 철저히 소비자 설문조사를 통해 작성되어야 하기 때문이다. 만약 마케터가 자신의 직관에 의존해서 만들었을 경우, 그 맵은 향후 전략에 전혀 도움이 되지 못하는 무용지물이 되고 말 것이다.

포지셔닝 맵을 작성하고 나면 차원의 수를 결정하여야 한다. 이를 위해서는 소비자들이 제품을 평가하거나 지각할 때 고려하는 속성을 상세히 파악할 필요가 있다. 많은 속성들 중에서 소비자들이 모든 제품들에 대해 동일하다고 느끼는 속성은 맵 작성에 가치가 없는 속성이다. 때문에 변별력이 확실한 것들을 그 기준으로 채택, 축을 구성하는 것이 좋다.

3차원 이상의 맵을 작성할 경우 그림만으로는 해석이 곤란한 경우가 있다. 때때로 세 가지 차원을 동시에 나타내기 위해 3차원 모델이 이용되기도 한다. 세숫비누의 경우 소비자들은 거품이 많이 나는 것과 향기가 좋은 것으로 평가하지만 공학적인 측면에서는 때가 잘 빠지는 것과 피부에 좋다는 것으로 표현한다. 그러나 마케터들은 제품인지도 및 이미지를 중심으로 차원을 만들 수도 있을 것이다.

차원이 정리되면 각 축의 이름을 결정하여야 한다. 이때는 마케터의 직관이 가장 중요한 요소가 된다. 경쟁제품 및 자사제품의 위치 확인 시에는 가급적 객관적 조사 데이터를 활용하여 위치를 표시하는 것이 좋다. 이상적 포지션 결정 시, 신제품의 경우 해당 위치에 맞는 제품개발과 촉진전략이 필요하고, 기존 제품의 경우에는 이상적인 위치에 접근시킬 수 있는 전략을 사용해야 할 것이다.

이러한 포지셔닝맵 작성은 전략수립에 여러모로 도움을 준다. 우선 비어 있는 시장의 파악이 가능하다. 시장성이 충분히 있음에도 불구하고 현재 경쟁제품이나 자사제품이 소구되지 않는 곳의 위치를 확인할 수 있다. 또한 포지셔닝맵은 자사제품의 현 위치를 알려주는 동시에 경쟁자의 위치도 파악하게 해준다. 맵에서 자사제품의 위치와 근접한 타사 제품이 있다면 그 제품은 자사와 직접적인 경쟁을 벌이고 있는 1차적 경쟁자인 것이다. 뿐만 아니라 포지셔닝맵은 경쟁강도를 파악하게 해주기도 한다. 현재 자사제품이 소구하고자 하는 위치에 몇 개의 경쟁제품들이 있는가에 따라서 경쟁강도가 파악되기 때문이다.

이상점(ideal point) 파악 또한 포지셔닝맵 작성을 통하면 가능하다. 선호도 조사에 의한 맵을 작성한 경우에는 소비자들이 가장 이상적으로 생각하고 있는 제품속성을 알 수 있다. 제품이 이상점에 소구하고 있지 않다면 자사 제품의 속성을 개선하여 이상점에 근접시켜야 하고, 제품 개선이 용이하지 않다면 신제품 개발도 고려해야 할 것이다. 정기적 포지셔닝맵 작성이 이루어질 경우, 실시하고 있는 마케팅믹스의 효과측정 또한 가능하다.

### 모 김치제조사의 마케팅전략 구축 과정에서 배우는 STP전략

전략에 대한 개략적 이해를 바탕으로 2007년에 실시된 모 김치제조사의 신제품 론칭을 위한 마케팅전략과 전략에서 나타난 STP전략의 사례를 살펴보도록 하자. 이 김치제조사는 약 20여 년간 김치를 제조해왔으나, 그 전량을 일본에 수출해 왔던 바 내수시장에는 첫발을 들여놓는 상황이었다. 내수시장에 신제품을 내놓고 그 론칭을 위해 마케팅전략을 수립하게 되었던 것.

이 김치제조사는 상황분석을 통해 시장세분화를 실시했고, 그 기준은 구매상황과 추구효익으로 잡았다. 아래 그림은 이 김치제조사의 시장세분화 기준과 각 세분시장을 나타낸 것이다.

구매상황

| 추구효익 | 구분 | 가정용 | 여행용 | 간편식용 |
|---|---|---|---|---|
| | 맛 | 1 | 2 | 3 |
| | 가격 | 4 | 5 | 6 |
| | 편리성 | 7 | 8 | 9 |

그림 33-3 : 김치시장의 포지셔닝 맵

조사 결과, 1.2번 시장은 아직 형성되지 않은 시장으로 밝혀졌다. 적지 않은 소비자들이 '맛이 좋아서 A브랜드를 구매한다' 고 밝혔지만 그것은 소비자들의 착각일 뿐 사실은 그렇지 않다는 것. '편리성 때문에 김치를 구매해서 먹지만, 제조김치 브랜드들 중에서는 그 브랜드가 가장 맛있다는 것' 을 마치 '맛이 좋아서 구매하는 것' 으로 착각하고 있다는 것. 이러한 사실은 다음의 그림을 통해 분명히 알 수 있다.

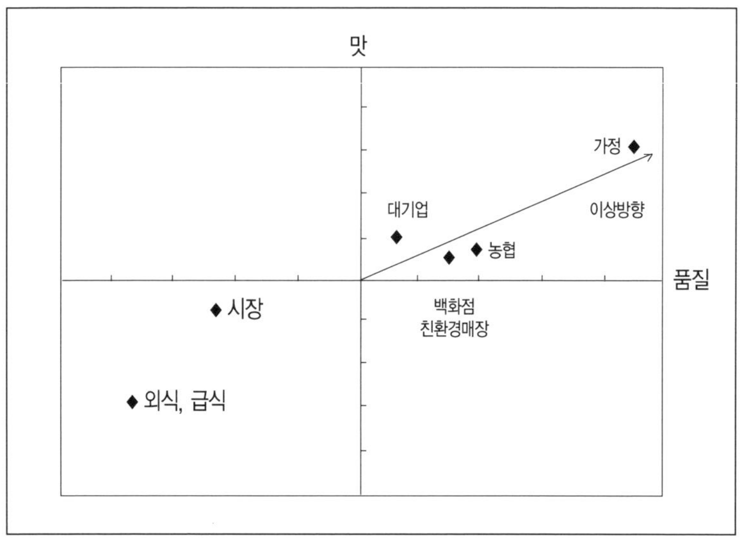


그림 33-4 : 2007년 한국농촌경제연구원이 연구한 김치에 대한 소비자인식

맛과 품질이 가장 이상적인 김치는 가정에서 담근 김치라고 소비자들은 생각하고 있었다. 이러한 사실을 통해 1,2번 시장은 분명히 아직까지 비어 있는 시장임을 확인하게 되었다. 특별한 맛으로 소비자 인식을 자극하여 맛에 대한 새로운 태도를 갖게 할 수만 있다면 이 시장이야말로 황금알을 낳는 거위가 될 수도 있다는 것. 여기에 덧붙여 아직까지는 많은 사람들이 가정에서 김치를 담아먹지만 만일 이러한 경향이 바뀌어 대부분의 사람들

이 김치를 사먹는 상황으로 옮겨간다면 1,2번 시장이야말로 가장 주목받을 수 있는 새로운 영역이 될 것이라는 추정이 가능하다.

4번 시장은 장마철, 배추값 폭등 등으로 말미암아 일시적으로 형성되는 시장이며, 5번 시장은 여행이라는 특수상황에서 구매 시 가격의 비교우위에 의해 형성되는 시장이다. 때문에 4,5번 시장은 주로 여름철에 집중되며, 그 외의 시기는 제조사가 예측하기 어렵다는 약점이 있다.

7번 시장의 소비자들은 주로 2~30대 맞벌이 부부와 싱글족으로 구성되어 있다. 8번 시장의 소비자들은 평소 집에서 먹는 김치는 주로 담아먹지만 여행 등의 특별한 이유로 김치를 구매하는 이들이다. 조사에서 이들은 '맛있고 값싸서' 가 아니라 대부분 '편리하기 때문에 구매한다' 고 응답했다. 시장의 규모는 매우 크지만, 이 시장은 현재 대기업 브랜드들이 견고하게 버티고 있어 뚫어내기에는 매우 어려운 시장이라 하겠다.

3,6,9번 시장은 대부분 대학생과 중 · 고등학생 또는 싱글족들로 구성된 시장이다. 편의점 등에서 한 끼 식사로 컵라면이나 간단한 음식을 먹을 때 김치를 곁들여 먹는 소비자들의 시장인 것. 그러나 이 시장은 B브랜드가 70% 이상을 장악하고 있었다. 그리고 높은 점유율의 원인이 마진을 바탕으로 한 유통력이며, 이미 그 벽은 넘어서기 어려울 만큼 견고한 것으로 조사되었다.

따라서 1,2,4,5,7,8번 시장은 세분시장으로서의 가치를 가지지만 3,6,9번은 세분시장으로서의 가치를 이미 잃어버린 시장이라고 보는 편이 옳다. 특히 1,2번 시장은 그 규모로 볼 때 현재는 세분시장으로 구분하기는 어려우나, 장래에는 매우 커질 가능성이 있으며, 마케팅믹스의 투입에 따라서는 매우 높은 성장성을 가질 수 있는 시장이므로 투자라는 측면에서 주목할 만한 세분시장으로 분류가 가능할 것이다.

세분시장은 구체적인 수치로 평가되어야 한다. 이 김치제조사는 세분시장의 평가를 위해 각 평가요인들을 중요도에 의해 배점하였다. 세분시장요인 · 경쟁요인 · 자사와의 적합성을 각각 0.4 · 0.3 · 0.3씩 배점하였고, 세분시장요인 중 시장규모는 0.2로 시장성장률은 0.2로, 경쟁요인 중 현재의 경쟁자는 0.2로, 잠재적 경쟁자는 0.1로, 자사와의 적합성 중 기업목표와의 일치도는 0.15로, 자원과의 일치도는 0.05로, 마케팅믹스와의 일치도는 0.1로 각각 배점하였다. 척도는 5단계로 하였다. 아래 표는 이러한 배점에 의해 시장을 평가한 것이다.

| 매력도 평가요인 | | 중요도 | 세분시장 | | | | | |
|---|---|---|---|---|---|---|---|---|
| | | | 1번 시장 | 2번 시장 | 4번 시장 | 5번 시장 | 7번 시장 | 8번 시장 |
| 1.세분시장요인 | 시장규모 | 0.20 | 0.00 | 0.00 | 0.10 | 0.10 | 0.20 | 0.20 |
| | 시장성장률 | 0.20 | 0.20 | 0.20 | 0.10 | 0.10 | 0.05 | 0.05 |
| 2.경쟁요인 | 현재의 경쟁자 | 0.20 | 0.20 | 0.20 | 0.10 | 0.10 | 0.00 | 0.00 |
| | 잠재적 경쟁자 | 0.10 | 0.10 | 0.10 | 0.10 | 0.10 | 0.05 | 0.05 |
| 3.자사와의 적합성 | 기업목표 | 0.15 | 0.15 | 0.09 | 0.10 | 0.10 | 0.06 | 0.05 |
| | 자원 | 0.05 | 0.05 | 0.05 | 0.04 | 0.03 | 0.01 | 0.01 |
| | 마케팅믹스 | 0.10 | 0.10 | 0.04 | 0.03 | 0.02 | 0.02 | 0.02 |
| 세분시장 매력도 | | 1.00 | 0.74 | 0.68 | 0.57 | 0.55 | 0.39 | 0.38 |

표 33-1 : 세분시장에 대한 평가의 예

## 명품전략 구사한 모 김치제조사의 포지셔닝전략

시장점유율이 전무하고, 제품인지도도 전무한 상황. 시장추종자의 전략을 사용할 수밖에 없는 이 김치제조사는 시장도전자로 변신하여 표적시장을 선정할 경우 매우 불리한 입장이 될 수밖에 없을 것이다. 뿐만 아니라 회사의 자원 역시 매우 부족해 경쟁을 통해 시장을 뚫어내는 것이 부담스러운 상황이었다. 다른 브랜드들이 관심을 갖지 않고 있는 시장을 경쟁우위를 활용해 뚫어내는 것이야말로 자원이 취약한 이 김치제조사의 유일한 대안이라는 판단이 내려졌다.

그중 1번 시장을 주 표적시장으로 하고, 2번 시장을 부 표적시장으로 선정, 이를 공략하기 위한 선택적 전문화 전략을 채택하기로 했다. 4번 시장의 매력도가 1번 시장에 비해 크게 떨어지지는 않으나 4번 시장 공략을 위해서는 중국산 김치라는 큰 벽을 넘어야 하기때문에 마케팅 집중화를 위해 제외시키기로 했다. 초기 전략이 어느 정도 성공한 뒤에 고려해봄직한 사항이라고 판단했던 것이다.

이러한 전략은 이미 드러난 시장인 7,8번 시장을 당연하게 선택하고, 그에 맞춰 마케팅을 전개하는 것에 비해 매우 효율적이다. 이것이야말로 시장세분화를 통해 그간 묻혀 있던 새로운 신대륙을 발견한 것이요, 적은 자원으로 새로운 가능성을 연 매우 공세적인 전략이라 할 만하다.

이 김치제조사는 김치시장에서의 포지셔닝을 파악하기 위해 소비자들의 블라인드 테스트와 제품 평가에 대한 자료를 이용하여 다차원 분석을 실시하였다. 그리고 이러한 조사를 통해 자주 먹어보지 못하는 별미김치 등 제품을 다양화하는 것이야말로 소비자들의 인식 속에서 맛과 품격을 동시에 높이는 방법임을 밝혀냈다. 포기김치로 어떻게 맛의 우위를 만들까를 고민하던 이 김치제조사의 입장에서는 매우 고무적인 조사결과가 아닐 수 없었다. 그리고 그 반대 축에는 저가격 전략을 통한 대중화 전략이 포진하고 있음을 밝혀낸다.

다른 한 차원으로는 '제품표준화와 대량유통' 이 '핸드메이드와 소량유통' 과 짝을 이뤄 그 기준으로 활용할 수 있음을 밝혀낸다. 모든 제조사들이 김치를 버무리는 과정을 손으로 실시할 수밖에 없었으나, 당시까지 어느 제조사도 핸드메이드를 표방하지는 않고 있는 상황이었다. 그런데 소비자 조사를 통해 핸드메이드의 이미지가 김치에 있어 명품 · 장인정신 · 맛을 함께 나타내는 키워드임을 밝혀냈던 것. 이 김치제조사는 이러한 근거에 맞춰 포지셔닝전략을 완성했다. 아래 그림은 이를 나타낸 포지셔닝맵이다.

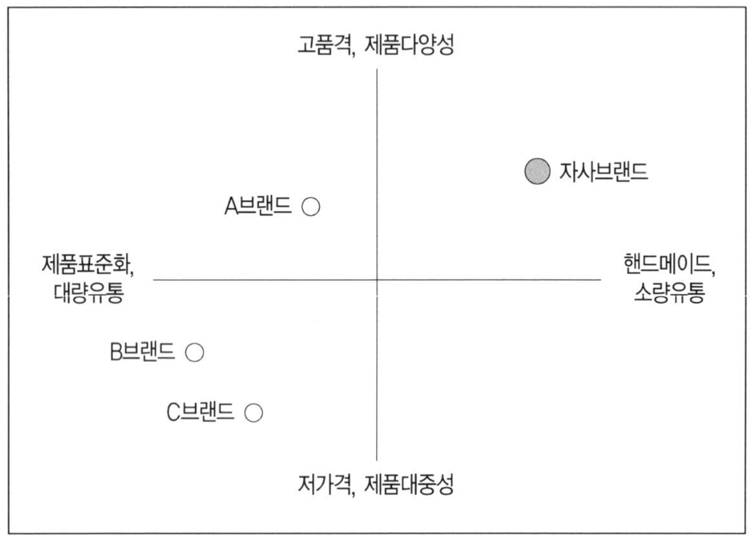


그림 33-5 : 모 김치제조사의 신제품 브랜딩 포지셔닝전략을 담은 포지셔닝맵

또한 이 김치제조사는 제품컨셉을 명품김치로 하고, 제품에서부터 포장까지의 전 과정에 명품으로서의 차별화를 실현하는 한편, 주 표적시장으로 선정된 1번 시장에서의 심리적 저항을 무너뜨리기 위해 자가제조가 힘든 별미김치를 중심으로 다양한 신제품을 개발한다. 고들빼기김치 · 무말랭이 · 갓김치 · 백김치 등은 물론, 사과김치 · 배김치 · 파인애플김치 등 신세대형 김치를 개발하였고, 열무김치 · 동치미 등 국수를 말아먹을 수 있는 김치제품 등을 시장에 내놓았던 것. 더불어 명품김치를 표방하기 위한 여러 가지 커뮤니케이션 수단들을 동원했음은 더 말할 나위가 없다.

# 34 소비자 중심의 제품분석과 대응

## 소비자의 인식과 판단이 전략을 바꾼다!

제품이 어떠한지에 대한 조사와 분석은 결국 전략을 어떻게 운영할 것인가를 결정하기 위한 과정이다. 마케팅상황분석 가운데 제품을 분석하는 방법으로는 제품일반분석 · 제품위치도 작성 · FCB그리드 작성 · 피시바인 태도측정 등이 있다.

제품일반분석이란 일반적인 제품의 속성을 경쟁사와 비교하여 분석하는 것이다. 제품일반분석에서는 제품의 물리적 속성 분석과 외형적 속성의 분석이 있다. 제품일반분석의 항목에는 상표명 · 제품크기 · 규격 · 가격 · 색상 · 포장형태 · 성분 · 내용물 형태 및 색상 등이 포함된다. 이러한 분석을 통해 경쟁사와 차별화되는 제품의 특성을 파악, 분석도표를 작성한다. 아래 표는 모 우유제조사가 만든 경쟁사 대비 제품일반분석의 예이다.

| 항목 \ 제품 | | A우유 | B우유 | C우유 | D우유 | E우유 |
|---|---|---|---|---|---|---|
| 중량 | | 200ml | 200ml | 240ml | 200ml | 200ml |
| 가격 | | 500원 | 500원 | 600원 | 700원 | 700원 |
| 내용물 추출법 | | 분리집유 | 분리집유 | ESL시스템 | 질소충전 | 멸균법 |
| 용기색상 | | 흰색 | 흰색 | 흰색 | 흰색 | 검은색 |
| 용기재질 | | 종이 | 종이 | 플라스틱 | 종이 | 종이 |
| 성분 | 열량(kcal) | 70kcal | 65kcal | 40kcal | 65kcal | 130kcal |
| | 탄수화물(g) | 5g | 5g | 5g | 5g | 11.2g |
| | 단백질(g) | 3g | 3g | 3g | 3g | 6.6g |
| | 지방(g) | 4g | 4g | 1g | 3..5g | 6.4g |
| | 나트륨(mg) | 50mg | 50mg | 50mg | 50mg | 200mg |
| | 칼슘(mg) | | 100mg | | | 200mg |
| 향 | | 우유향 | 우유향 | 바나나향 | 우유향 | 고소한 향 |
| 효과 | | 칼슘섭취 | 칼슘섭취 | 미각 충족 | 미각 충족 | 해독 효과 |
| 로고의위치 | | 용기 상단 | 용기 상단 | 용기 중앙 | 용기 상단 | 용기 상단 |
| 색상 | | 흰색 | 흰색 | 노란색 | 흰색 | 검은색 |
| 유형 | | 부산경남권 흰우유시장 1위 | Milk Master 제도 운영 | 항아리우유라는 애칭으로 바나나 우유 대표 | 굿테이스트 공법, 질소 충전 공법, PMO통과 | 비타민 등 영양성분 강화 |

표 34-1 : 모 우유제조사의 경쟁사 대비 제품일반분석의 예

## 이성/감성, 관여도까지 측정하는 구체적 방법, FCB그리드모델

제품분석의 효과적 방법 중 하나로 FCB그리드모델이 있다. FCB그리드모델은 제품의 관여도와 제품의 이성 · 감성 여부를 알아내는 방법이라 하겠다. 그렇다면 해당 제품이 이성적 제품인지 감성적 제품인지, 그리고 고관여 제품인지 저관여 제품인지를 확인하는 구체적인 방법은 무엇인가?

우리는 이러한 내용을 확인하기 위해 소비자들을 대상으로 설문조사를 실시한다. 이 조사의 내용은 모두 여덟 가지로 구성되며, 이를 통해 밝혀진

각 제품의 속성은 다시 관여도를 확인하는 공식과 감성 · 이성 여부를 확인하는 공식 등 두 가지 공식에 의해 분석된다. 다음 표에 제시된 설문은 FCB그리드를 확인하기 위한 설문조사의 내용이다.

① 나쁜 상표를 고른다 해도 손실이 적다.
1 - 2 - 3 - 4 - 5 - 6 - 7
나쁜 상표를 고른다면 손실이 많다.

② 결정은 비리가 많고 객관적이지 않다.
1 - 2 - 3 - 4 - 5 - 6 - 7
결정은 논리적이고 객관적이다.

③ 매우 중요한 결정이다.
1 - 2 - 3 - 4 - 5 - 6 - 7
중요하지 않은 결정이다.

④ 결정은 내 개성을 나타낸다.
1 - 2 - 3 - 4 - 5 - 6 - 7
결정이 내 개성을 나타내지 않는다.

⑤ 감성적으로 결정한다.
1 - 2 - 3 - 4 - 5 - 6 - 7
감성적으로 결정하지 않는다.

⑥ 결정은 많은 사고를 요한다.
1 - 2 - 3 - 4 - 5 - 6 - 7
결정은 많은 사고를 요하지 않는다.

⑦ 결정은 오감을 기초로 하고 있다.
1 - 2 - 3 - 4 - 5 - 6 - 7
결정은 오감을 기초로 하지 않는다.

⑧ 결정은 주로 기능적 사실에 근거하고 있다.
1 - 2 - 3 - 4 - 5 - 6 - 7
결정은 기능적 사실에 기초하지 않는다.

표 34-2 : FCB그리드모델 작성을 위한 설문지

FCB그리드모델은 인지구조분석을 토대로 하여 고관여 · 저관여, 이성 · 감성의 두 가지 차원으로 해석을 가능케 해준다. 이 두 가지 차원에서 구분된 네 가지 공간에 각종 상품들의 위치가 표시되며, 이것은 종합적인 마케팅커뮤니케이션전략을 효과적으로 수행할 수 있게 해주는 근거가 된다. 이를 확인하기 위해서는 위와 같은 설문을 통해 관여도와 이성 · 감성 여부를 확인해야만 한다. 아래 그림은 이 설문 통계를 통해 관여도를 확인할 수 있도록 하는 공식이다.

$$\text{관여도} = \frac{X1 + (8 - X3) + (8 - X6)}{3}$$

표 34-3 : 관여도를 구하는 공식

이렇게 계산한 관여도가 4보다 낮으면 저관여, 높으면 고관여가 된다. 물론 숫자가 낮으면 낮을수록 더욱 더 저관여이고, 높으면 높을수록 더욱 더 고관여로 볼 수 있다. 아래 그림은 위의 통계를 통해 이성 · 감성 여부를 확인할 수 있도록 하는 공식이다.

$$\text{이성/감성} = \frac{\{(8 - X2) + X8\}/2 + \{(8 - X4) + (8 - X5) + (8 - X7)\}/3}{2}$$

표 34-4 : 이성/감성 여부를 구하는 공식

이 공식도 위와 마찬가지로 계산하여 얻은 수치가 4보다 낮으면 이성적, 높으면 감성적이라 볼 수 있다. 이러한 조사를 실시해서 그 결과를 살펴보면 남성과 여성 사이에서 차이가 발생한다는 사실을 알 수 있다. 다음은 부산에 거주하고 있는 20대 초 · 중반 대학생 55명을 대상으로 조사한 6개 품목에 대해 각 설문의 평균점수를 토대로 만든 점수환산표이다.

| 구분 | 휴대폰 | 노트북 | 아이스크림 | 컵라면 | 남성용 화장품 | 여성용 화장품 |
|---|---|---|---|---|---|---|
| 1 | 4.87 | 5.62 | 2.04 | 2.84 | 4.65 | 4.84 |
| 2 | 3.96 | 5.13 | 2.31 | 2.53 | 4.76 | 4.4 |
| 3 | 2.8 | 2.45 | 5.71 | 5.56 | 3.41 | 3.18 |
| 4 | 3.07 | 3.35 | 4.45 | 4.75 | 2.82 | 3.32 |
| 5 | 3.78 | 4.85 | 2.71 | 3.07 | 3.76 | 3.89 |
| 6 | 2.98 | 1.96 | 6.07 | 5.87 | 4.18 | 2.76 |
| 7 | 3.84 | 4.18 | 2.73 | 2.73 | 2.71 | 3.39 |
| 8 | 3.49 | 1.89 | 5.75 | 5.45 | 3.24 | 2.61 |
| 남성관여도 | 5.16 | 5.85 | 2.22 | 2.59 | - | - |
| 여성관여도 | 4.75 | 5.47 | 1.78 | 2.19 | - | - |
| 관여도 | 5.03 | 5.74 | 2.09 | 2.47 | 4.35 | 4.97 |
| 남성 이성/감성 | 4.04 | 3.12 | 5.30 | 5.05 | - | - |
| 여성 이성/감성 | 4.24 | 3.14 | 5.01 | 4.80 | - | - |
| 이성/감성 | 4.10 | 3.13 | 5.21 | 4.97 | 4.07 | 3.79 |

표 34-5 : 부산 20대 대학생 60명 내상 6개 품목에 대한 실문 평균짐수

그리고 아래의 그림은 위 표를 토대로 만든 FCB그리드다.

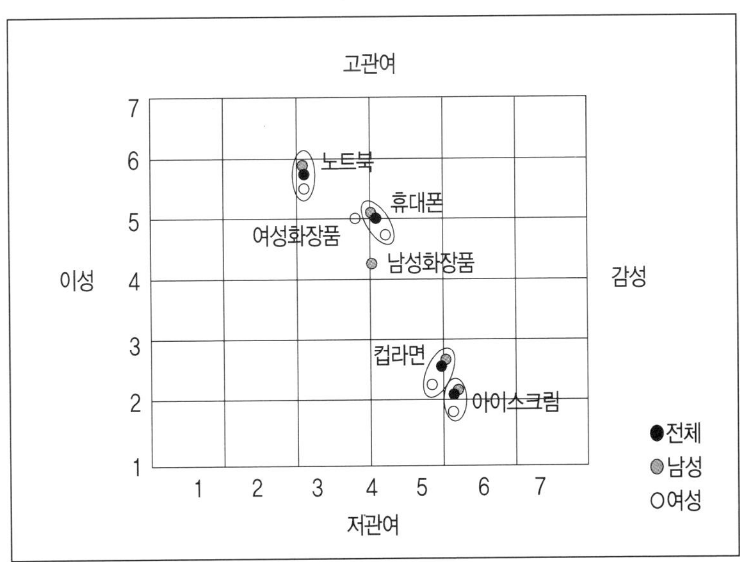


그림 34-1 : 6대 품목에 대한 FCB그리드

이렇게 나온 결과는 성별 · 연령 · 지역 · 소득 · 직업 등에 따라 모두 달라질 수 있다. 때문에 이러한 조사를 진행할 때에는 표적시장을 분명히 하고 그에 따른 정확한 샘플을 추출하여 실시해야만 한다. 그렇다면 이렇게 나온 결과는 어떻게 활용되는 것일까?

고관여 이성제품은 정보를 전달하는 것으로 접근하는 것이 좋은 반면, 고관여 감성제품은 감성을 중심으로 접근하는 것이 훨씬 좋은 접근방법이라고 알려져 있다. 저관여 이성제품은 태도보다는 행동을 먼저 유도함으로써 소비자의 습관을 만들어내는 것이 좋고, 저관여 감성제품은 소비자 만족감을 극대화하는 형태로 전략을 구사하는 것이 좋다. 그 외에도 아래의 표와 같이 각각의 상황에 따라 전반적인 전략의 방향이 달라질 수 있다. 많은 학자들의 연구결과를 통해 각각의 면에 위치한 제품들에게 제시된 일반적 전략수립의 제안점들을 소개한다.

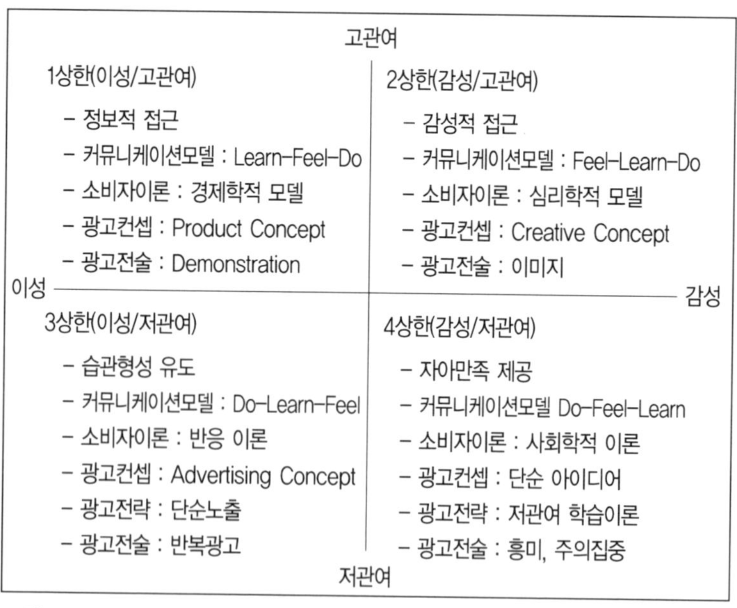


그림 34-2 : 각 면에 위치한 제품들의 일반적 소구방법

## 광고효과를 명확하게 하는 DAGMAR모델

광고를 집행하면 소비자들은 그 광고의 자극에 의해 일련의 태도와 행동을 취하게 된다. 이러한 자극과 행동에 이르는 과정을 설명하는 모델들이 있다. 우리는 이러한 모델을 일명 소비자행동모델이라고 한다. 이러한 모델들은 목표에 의한 광고관리에 매우 유용한 것으로 인식되어왔다.

대표적인 것으로는 AIDMA모델 · 하이어라키모델 · 하이어라키모델을 응용한 R. H. Colley의 DAGMAR모델 등이 있다. AIDMA모델은 소비자의 행동이 주의(attention)에서부터 시작되어 흥미(interest) · 욕구(desire) · 기억(memory) · 구매행동(action)으로 일련의 순차적 단계를 거친다는 이론이다.

DAGMAR(defining advertising goals for measured advertising results의 약어, 목표에 의한 광고관리)모델은 광고에 대한 소비자들의 반응이 인식(Awareness) – 이해와 이미지(Comprehension & image) – 태도(Attitude) – 행동(Action)의 단계를 거친다는 것이다. 좀 더 구체적으로는 1단계인 인식 단계에서 잠재 소비자들은 상표의 존재유무에 대해 알게 되고, 2단계인 이해 및 이미지 단계에서는 광고에서 제시하는 상표들이 어떠한 효익을 소비자들에게 줄 것인가, 그리고 기존의 상표들과 어떻게 다른가를 알게 된다는 것. 이러한 단계들을 거치면 소비자들이 우호적 태도를 형성하여 구매에 대한 확신을 갖게 된다고 이 모델은 설명하고 있다.

DAGMAR모델에서 말하는 광고목표는 ① 측정 가능한 커뮤니케이션 목표라야 하며 ② 명확히 설정된 목표 소비자가 있어야 하며 ③ 측정 가능한 기간이 설정되어야 한다. 여기서 측정 가능한 커뮤니케이션 목표란 인지율을 의미하며 인지율은 제품과 광고인지율로 구분되고, 구체적으로 구분하면 최초상기율 · 비보조인지율 · 보조인지율로 구분된다.

이 모델은 광고의 목적을 커뮤니케이션에 두고 있다는 전제하에서 만들어진 것이다. 광고를 하기 전에 커뮤니케이션 목표를 먼저 설정하고, 그 목표로의 접근 정도를 효과로 측정하는 것에 초점을 맞춘 것. 이를 통해 광고효과를 보다 명시적으로 측정할 수 있다는 점에서 이 모델은 한동안 매우 과학적인 것으로 인정되어 왔다. 하지만 광고업무의 목표를 커뮤니케이션에만 한정함으로써, 직접적인 판매목표와는 괴리되는 측면에서 한계를 드러냈다.

하이어라키모델은 1961년 래비지(Lavidge)와 스타이너(Steiner)에 의해 발표되면서 AE들에게 애용되어 온 모델로 인지(awareness) · 지식(knowledge) · 호의(liking) · 선호(preference) · 확신(con-viction)을 거쳐 구매로 이어진다는 이론이다. 앞서 조사된 FCB그리드모델을 이 하이어라키모델과 연동하여 전략을 수립하는데 이용하기 위한 매치포인트는 다음 그림과 같다.

| 학습<br>하이어라키모델 | 부조화/귀인<br>하이어라키모델 | 저관여<br>하이어라키모델 |
|---|---|---|
| <u>기본상황</u><br>고관여<br>높은 차별성<br>매스미디어 활용<br>제품도입기 | <u>기본상황</u><br>고관여<br>낮은 차별성<br>복잡한 대안 / 대인적 정보원<br>제품성숙기 | <u>기본상황</u><br>저관여<br>낮은 차별성<br>매스미디어 활용<br>제품성숙기 |
| 인지<br>↓<br>이해<br>↓<br>확신<br>↓<br>행동 | 행동<br>↓<br>확신<br>↓<br>인식 / 이해 | 인식 / 이해<br>↓<br>행동<br>↓<br>확신 |

표 34-6 : 하이어라키모델과 연동한 전략수립의 매치포인트

## 35 소비자 태도분석과 전략적 대응

# 평가점수와 신념점수를 활용한 전략지점의 발견!

마케팅커뮤니케이션 전략 수립을 위해서는 소비자에 대한 철저한 조망이 포괄적으로 이루어져야 한다. 제품에 대한 판단 역시, 제품 자체의 물리적 판단보다는 소비자 요구를 중심으로 한 판단이 더욱 중요한 역할을 하게 된다는 사실은 앞에서 충분히 설명한 바 있다. 이러한 소비자들의 태도를 분석하기 위해 소비자 상표지표분석 · 소비자 구매행동분석 등이 실시된다.

소비자 상표지표분석은 자사의 제품이 시장과 소비자들의 마음속에 있는 자사제품의 위치를 경쟁제품과 대비하여 파악하는 것이다. 이를 위해 시장규모 및 성격 · 제품 · 시장 내 위치 · 마케팅활동 · 구매패턴 · 사용패턴 · 구매동기 · 브랜드인지도 · 상기도 · 구매태도 등을 조사해야만 한다.

1) 현재 비치율 : 제품을 비치하고 있는 가정의 비율.
2) 비치상표수 : 비치하고 있는 해당제품의 상표 수.
3) 과거 6개월 구매율 : 과거 6개월 구매자 중 해당제품의 구매빈도.
4) 가격 : 최소규격당 소비자 희망가격.
5) 최초상기도 : 전체 응답자 중 해당제품의 상표를 가장 먼저 응답한 상자의 비율.
6) 비보조인지율 : 해당상표를 스스로 기억하여 응답한 사람의 비율.
7) 보조인지율 : 해당상표를 듣고 그 상표명을 알고 있다고 응답한 사람의 비율.
8) 종합인지율 : 비보조인지율에 보조인지율을 합한 비율.
9) 구매빈도 : 과거구매자 중 해당제품의 구매빈도.
10) 광고 비보조인지율 : 해당제품의 광고를 본 적이 있다고 응답한 사람의 비율.
11) 상표구매 경험율 : 본인이 해당제품을 구매한 적이 있는 응답자의 비율.
12) 상표구매 빈도 : 상표구매 경험자 중 해당상표의 구매빈도.
13) 최근 구매율 : 최근에 해당제품을 구매할 당시 상표명.
14) 이전 구매율 : 최근 구매하기 바로 전에 구매한 상표명.
15) 현재 비치상표 : 해당상표를 현재 비치하고 있는 수.
16) 제품만족도 : 현재 사용자의 제품만족도.
17) 가격수용도 : 최근에 구입한 사람의 가격에 대한 수용도.
18) 향후 구매의도 상표 : 향후 제품 구입 시 선택하고자 하는 상표.
19) 재구입 의도 : 최근 구매한 사람 중 다음 구입시 그 상표에 대한 선택자의 비율.
20) 시장점유율 : 시장에서의 점유율 분석.
21) 광고점유율 : 제품의 전체광고 중 해당제품 광고비율.
22) 제품구입 장소 : 최근 해당제품을 구입한 장소.
23) 제품 구입자 : 실제 해당제품을 구입한 사람.
24) 제품구입이유 : 실제 해당제품 구입자의 구입이유.

표 35-1 : 소비자 상표지표분석을 위한 조사내용의 예

## 소비자들의 태도를 알면 전략이 보인다

소비자 구매행동분석은 구매행동에 영향을 미치는 소비자의 특성을 파악하는 것이다. 사회문화적 요인 · 개인적 요인 · 심리적 요인 등이 일반적 항목이다. 개인적 요인에는 인구통계학적 요인과 라이프스타일이 포함되며, 심리적 요인으로는 소비자의 구매행동에 영향을 주는 동기 · 지각 · 학습 · 신념과 태도 등이 포함된다.

브랜드에 대한 소비자의 태도는 매우 중요한데, 이를 파악하기 위한 두

가지 조사방법이 사용된다. 첫 번째는 이 브랜드에 대한 신념을 파악하는 것이며, 두 번째는 이 제품 카테고리의 속성에 대한 소비자의 평가이다.

'ㅇㅇ컴퓨터는 같은 가격대 컴퓨터들에 비해 디자인이 예쁘다' 라는 말에 대한 소비자의 반응이 신념이며, '컴퓨터 구입에 있어 디자인은 매우 중요한 고려요소다' 라는 말에 대한 소비자의 반응이 평가다. 평가점수가 높은 항목에 대해 우리 브랜드가 높은 신념점수를 받을 수 있다면 소비자들의 태도점수는 매우 높게 나타난다. 그리고 이러한 태도는 행동에 영향을 미치고, 나아가 행동을 유발하게 된다.

앞장에서 우리는 소비자들의 태도에 대해 알아보았다. 그리고 태도를 측정하기 위해서는 소비자들의 신념점수와 평가점수를 알아야 한다는 사실도 알게 되었다. 그렇다면 소비자들의 신념점수와 평가점수는 어떻게 알 수 있을까? 설문조사를 통해 손쉽게 파악이 가능하다. 최초상기율, 비보조인지율, 보조인지율을 파악하고, 손쉽게 평가항목을 알아낼 수 있는 1차 설문조사의 예를 살펴보도록 하자.

다음 문항에 답해주십시오.

1. A품목 브랜드 중 기억하는 브랜드를 모두 적어주십시오.

( ), ( ), ( ), ( ),

( ), ( ), ( ), ( )

2. A품목 가운데 a브랜드를 알고 있습니까?

① 안다. ② 모른다.

3. A품목의 구매를 결정하는데 있어 영향을 끼치는 요소를 모두 적어주십시오.

ex) ( )이 좋은 A품목을 사용하는 것이 매우 중요하다.

( ), ( ), ( ), ( ),

( ), ( ), ( ), ( )

표 35-2 : 상기도 조사를 위한 설문조사의 예

이 설문 1번 항목의 맨 첫 번째 괄호 안 브랜드가 최초상기브랜드이다. 전체 설문응답자 중 첫 번째 괄호에 A브랜드를 적은 응답자의 비율이 A브랜드의 최초상기율이 된다. 그리고 최초상기브랜드를 포함한 괄호 안 모든 브랜드가 비보조상기브랜드이다.

전체 설문응답자 중 A브랜드를 기억한다고 적은 응답자의 비율이 A 브랜드의 비보조인지율이 된다. 다음은 부산지역 남녀 대학생 55명을 대상으로 조사한 6대 품목에 대한 최초상율과 비보조상율의 결과 요약이다.

| 휴대폰 | 최초상기도 | 비보조상기도 | 노트북 | 최초상기도 | 비보조상기도 |
|---|---|---|---|---|---|
| A브랜드 | 74.54% | 100% | D브랜드 | 49.09% | 96.36% |
| B브랜드 | 9.09% | 87.27% | E브랜드 | 40.00% | 87.27% |
| C브랜드 | 9.09% | 85.45% | F브랜드 | 3.63% | 36.36% |
| 기타 | 7.28% | 256.36% | 기타 | 7.28% | 72.74% |
| 아이스크림 | 최초상기도 | 비보조상기도 | 컵라면 | 최초상기도 | 비보조상기도 |
| G브랜드 | 29.09% | 61.82 | J브랜드 | 43.63% | 85.45% |
| H브랜드 | 25.45% | 67.27 | K브랜드 | 16.36% | 49.09% |
| I브랜드 | 14.54% | 27.27 | L브랜드 | 3.63% | 29.09% |
| 기타 | 30.92% | 572.77 | 기타 | 36.38% | 407.30% |
| 남성화장품 | 최초상기도 | 비보조상기도 | 여성화장품 | 최초상기도 | 비보조상기도 |
| M브랜드 | 29.41% | 35.29% | P브랜드 | 10.52% | 31.58% |
| N브랜드 | 15.78% | 41.18% | Q브랜드 | 7.89% | 23.68% |
| O브랜드 | 11.76% | 23.53% | R브랜드 | 7.89% | 39.47% |
| 기타 | 43.05% | 111.73% | 기타 | 73.70% | 555.17% |

표 35-3 : 부산지역 남녀 대학생 대상 6대 품목 상기도 조사 결과요약

이 설문의 2번 항목에 '안다' 고 응답한 응답자의 비율이 A브랜드의 보조인지율이다. A브랜드를 알려주는 것으로 응답을 보조했기 때문에 붙여진 이름이다. 이 설문의 3번 항목에 대해 응답한 내용 중 중복이 많은 항목을 평가항목으로 설정할 수 있겠다. 이러한 1차 설문조사의 내용을 바탕으로 다음과 같은 2차 설문조사를 실시할 수 있다.

다음 문항에 답해주십시오.

1-①. (가)가 좋은 A품목을 사용하는 것이 매우 중요하다.

매우 그렇다 7 - 6 - 5 - 4 - 3 - 2 - 1 매우 그렇지 않다

1-②. (나)가 좋은 A품목을 사용하는 것이 매우 중요하다.

매우 그렇다 7 - 6 - 5 - 4 - 3 - 2 - 1 매우 그렇지 않다

2-①. a브랜드는 (가)가 매우 좋은 제품이다.

매우 그렇다 7 - 6 - 5 - 4 - 3 - 2 - 1 매우 그렇지 않다

2-②. a브랜드는 (나)가 매우 좋은 제품이다.

매우 그렇다 7 - 6 - 5 - 4 - 3 - 2 - 1 매우 그렇지 않다

3-①. b브랜드는 (가)가 매우 좋은 제품이다.

매우 그렇다 7 - 6 - 5 - 4 - 3 - 2 - 1 매우 그렇지 않다

3-②. b브랜드는 (나)가 매우 좋은 제품이다.

매우 그렇다 7 - 6 - 5 - 4 - 3 - 2 - 1 매우 그렇지 않다

표 35-4 : 태도 조사를 위한 설문조사의 예

이 설문의 1번 항목 결과는 평가점수이다. 그리고 2번 이하 항목의 결과는 각 브랜드의 신념점수이다. 이러한 설문조사를 할 때 성별과 연령은 물론 직업 등을 함께 조사하면 각각의 집단마다 평가점수와 신념점수가 각기 어떻게 나타나는지를 파악할 수 있다.

다음은 부산에 거주하고 있는 20대 초·중반 대학생 55명을 대상으로 조사한 4개 품목에 대한 평가점수 및 4개 품목 각 브랜드에 대한 신념점수 샘플이다.

| 휴대폰 | 디자인 | 가격 | 브랜드 | A/S | 다기능 | 크기/무게 | 통신사 범용성 |
|---|---|---|---|---|---|---|---|
| 평가점수 | 6.51 | 5.64 | 5.15 | 4.93 | 4.89 | 4.76 | 3.80 |
| A브랜드 신념점수 | 5.07 | 3.36 | 6.33 | 6.27 | 5.67 | 4.45 | 5.40 |
| B브랜드 신념점수 | 6.22 | 3.62 | 5.95 | 4.49 | 5.47 | 5.09 | 3.71 |
| C브랜드 신념점수 | 5.16 | 4.73 | 4.15 | 3.93 | 4.58 | 4.93 | 4.11 |

표 35-5 : 휴대폰에 대한 부산 대학생 대상 평가 및 신념점수 조사결과 요약

| 노트북 | 성능 | 가격 | 휴대성 | A/S | 디자인 | 브랜드 | 모델 |
|---|---|---|---|---|---|---|---|
| 평가점수 | 6.49 | 6.13 | 5.84 | 5.82 | 5.78 | 5.33 | 3.04 |
| D브랜드 신념점수 | 5.95 | 3.58 | 5.96 | 5.98 | 6.06 | 6.36 | 5.04 |
| E브랜드 신념점수 | 5.78 | 3.98 | 4.40 | 4.89 | 5.29 | 5.71 | 5.24 |
| F브랜드 신념점수 | 5.33 | 4.09 | 3.65 | 4.00 | 4.37 | 4.67 | 2.54 |

표 35-6 : 노트북에 대한 부산 대학생 대상 평가 및 신념점수 조사결과 요약

| 아이스크림 | 맛 | 식감 | 가격 | 양 | 브랜드 | 재료 | 포장 |
|---|---|---|---|---|---|---|---|
| 평가점수 | 6.75 | 4.89 | 4.35 | 4.27 | 3.85 | 3.80 | 3.58 |
| G브랜드 신념점수 | 5.76 | 4.93 | 6.20 | 5.38 | 5.22 | 3.87 | 3.59 |
| H브랜드 신념점수 | 5.36 | 4.85 | 5.87 | 5.75 | 5.06 | 3.85 | 4.11 |
| I브랜드 신념점수 | 6.24 | 5.24 | 3.20 | 3.62 | 6.28 | 4.78 | 5.81 |

표 35-7 : 아이스크림에 대한 부산 대학생 대상 평가 및 신념점수 조사결과 요약

| 컵라면 | 맛 | 양 | 가격 | 브랜드 | 포장 | 칼로리 |
|---|---|---|---|---|---|---|
| 평가점수 | 6.65 | 4.64 | 4.27 | 3.91 | 3.35 | 3.31 |
| J브랜드 신념점수 | 5.43 | 5.59 | 4.85 | 5.80 | 4.79 | 3.41 |
| K브랜드 신념점수 | 5.44 | 5.98 | 4.89 | 5.11 | 4.78 | 3.40 |
| L브랜드 신념점수 | 3.91 | 3.30 | 3.44 | 4.50 | 4.62 | 5.43 |

표 35-8 : 컵라면에 대한 부산 대학생 대상 평가 및 신념점수 조사결과 요약

## 최초상기율과 시장점유율은 매우 밀접한 관계가 있다

파악된 평가점수와 신념점수를 토대로 태도점수를 구한다. 피시바인은 브랜드에 대한 소비자들의 태도 측정모델을 다음과 같이 제시하고 있다.

$$A = \sum_{i=1}^{n} b_i e_i \quad A = 태도,\ b = 신념,\ e = 평가$$

표 35-9 : 피시바인의 브랜드에 대해 가진 태도의 측정모델

결국 각 항목별로 평가점수와 신념점수를 곱한 후 그 모두를 더하면 태도점수가 구해지는 것이다. 소비자의 태도를 점수로 알아보는 것은 어떤 의미가 있을까? 가장 중요한 것은 태도점수와 최초상기율의 상관관계이다. 태도점수가 높을수록 최초상기율이 높게 나타난다는 것이다. 최초상기율은 시장점유율과도 매우 밀접한 관계가 있다. 때문에 태도점수를 높이면 자연스럽게 최초상기율이 높아지고 최초상기율의 상승은 곧 시장점유율의 상승이라는 결과를 만들어낼 수 있다는 것이다.

이러한 피시바인의 측정모델에 의해 앞에서 예를 든 6개 항목 중 노트북과 아이스크림의 각 브랜드별 태도점수를 구해보았다.

| 노트북 | 태도점수 | 아이스크림 | 태도점수 |
| --- | --- | --- | --- |
| D브랜드 | 214.42 | G브랜드 | 160.59 |
| E브랜드 | 193.01 | H브랜드 | 158.81 |
| F브랜드 | 162.13 | I브랜드 | 160.26 |

표 35-10 : 노트북과 아이스크림의 태도점수 비교

노트북은 각 브랜드별로 태도점수에 상당히 큰 차이를 보였으나, 아이스크림의 경우에는 태도점수의 차가 크지 않았다. 노트북이 아이스크림에 비해 매우 높은 관여도를 가지고 있기 때문에 나타나는 현상이다. 그리고 노트북의 브랜드가 아이스크림에 비해 현저히 적은 것도 이러한 태도점수의 차이에 영향을 준다. 아이스크림의 경우 최초상기율에서는 오히려 더 낮은

비율을 보인 I브랜드가 H브랜드에 비해 오히려 더 높은 태도점수를 보이기도 했다.

이러한 태도점수들을 각 평가항목과 비교하여 분석하면 전략구성을 위한 정보들을 더 많이 얻을 수 있다. 아래 표는 노트북 상위 3개 브랜드의 브랜드별 태도점수를 비교한 것이다.

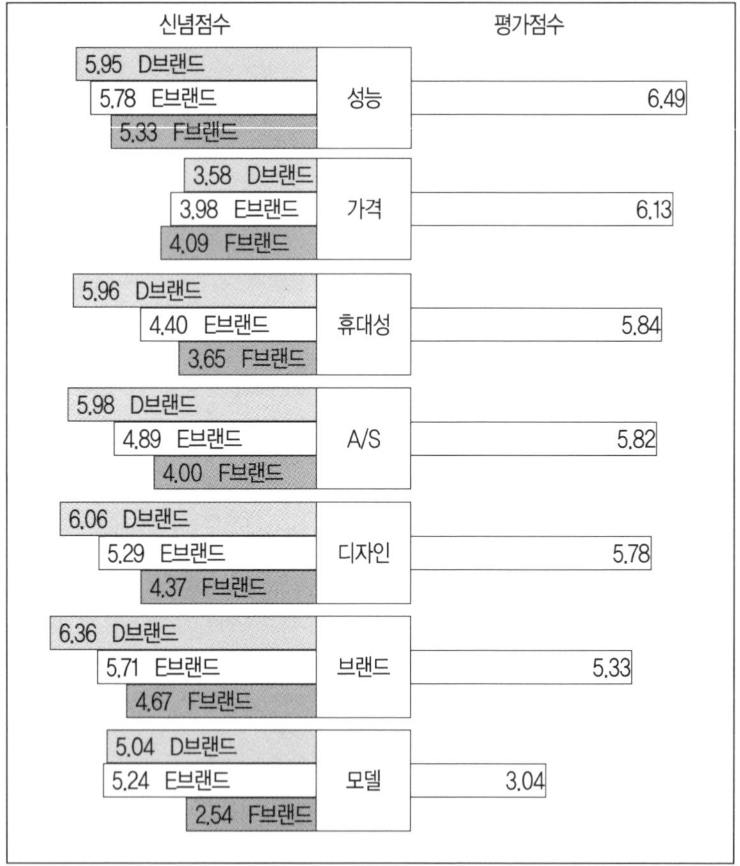


표 35-11 : 노트북 상위 3개 브랜드의 브랜드별 태도점수 비교

아래 표는 아이스크림 상위 3개 브랜드의 브랜드별 태도점수를 비교한

것이다. 우리는 이 두 표를 비교함으로써 다른 두 제품 간 평가기준이 매우 다르게 나타나며, 그 속성 또한 다르다는 사실을 분명히 알 수 있다.

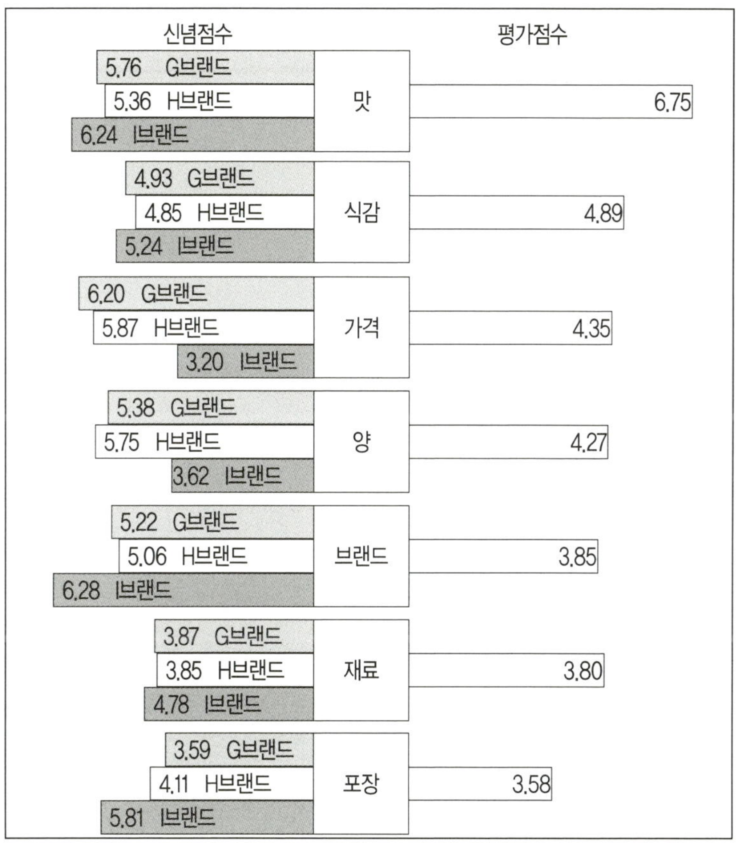


표 35-12 : 아이스크림 상위 3개 브랜드 태도점수 비교

## 브랜드의 태도점수를 높이기 위한 메시지 개발의 세 가지 방법

그렇다면 특정브랜드의 태도점수를 높일 수 있는 방법은 무엇일까? 모두 세 가지로 그 방법을 정리할 수 있겠다. 첫째는 강력한 새 평가항목을 만들어내고 해당브랜드가 그 평가항목의 높은 신념을 갖도록 하는 것이다. 둘

째는 해당브랜드의 신념점수는 높으나 평가점수가 낮은 항목들에 대해 평가점수를 높이는 방법이다. 셋째는 높은 평가점수를 가진 항목에 해당브랜드의 신념점수를 높이는 것이다.

첫 번째 방법을 먼저 생각해보자. 프라이팬에 대해 많은 주부들은 '코팅'과 '가격'에 높은 점수를 주고 있었다. 프라이팬 브랜드 가운데 꽤 고급제품으로 알려져 있는 A브랜드는 '코팅'에서는 높은 신념점수를 받았으나, '가격'에서 낮은 신념점수를 받고 있었으므로 매출에 있어 한계를 가질 수밖에 없다.

A브랜드는 어떻게 소비자들의 높은 태도점수를 받을 수 있을까를 고민했다. A브랜드는 프라이팬 수납에 주목했다. 과거 소비자들은 2~3개 프라이팬만으로도 조리에 불편함이 없었으나 각 가정마다 프라이팬이 기능별로 구비되면서 그 수가 5~6개를 넘는 경우도 많아진 것. 때문에 주부들은 프라이팬 수납에 불편함을 느끼고 있었다. A브랜드는 이 점을 간파, 손잡이를 뗐다 붙였다 할 수 있는 프라이팬 세트를 시장에 내놓았다.

수납공간을 혁신적으로 줄여준다는 것이 주요한 메시지였다. 그간 프라이팬의 평가항목에는 없던 요소. 결국 새로운 평가항목이 생겨났고, A브랜드는 해당항목에 독보적인 신념점수를 얻게 되었으며, A브랜드의 평가점수는 대폭 높아졌다. 이후 A브랜드는 프라이팬에 온도측정이 가능한 표식기능을 덧붙이는 등 새로운 평가항목을 늘리는 노력을 계속하고 있다.

두 번째 방법은 지금까지 낮게 평가되었던 항목 중 자사 브랜드의 신념점수가 매우 높게 평가된 평가항목이 있다면 그 측정항목의 점수를 대폭 높이기 위한 노력을 기울이는 것이다. 예를 들어 고객들이 자사 브랜드의 충격흡수력이 매우 높다는 신념을 가지고 있으나, 평가항목 중 충격 흡수력이 차지하는 비중이 매우 낮다고 치자. 이때 충격흡수력의 중요성을 널리

알림으로써 충격흡수력의 평가점수를 올리게 되면 자연 자사 브랜드의 태도점수는 높아지게 된다.

세 번째 방법은 현저히 높은 평가점수의 항목에 대한 브랜드의 신념점수를 높이는 방법이다. 이 방법은 자사 브랜드가 다른 항목에서는 비슷하거나 약간 낮은 신념점수를 받은데 비해, 가장 높은 평가점수의 항목에 상대적으로 낮은 신념점수를 받은 경우 활용할 수 있다.

자사브랜드가 디자인 등 높은 평가점수를 받은 항목에서 다른 브랜드들에 비해 상대적으로 높거나 비슷한 신념점수를 받고 있으며, 편안함 · 내구성 등 다른 항목에서도 다른 브랜드들과 비슷한 신념점수를 받고 있으나, 명성에서 매우 낮은 점수를 받고 있어 경쟁력이 떨어진다는 사실을 알게 되었다면 브랜드 명성을 높임으로써 태도점수를 높일 수 있다는 것.

다음은 태도점수를 높이기 위한 세 가지 방법을 도식화한 것이다.

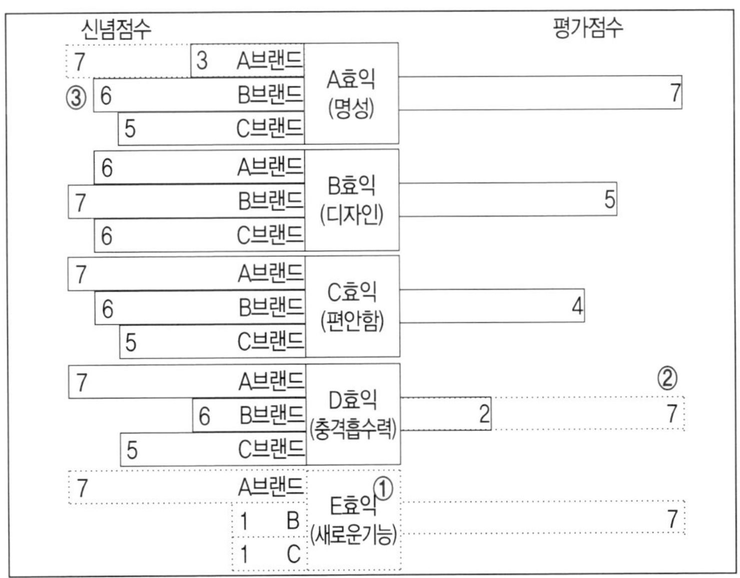


표 35-13 : 태도점수를 높이기 위한 메시지 개발의 세 가지 방법

이렇게 전환시켰을 경우 각 방법별 가상의 태도점수 변화를 살펴보면 다음 표와 같다.

| 구분 | 현재 | ① | ② | ③ |
|---|---|---|---|---|
| A브랜드 | 93 | 142 | 128 | 121 |
| B브랜드 | 107 | 114 | 122 | 107 |
| C브랜드 | 95 | 102 | 120 | 95 |

**표 35-14 : 태도점수를 높이기 위한 방법 운용시 태도점수 변화 표 예제**

## 트렌드를 읽으면 새로운 효익이 보인다

'없던 평가항목을 새로 만드는 일'의 주도권은 대개 브랜드가 쥐고 있다. 기능성음료가 없던 시절에 브랜드가 먼저 기능성음료를 내놓았으며, 운동화 한 켤레로 뭐든 다 하던 시절에 다양한 종목별 운동화를 내놓은 것도 브랜드고, 질기고 튼튼한 운동화에 충격흡수기능을 얹어 내놓은 것도 브랜드다.

그러나 그러한 요구들을 소비자들이 먼저 하지는 않았다. 브랜드가 먼저 제품을 출시하고, 커뮤니케이션을 시도하여 소비자들의 새로운 니즈가 창출되었다. 그리고 이것은 단순히 광고전략만의 문제가 아니었다. 마케팅전략과 연동되어질 때 비로소 효율적으로 집행될 수 있는 전략들이었던 것이다.

이러한 전략을 운용할 때에는 일시에 소비자 전체를 대상으로 메시지를 전달할 수 있도록 충격요법을 활용하는 것이 효과적이며, 제품 출시 이전 사전포석을 준비하는 것이 좋고, 기존 제품들과의 충돌에도 만반의 준비를 갖추어야만 한다.

그렇다면 브랜드들은 새롭게 내놓은 평가항목의 성공여부를 어떻게 가늠할 수 있을까? 새로운 평가항목의 성공은 트렌드의 변화를 통해 기획되고, 소비자조사를 통해 확인된다. 트렌드의 변화란 사회 전반의 분위기 변화라고 바꾸어 말해도 좋을 것이다. 사회 전체가 진지함보다는 즐거움으로 진행하고 있다든지, 모여서 노는 것보다는 각자 노는 것, 밖에서 노는 것보다는 안에서 노는 것을 좋아하는 쪽으로 가고 있다든지 하는 것들이 모두 트렌드의 범주에 들어간다. 주 5일제에 따른 여가 및 레저활동의 증가도 트렌드다. 시대가 지나면서 명절을 보내는 문화가 달라지고 있는 것도 트렌드라 할 수 있다.

요즘의 트렌드 중 대표적인 것 몇 가지만 생각해보자. 먼저 적은 비용으로 큰 만족을 찾는, 작은 사치의 트렌드가 점차 번지고 있다. 평소 아끼고 모아서 작은 사치를 즐기려는 경향이 있다는 것이다. 의류나 가방 같은 것은 힘들지만 지갑이나 머플러 같은 것 한 두 개쯤은 명품을 가지고 싶어 한다든지, 고급 와인을 집에서 즐긴다든지, 식용유 대신 올리브유나 포도씨유를 선택한다든지 하는 것들이 그 대표적인 것들이다.

이미 많이 진행된 것이기는 하지만 남성들의 꽃미남신드롬도 새로운 트렌드 중의 하나이고, 스타벅스로 대표되는 컬덕도 새로운 트렌드 중 하나이다. 제품과 문화를 함께 사고 싶어 한다는 것이다. 여성들의 사회참여가 늘어나면서 함께 늘어가고 있는 보육과 조리, 심지어 이혼대행서비스 경향도 새로운 트렌드라 할 것이다. 이러한 트렌드의 변화를 읽고 이에 대응할 수 있는 전략을 구사할 수 있어야만 하겠다.

두 번째 방법의 경우에는 소비자의 니즈를 변화시키는 것이 주효하다. 제품 자체를 부각시키기 보다는 평가항목의 효익을 강조하는 간접적 프로모션과 MPR 등을 활용하는 것이 효과적이다. 매우 이성적인 소구방법을 통해 소비자들을 설득해야 하며, 자연히 임팩트가 강해지거나 이야기가 길어질 수밖에 없다. 이야기 전체를 끌고 나갈만한 집중력이 필요한 커뮤니케이션이라 할 수 있다. 때문에 이러한 전략을 준비할 때에는 보다 더 소비자들의 인식에 접근하기 위한 노력이 필요하다.

세 번째 방법의 경우에는 소비자 인식의 이유를 파악해야만 한다. 그리고 그 이유를 해결할 수 있는 제품연구와 인식 마련을 위한 캠페인이 전개되어야 할 것이다. 그러나 이는 그리 쉬운 방법이 아니다. 지금까지 경쟁사들과 자사가 펼쳐온 커뮤니케이션을 보다 강화하는 수준으로는 여간해서 깨지지 않을 것이기 때문이다. 그럼에도 불구하고 이 방법을 활용하고자 할 때에는 커뮤니케이션의 형태와 방법을 매우 획기적인 수준으로 달리 가져가는 노력이 필요하다.

지금까지 설명한 바대로 태도점수를 높이는 방법을 정했다면 그것이 바로 설득을 위한 메시지가 될 것이다. 결국 특정브랜드의 태도점수를 높이는 방법에 대해 고민하는 것은 커뮤니케이션을 위한 메시지를 개발하는 단계라 할 수 있겠다. 때문에 이를 메시지 개발을 위한 세 가지 방법이라는 말로 바꾸어도 무방할 것이다.

# 36 커뮤니케이션 환경분석

## 토끼목을 지키며, 낡은 그물을 고친다!

커뮤니케이션 환경분석이란, 자사 및 경쟁사의 광고비 · 광고 크리에이티브 · 광고매체 · 목표소비자별 광고성향 등 각종 광고 정보를 파악하고 분석하는 것이다. 더불어 해당 제품 및 기업과 관련된 제반의 법규와 규제를 확인하는 일도 포함된다. 이러한 커뮤니케이션 환경분석은 커뮤니케이션전략을 구축하는데 반영될 뿐만 아니라 크리에이티브나 매체 등을 결정하는 데에도 결정적 영향을 미치게 된다.

### 우리와 소비자들 사이에 놓여 있는 커뮤니케이션 환경

때문에 주관적인 분석보다는 철저히 데이터를 중심으로 한 객관적 분석이 이루어질 수 있도록 애써야 한다. 데이터는 기본적으로 한국방송광고공사를 통해 수집이 가능하며, 이외에도 각 매체사들과 대행사들의 데이터베이스 · 각종 학술지 · 기관지 · 대행사 사보 · 광고관련 보고서 · 광고관련 자료집 등을 통해서도 얻을 수 있다.

먼저 광고비 분석은 자사 및 경쟁사 광고비를 분석하는 것으로서, 분석을 통해 경쟁사의 광고예산전략을 파악할 수 있게 된다. 또한 광고비 분석을 통해 경쟁사의 주력 광고제품을 파악할 수 있으며, 지역별 · 계절별 광고비 투입량을 파악할 수 있어 실제 마케팅 커뮤니케이션전략의 중요한 자료를 제공해준다.

다음으로 진행해야 할 광고매체 분석은 경쟁사의 미디어믹스와 더불어 종합적인 매체전략을 파악할 수 있게 해준다. 광고비 분석 · 광고매체분석은 한국광고데이터의 광고량 · 광고비 검색시스템을 이용해 접근할 수 있다. 그러나 이렇게 얻을 수 있는 정보는 4대매체에 국한되어 있다. 모든 매체들에 대한 자료를 총괄적으로 수집하기 위해서는 발로 뛰는 노력이 필요할 것이다.

한국광고데이터의 광고량 · 광고비 검색시스템에는 첫째, 4대매체 현황 분석 자료로서 경쟁사 업종별 4대매체 광고비, 회사별 · 상품별 4대매체 광고비, 상품별 · 월별 4대매체 광고비, 회사별 · 월별 4대매체 광고비, 경쟁사 상품별 4대매체 광고비, 업종별 · 상품별 4대매체 누적비, 회사별 · 상품별 4대매체 누적비 등의 자료가 분석되어 있다.

전파운행 현황으로는 전파 업종별 · 상품별 운행현황, 전파 회사별 · 상품별 운행현황, 전파 상품별 · 매체별 운행현황, 전파매체별 모니터 운행현황, 전파 업종별 · 매체별 운행현황, 전파 회사별 · 매체별 운행현황, 전파 매체별 · 상품별 운행현황 등이 분석되어 있다. 인쇄매체 노출현황으로는 인쇄 업종별 · 상품별 노출현황, 인쇄 회사별 · 상품별 노출현황, 인쇄 상품별 · 매체별 노출현황, 인쇄 매체별 모니터 노출현황, 인쇄 업종별 · 매체별 노출현황, 인쇄 회사별 · 매체별 노출현황, 인쇄 매체별 · 상품별 노출현황이 분석되어 있다.

광고 크리에이티브 분석은 경쟁사의 광고흐름을 파악하는데 요긴하다. 광고방향 및 모델, 표현전략 등을 알아내어 실제 광고전략을 구상하고, 카피를 작성하는데 기초적인 자료를 제공해준다. 광고 크리에이티브 분석은 한국광고데이터 동화상 자료나, OTT의 AD-BRAIN · CF BAN · CF닷컴 등을 이용하면 된다.

## 규제를 아는 것은 시행착오를 줄이는 것

다음은 광고규제에 대한 조사와 분석이다. 가장 대표적인 규제는 한국광고자율심의기구의 방송광고심의다. 이 규정들의 요점을 살펴보자. 모든 방송광고는 한국광고자율심의기구의 심의와 의결을 거쳐야만 집행이 가능하다. 단, 공직선거 및 선거부정방지법에 의한 방송광고물과 공공의 이익을 증진시킬 목적으로 제작된 비상업적 공익광고 등은 심의 의결을 받지 않을 수 있다.

먼저 심의 의견 규정에는 품의에 대한 구체적인 가이드라인이 제시되고 있다. 폭력 · 범죄 · 반사회적 행동을 조장하는 표현 및 생명을 경시하는 표현, 지나친 공포감이나 혐오감을 조성하는 표현, 과도한 신체노출이나 음란 · 선정적인 표현, 신체적 결함 · 약점 등을 조롱 또는 희화화하는 표현, 지나치게 비속하거나 사회의 선량한 풍속을 해할 우려가 있는 표현, 특정 성을 비하하거나 성적 수치심을 느끼게 하는 표현 등은 사용할 수 없다. 방송광고는 국가 · 인종 · 성 · 연령 · 직업 · 종교 · 신념 · 장애 · 계층 · 지역 등을 이유로 차별하거나 편견을 조장하는 표현을 해서는 안 된다.

그 외에도 방송광고의 규제는 매우 폭 넓게 진행되고 있다. 그 개략적인 내용을 소개하면 다음과 같다. 방송광고는 소송 등 재판에 계류 중인 사건 또는 국가기관에 의한 분쟁 조정이 진행 중인 사건에 대해 일방적 주장이나 설명을 다루어서는 안 된다. 방송광고는 방송프로그램과 명확히 구별되도록 해야 하며, 특정 방송프로그램으로 오인될 수 있는 상황설정이나 기법을 사용할 수 없다. 방송프로그램의 주요 고정출연자를 등장시킨 방송광고는 해당 방송프로그램의 상황과 흡사하게 표현해서는 안 된다.

방송사고로 오인하게 할 정도로 오래 지속되는 음향 · 화면이나 무음향 · 무영상 상태, 재난이나 긴급상황으로 오인하게 할 정도의 음향이나 화면, 기타 시청자의 정서를 지나치게 불안하게 하는 음향이나 화면 등도 사용할 수 없다. 방송광고는 정상적인 안전을 해치는 표현을 해서는 안 되며, '완전', '완벽', '전혀' 등의 표현을 해서는 안 된다.

방송광고는 국기 · 국가 · 문화유적 등과 같은 공적 상징물을 부적절하게 사용하거나 모독해서는 안 되며, 국민의 자존심과 감정을 존중하지 않는 광고는 제제 조치를 받는다. 방송광고는 자연보호를 저해하는 표현도 해선 안 되며, '무공해', '저공해', '환경친화적' 등과 같이 일반적이고 광범위한 환경적 속성과 효능을 표현할 때에는 이를 구체적이고 정확하게 명시해야 한다. 방송광고는 동물을 살상하거나 학대하는 표현을 하여서는 안 되며, 보호받고 있거나 멸종 위기에 처한 동식물의 멸종 · 감소 등을 촉진시킬 우려가 있는 표현을 해서는 안 된다.

역사적 인물을 제외한 다른 사람의 이름이나 초상을 사용한 방송광고는 그 사용에 동의가 있었음을 증명해야 한다. 특정 기관이나 단체의 이름 · 상징물 · 시설 등을 이용한 방송광고도 사용에 동의가 있었음을 증명해야만 한다. 또 국내외 다른 광고를 표절하거나 현저하게 모방해서는 안 된다.

### 소비자를 오인하게 할 수 있는 표현은 대부분 규제 대상

방송광고는 판매의 목적이 아닌 상품이나 용역을 제공한다는 내용을 표현함으로써 비싼 상품이나 용역을 구매하도록 유인해서는 안 된다. 방송광고는 시청자가 의식할 수 없는 음향이나 화면으로 잠재의식에 호소하는 방식을 사용해서는 안 된다. 방송광고는 경쟁관계에 있는 상품 · 용역 또는 기업을 부당한 방법으로 비교하거나 배척하는 표현을 해서도 안 된다.

방송광고는 비교나 실물제시에 있어 특성 · 성분 · 규격 등 비교의 기준을 명확히 밝혀야 하며, 부분적인 비교로써 전체적인 우위를 주장하여서는 안 된다. 방송광고는 당해 기업 · 상품 · 서비스의 우위 또는 특성을 강조함으로써 그 밖의 상품이나 서비스, 또는 기업 전체까지도 우수하다는 표현을 해서는 안 된다.

방송광고는 우위 또는 특성을 비교 주장함에 있어 비록 그 내용이 사실이라 할지라도 상대방을 비방 또는 중상하는 것이어서는 안 되며, 우위 또는 특성을 비교 주장함에 있어 그 내용과 밀접한 관련이 있는 단점이 있는 경우에는 이를 동시에 밝혀야 한다.

소비자에게 중요한 영향을 끼치는 방송광고의 객관적 주장에 대해서는 광고주가 공신력, 신뢰도와 타당성을 갖춘 조사나 자료로써 입증해야한다. 방송광고의 내용은 진실해야만 하며, 허위 또는 기만적인 표현을 포함하여서는 안 된다. 또한 중요한 정보를 생략함으로써 소비자가 오인하게 해서는 안 된다.

방송광고는 소비자를 오인하게 할 수 있는 표현을 해서는 안 된다. 이를 위해 사실이 아니거나 근거가 불확실한 표현, 성분 · 재료 · 함량 · 규격 · 효능 등에 있어 오인하게 하거나 기만하는 내용, 부분적으로 사실이지만 전체적으로 소비자가 오인할 우려가 있는 표현, 객관적으로 인정받지 못하거나 확인할 수 없는 최상급의 표현, 공신력 없는 단체의 자료 또는 발표내용 등을 인용하는 표현, 난해한 전문용어 등을 사용하여 소비자를 현혹하는 표현, 제조국가 등에 있어서 소비자가 오인할 우려가 있는 표현 등을 사용할 수 없다.

실연 · 실험 · 조사 등을 이용한 방송광고에서는 연출이나 재연 등을 할 경우 그것이 연출이나 재연 등임을 밝혀야 한다. 방송광고에 사용되는 추천이나 보증은 전체적으로 진실해야 한다. 추천이나 보증을 사용한 방송광고는 추천 또는 보증의 내용에 담긴 주장을 입증할만한 객관적인 자료를 제시하여야 한다. 전문인의 그 전문분야에 관한 추천이나 보증은 그 집단의 대표성을 입증하여야 한다.

### 사투리의 사용 및 외국어 사용도 규제 대상

방송광고는 표준어를 사용해야 하며, 한글 맞춤법 및 외래어표기법도 준수해야 한다. 국민의 바른 언어생활을 해치는 비속어 · 은어 · 저속한 조어를 사용하는 것은 당연히 허용되지 않는다. 상품명 · 기업명 · 기업표어 등의 경우를 제외하고는 불필요한 외국어를 사용해서는 안 되며(단, 외국어 방송채널의 경우에는 예외로 한다), 외국인 어투를 남용해서도 안 된다.

방송광고는 그 화면에 상품명 · 기업명 · 기업표어를 외국어로 표현할 때에는 한글로 병기하여야 한다. 다만 외국어 방송채널의 경우에는 예외로 한다. 외국어로 된 광고노래도 사용할 수 없다. 다만 외국어 방송채널의 경우에는 예외로 하고 있다. 방송광고는 동요 또는 민요(국내에 널리 알려져 있는 외국 민요를 포함한다)를 개사하거나 편곡해서 사용할 수도 없다.

방송광고는 어린이(13세 미만) 및 청소년(19세 미만)의 품성과 정서, 가치관을 해치는 표현도 엄격히 규제된다. 방송광고는 어린이 보호를 위해 어린이가 상품과 관련된 상업문이나 광고노래, 또는 제품의 특징을 전달하는 표현, 상품의 소유로 어린이의 능력이나 행동이 변할 것이라는 표현, 상품을 소유하지 못하면 열등감을 갖거나 조롱의 대상이 된다는 표현 등을 금지하고 있다.

뿐만 아니라 상품을 구입하도록 어린이를 충동하거나 부모 등에게 상품 구매를 요구하도록 자극하는 표현, 어린이의 사행심을 조장하는 표현, 어린이를 위험한 장소에 있게 하거나 위험한 행동을 취하게 하는 표현, 어린이의 건전한 식생활을 저해하는 표현 등을 사용해서는 안 된다. 장난감 · 게임기 및 기타 어린이들의 관심을 끄는 상품에 대한 방송광고는 어린이의 판단과 경험을 고려하여, 상품의 크기와 비례를 실제 이상으로 보이게 하는 표현, 장난감이 기계적으로 움직이는지, 수동적으로 움직이는지 분명하지 않은 표현, 장난감과 실제 물건이 혼동될 수 있는 소리나 표현 등을 사용해서는 안 된다.

경품류 및 할인특매에 관한 방송광고는 시행기간 및 내용을 명시하여 소비자에게 구체적인 정보를 제공해야 하며, 행사에 관한 방송광고에서 경품류 및 사은품을 언급한 경우에는 허위 · 기만하는 표현을 해선 안 된다.

이 외에도 식품 · 의약품 · 의약부외품 또는 의료용구 · 화장품건강보조기구 등, 농약, 주류, 영화 · 비디오 · 공연물, 학교 · 학원 · 강습소, 여행 · 관광, 투자자문업, 음성정보서비스 등에 관련하여서는 각각의 특성에 따라 심의 기준이 다르게 설정되어 있어 별도로 확인해야 한다. 뿐만 아니라 종교 · 정치 · 식품위생법시행령에 의한 단란주점영업 및 유흥주점영업 · 사설비밀조사업 및 사설탐정 · 혼인매개업 · 이성교제소개업 · 점술 등의 감정 및 미신과 관련된 내용 · 무기와 폭약류 및 이와 식별이 어려운 모조품 · 도박 및 이와 유사한 사행행위 · 담배 및 흡연과 관련된 광고 · 조제분유 및 조제우유 · 젖병 및 젖꼭지제품 · 음란한 내용의 간행물 등 · 전기통신을 통한 음성 및 영상정보 등 · 금융관련법령에 의해 인허가받지 않았거나 등록하지 않은 금융업 · 안마시술소 · 기부금품 모집광고 · 직업소개업 · 알콜성분 17도 이상의 주류 등 상품과 용역 등이 주된 소재로 다루어지는 광고를 금지하고 있다. 또, 지상파 텔레비전 방송광고의 경우 묘지 및 장의업, 먹는 샘물 등과 이러한 상품과 용역 등이 주된 소재로 다루어지는 광고를 금지하고 있다. 다만, 소비자에게 광고효과를 주지 않는 경우는 예외다.

방송광고에 모델의 출연이 제한되는 경우도 있는데 국가공무원법 또는 지방공무원법에 의해 공무원이 대표적 대상이다. 다만, 공익을 목적으로 하는 방송광고에 출연하는 경우, 법령 또는 선거관리위원회의 결정에 따른 정치광고에 출연하는 경우, 당해 소속기관의 홍보를 위하여 제작한 방송광고에는 출연이 가능하다.

# 04

## 4부. 마케팅커뮤니케이션전략의 수립

41. 마케팅커뮤니케이션전략의 수립
    결정적 순간을 위한 고객과의 접점 만들기!

42. 광고목표의 설정과 전략의 수립
    전달내용의 핵심, 컨셉을 읽으면 광고가 보인다!

43. 광고미디어 전략과 전술
    정확한 목표를 향해 날리는 패트리어트미사일!

44. 광고크리에이티브 전략과 전술
    필로 감싼 클레임 소비자의 인식을 파고든다!

45. 커뮤니케이션의 매개체
    적절한 매개체가 명확한 제품이미지를 만든다!

46. 제안서와 프리젠테이션
    열정과 진실이 승리를 부르는 기준이다!

# 41 마케팅커뮤니케이션전략의 수립

## 결정적 순간을 위한 고객과의 접점 만들기!

지금의 마케팅 시계는 '더 이상 광고로는 안 된다' 가 아니라, '더 이상 광고만으로는 안 된다' 의 지점을 달리고 있다. 왜 더 이상 광고만으로는 안 된다는 것일까? 매스마케팅이 마이크로마케팅으로, 마이크로마케팅이 일대일마케팅으로 변해가기 때문이다.

대중이 아닌 분중을 설득하기 위해 매스미디어를 활용하는 것은 손실이 너무 많다. 뿐만 아니다. '인지도 · 회상도 · 선호도 등을 차근차근 쌓아서 결국 태도를 바꾸고 행동을 이끌어낸다' 는 것이 얼마나 오랜 기간 많은 투입이 있어야만 가능한 일인지를 안다면 왜 더 이상 광고만으로는 안 된다고 말하는지를 알 수 있을 것이다.

그렇다면 더 이상 광고는 소용이 없는 것일까? 그렇지는 않다. 광고는 필요하다. 가장 짧은 시간 · 가장 넓은 범위에 패션을 유도해낼 수 있는 것이 광고이기 때문이다. 그러나 광고지상주의는 이제 끝난 것이 분명하다. 오히려 한 사람 한 사람을 붙들고 설득하는 매체, 타깃들로 하여금 뭔가 이득을 얻었다고 생각하게 하는 직접적인 매체들이 각광받고 있다는 것이다. 여기에 더해 송출한 수량과 행동으로 옮긴 사람의 머릿수가 일치하는 매체들이 환영받는 시대에 우리는 살고 있다.

## 획득과 유지를 위한 새로운 패러다임, IMC

매체는 필요에 따라 목적에 따라 그때그때 동원되어야 하는 것이며, 각 매체들은 각자 제 자리에서 각각의 목적들을 달성함으로써 최종적인 목적을 달성하도록 돕는다. 그러기 위해서 한꺼번에 여러 매체가 동시에 움직이기도 하고, 하나의 매체가 여러 포인트에 쓰이기도 한다.

우리는 이미 앞에서 IMC가 고객의 획득과 유지라는 큰 흐름으로 진행되며, 각각의 역할이 다르다는 사실을 살펴보았다. 관계의 중요성이 강조되고 점점 더 CRM, 즉 고객관계관리의 중요성이 높아지면서 IMC는 획득보다는 유지 쪽에 많은 비중을 두고 다뤄지는 경향이 있다. 그러나 유지 중심의 IMC전략이 잘 맞지 않는 분야가 생각보다 많다.

새롭게 사업을 시작한 기업, 새롭게 내놓는 상품의 론칭, 새로운 분야로의 시장접근 등을 위해서는 유지전략이 아닌 획득전략이 필요하다. 뿐만 아니다. 건설마케팅의 경우에도 대부분 획득전략이 중심전략이 된다. 브랜드의 인지나 이미지를 만드는 일은 주로 시공사가 담당하지만 시행사들은 해당 현장마다 새로운 마케팅을 전개해야 한다. 아파트나 주상복합건물의 분양, 상가의 분양과 임대가 모두 여기에 해당된다. 이런 경우에는 유지를 해야 할 대상이 존재하지 않는다. 오로지 획득해야할 대상만이 존재하는 것이다.

결혼이나 장례처럼 반복구매가 이루어지지 않는 경우 · 고가의 내구재를 판매해야 하는 경우 · 고객의 데이터베이스가 미처 구축되어 있지 않은 경우에도 기업들은 유지전략보다는 획득전략에 관심을 가진다.

물론 간접데이터를 활용해서 고객들을 분석하거나, 직접적으로 일대일타깃팅을 할 수도 있다. 강남의 값비싼 주상복합건물을 분양하는 시행사가 은행 VIP고객 명단 · 고급자동차 보유고객 명단 · 멤버십 고급술집 고객들의 명단 등을 확보해서 일대일 커뮤니케이션을 실시하는 것들이 그 예라하겠다. 그러나 많은 경우에 데이터를 구하는 일이 쉽지 않고, 그 데이터에만 의존해서는 제대로 된 론칭이 힘들기때문에 획득은 매우 중요한 과제이다. 그럼 먼저 획득을 위한 전략을 살펴보자.

## 결정적인 순간을 위한 고객과의 접점 만들기

앞서 설명한대로 IMC는 '결정적 순간(Monent Of Truth)을 위한 고객과의 접점을 많이 혹은 강하게 만드는 커뮤니케이션 활동' 이라고 정의되기도 한다. 고객과의 접점을 알기 위해서는 고객의 프로파일을 제대로 파악하고 있어야 한다. 그리고 우리 제품과 시장에 대한 이해가 필요하다. 우리 제품에 대한 고객들의 정보처리과정과 구매의사결정과정을 명확히 이해해야만 우리가 고객들을 만날 접점을 구상할 수 있다.

우리는 고객들과 만날 수 있는 접점들을 구상하고, 그 접점마다 우리 제품에 접근시키기 위한 결정적 순간들을 제공하여야 한다. 그리고 그때마다 그에 잘 맞는 미디어들이 활용된다. 따라서 IMC는 모든 미디어를 활용한다기보다는 상황마다 필요한 미디어를 활용한다. 이것이 기존 광고전략의 전 방위적인 매체전략과 가장 다른 점이다. 다시 설명하면 IMC는 고객과의 접점에서 결정적 순간을 만들어내기 위해 필요한 몇몇의 미디어들을 찾고, 그것들을 고객과의 접점마다에 배치하는 것이다.

이를 통해 각각의 접점마다에서 미디어는 각기 맡겨진 임무를 수행하여 목적한 바를 달성하고, 이것이 연결되어 최종적인 목적인 판매지속성을 달성해내는 것이다. 각종의 SP관련 미디어들 역시 IMC의 깃발아래 모여 각자의 임무를 수행하게 되면 그 효과는 일시적 판촉이 아닌 판매지속성의 달성에 기여할 수 있다는 것.

이러한 내용들을 바탕으로 IMC를 살펴보면 다음과 같은 정의가 가능해진다. IMC란 '고객과의 접점들을 파악하고, 이 접점마다에 최적의 미디어를 통해 결정적 영향력을 행사함으로써 판매지속성을 달성하는 쌍방향커뮤니케이션전략' 이다.

사용되는 매체들은 각기 다른 목적들을 달성하고, 이렇게 달성된 목적은 다음 목적으로 이동하기 위한 수단이 되기도 하며, 최종목적 자체가 되기도 한다. 각 매체들은 각기 역할이 다른 것에 불과하다. 그리고 IMC 속에서 매체는 스스로가 가진 고유의 특성보다는 어떻게 쓰이느냐에 따라 그 역할이 달라진다는 점에 유의하자.

여기에서 우리는 매체가 가진 고유한 특성이 먼저 고려되기보다는 기획자가 가진 의도가 먼저 고려된다는 사실을 알 수 있다. 그렇다. 기획자는 미디어를 고려하기에 앞서 전략을 구상해야 한다. 그리고 그 전략을 구상하는 것은 앞서 설명한대로 '목적지 정하기 · 목적지까지 가는 가장 효율적인 길 찾기 · 그 길을 보다 효과적으로 갈 수 있도록 하는 방법 찾기' 에 다름 아니다.

다만 마케팅커뮤니케이션에 있어서의 '길을 찾는다' 는 개념이 '길을 찾고, 새로 만든다' 는 개념으로 조금 달리 쓰인다는 점에 유의할 필요가 있다. 여기에서의 길이란 타깃들과의 소통접점과 그 소통접점들이 그리는 라인을 의미한다. 즉, 소통접점이 만들어지는 포인트라는 것이다. 때문에 우리가 포인트를 찾는다고 말하는 것은 결국 타깃들이 다니는 길목을 알아내고, 그곳마다에 포인트를 만드는 것을 의미한다.

그러나 꼭 그들이 다니는 길목만을 고집해야 하는가? 오히려 우리가 만들어놓은 포인트로 그들을 끌어들일 수는 없을까? 가능하다. 얼마든지 끌어들일 수 있다. 때문에 그것은 우리가 '포인트를 찾아내고, 포인트를 만든다' 로 바꾸어져야만 한다. 그들이 다니는 포인트를 공략하는 것보다 포인트를 만드는 일은 분명히 더 손이 많이 가는 일이다.

그러나 남들이 공략하지 않은 영역이므로 신선하다. 일단 그 포인트까지 이끌려온 타깃들은 오는 과정 때문에라도 우리가 만든 소통통로를 확인하게 된다. 길을 찾는 것은 만드는 것에 비해 손쉽기는 하나 진부할 수 있고, 만드는 것은 길을 찾는 것에 비해 적중률이 높아진다는 장점이 있다. 우리는 이 두 방법을 필요에 따라 모두 활용할 수 있어야겠다. 두 가지 방법 모두에는 공통점이 있다. 타깃을 알아야 한다는 것. 타깃이 다니는 길을 분명히 알아야 하며, 타깃의 습성을 제대로 알고 있어야 한다. 타깃을 이해하지 않고는 포인트를 찾는 것도 만드는 것도 가능하지 않다.

그 길들을 다 찾아냈다면, 새롭게 길을 낼 수 있는 여지가 있는 지를 확인해야만 한다. 그냥 새롭기만 하다고 다 좋은 길은 아니다. 좋은 길의 기준이란 '새로 길을 내기만하면 그 길은 많은 사람들이 지나다니지 않으면 안될 지름길이요, 소통이 잘 이루어질 수 있는 뻥 뚫린 길' 인가의 여부이다.

이렇게 좋은 길을 만들고 나면 각 접점들이 소비자가 갖는 구매의사 결정과정 중 어떤 과정에서 어떻게 작용할 것인 지를 파악해야 한다. 이 과정을 통해 비로소 그 길에 맞는 명확한 미디어와 메시지 개발이 가능해진다.

## 정확한 타깃프로파일 작성이 길 찾기의 기본이자 시작점

타깃이 다니는 길을 알아내기 위해서는 어떤 요소들을 따져봐야 하는가? 가장 먼저 생각해 볼 수 있는 것은 라이프스타일과 동선이다. 아침에 몇 시에 일어나서 무슨 일들을 하고, 몇 시에 어떤 수단으로 어떻게 출근을 하며, 일을 하는 동안의 동선은 무엇이고, 하루에 TV는 몇 시간이나 보고, 주로 어떤 프로그램을 좋아하는지 등등이다. 때문에 우리는 타깃들의 라이프스타일과 동선을 알아야하며, 그것은 타깃프로파일로 완성된다.

이러한 타깃프로파일에는 먹는 음식이나 취미는 물론 생활에 대한 수다도 포함되고, TV나 라디오는 어떤 프로그램을 잘 보는지, 시장을 보러 가서는 어떻게 해서 무엇을 사고, 매장의 종업원들과는 어떤 대화들을 나누는지 등등도 포함된다. 타깃의 소비자 심리와 행동을 알아내기 위한 것이다.

IMC를 위해서는 고객이 언제 · 어디서 · 무엇을 · 어떻게 · 왜 행동하는지를 확실하게 파악하는 일이 무엇보다 중요하다. 그 중에서도 우리 제품과 관계해서 어떤 행동들을 취하는지를 알아내는 것이 관건이라 하겠다. 그런 의미에서 해당 제품에 대한 정보처리과정과 구매의사결정과정이야말로 타깃이 다니는 길이다. 때문에 우리는 이 두 가지 사항을 타깃프로파일에 포함시켜야 한다. 인지(Awareness) · 관심(Interest) · 욕구(Desire) · 기억(Memory) · 행동(Action)의 정보처리과정을 알아보는 것은 타깃들의 길을 알아보는 것과 다름 아니다.

해당 제품에 대한 타깃들의 구매의사결정과정 역시 타깃이 다니는 길이다. 문제인식 · 정보탐색 · 선택대안의 평가 · 구매 · 구매 후 행동이 소비자들의 구매과정임은 앞에서 설명한 바 있다. 이 제품을 둘러싸고 소비자들이 이러한 과정을 어떻게 운영해 가는 지를 알아내는 것 역시 타깃프로파일에서 빠져서는 안 될 내용이다.

### 프로파일로 알아낸 길에 접점이라는 덫을 놓는다

앞서 준비된 마케팅커뮤니케이션 목표설정과 길 찾기, 그리고 그 길 찾기에 이은 포인트 구상이 다 끝나고나면 길 위에 포인트를 표시한다. 그렇게 되면 길 위에 여러 포인트가 표시될 것이고, 그 중 효과가 떨어지는 것들을 제외시키는 한편 각 접점들의 연관성을 살펴보면서 줄기를 정리한다. 이 과정이 바로 전략개념도의 기초과정이다.

이렇게 전략개념을 도식화 한 후에는 각 포인트별 고객접점마다 세부목표를 정하고, 소비자의 심리를 고려하여 적합한 미디어와 메시지를 찾아낸다. 접점들은 각기 고유의 특성이 있기 마련이다. 그리고 그 접점의 특성에 따라 적합한 목표와 적합한 미디어, 그리고 적합한 메시지가 이미 한계를 가지고 있는 경우가 많다.

길거리라고 하자. 길거리에서 TV를 보여줄 수 있는가? 물론 애쓰면 보여줄 수도 있다. 그러나 그렇게 보여주는 것이 효과적인가? 그 분주한 길거리에서 긴 내용의 메시지, 진지하게 고민해 봐야 하는 메시지가 제대로 먹힐 수 있을까?

한편, TV를 통해서 직접 행동을 유발시키는 일이 쉬울까? 이런 점들이 바로 접점마다의 고유한 특성이며, 각 미디어와 메시지들이 가진 고유한 특성들이다. 이러한 점들을 고려해서 각각의 접점마다 적합한 목표 · 미디어 · 메시지를 결정해야만 하는 것이다.

다음은 유지를 위한 전략에 대해 알아보자. 유지를 위한 전략의 경우 타깃의 설정과정이 획득의 경우와 다르게 진행된다. 일명 어그리게이션(Aggregation)이라는 방식이다. 세분화(Segment)와는 반대로 긁어모으는 과정인 것이다. 이때에는 과거의 구매기록 · 판매 제안에 대한 반응 · 상표접촉점과 같은 행동변인 등이 활용된다. 과거의 구매기록을 활용하는 것은 앞에서 설명한 CRM적 방법과 동일하다.

고객을 푸쉬(push)하는 것이 세그멘테이션(segmentation)에 의한 고객접근이라면 고객을 풀(pull)하는 것이 어그리게이션(aggregation)에 의한 고객 접근이다. 한 사람 한 사람의 상황과 필요에 맞게 접근하여 그들을 자신의 고객으로 만드는 고객 모으기라 하겠다.

## 구체적인 데이터베이스를 토대로 펼치는 유지전략

획득의 경우에는 잠재고객들을 확인하는 과정이 맨 앞에 놓이지만 유지의 경우에는 구체적인 데이터베이스를 토대로 전략을 준비하게 된다. 여기에서 말하는 데이터베이스는 그저 DM을 보낼 수 있는 이름과 주소 정도로 구성된 리스트와는 전혀 다른 개념이다.

데이터베이스에는 이름과 주소 이외에 체계적인 방법으로 추가된 기업 · 상품 · 서비스에 대한 정보가 포함되어 있어야 한다. 현재의 고객의 데이터는 직접적인 방법으로 확보하고, 예상고객에 대한 데이터들은 간접적인 방법으로 충당하기도 한다. 이러한 데이터베이스는 단지 광고 · 홍보 · DM · 판촉 등을 위한 것이기 보다는 '소비자' 나 예상고객 '을 설명할 수 있는 것이라야 한다.

정확한 타깃을 찾아내고, 타깃들이 원하는 것이 무엇인지 정확하게 파악하는 것들이 우선되어야 하는 것이다. 그것은 CRM이 요구하는 데이터들에 다름아니다. 데이터베이스에는 인구통계학적 데이터 · 심리요인 데이터 · 태도관련 데이터 · 행동관련 데이터 · 구매 또는 사용에 대한 기록 데이터 등이 포함되어 있는데 마케팅커뮤니케이션에서는 구매나 사용에 대한 기록과 행동관련 데이터를 가장 중요하게 여긴다.

이러한 데이터들은 현재 시점에서 타깃 소비자를 골라내는 기준으로 활용할 수 있다는 이점이 있으며, 소비자의 다음 행동을 예측하는데 더욱 중요하게 이용된다. '어떤 행동을 하는가? 무엇을 가지고 있는가? 무엇을 어디에서 샀는가?' 와 같은 행동이 그 소비자의 다음 행동을 예측하게 해주기 때문이다.

우리의 제품을 사준 고객 · 우리의 전화를 한 고객 · 우리의 경품행사에 참여한 고객 · 우리의 이벤트 행사장에 온 고객 · 우리의 매장을 방문한 고객 · 우리에게 클레임을 제기한 고객 · 우리에게 카탈로그를 요청하는 고객 · 엽서를 보낸 고객 등 이런 여러 고객들을 하나의 고객 데이터베이스로 계통을 가지고 정리하고 관리해야만 한다. 그렇게 되면 이들에게 어떤 미디어를 통해 어떤 커뮤니케이션을 해야 할 지, 그 전술적인 대안들이 저절로 생겨나는 것이다. 이를 통해 무엇을 할 것인가를 정할 수 있게 된다.

이러한 데이터베이스의 확인을 통해 소비자들을 분류하게 되는데, 이때는 주로 상표충성도를 이용한다. 모아놓은 소비자군 중에서 가장 중요한 소비자군을 선정하여 그에 따른 마케팅커뮤니케이션 프로그램을 수립하는 것이 일반적이다.

모아진 소비자군의 특성에 맞게 개별적인 커뮤니케이션을 전개할 수도 있다. 혹은, 하나의 마케팅프로그램을 여러 소비자군에게 각기 전개하기도 한다. 이렇게 타깃이 정해지면 정해진 각각의 타깃마다 접점을 찾아내고, 세부목표를 정하고, 미디어와 메시지를 정하는 것은 앞에서 설명한 획득과 다르지 않다.

각 접점마다의 목표 · 미디어 · 심리타점은 최종목표를 향해 나아가는 과정을 위해 존재하는 것으로, 각기 정해지는 것이 아니라는 점에 유의하자.

때문에 각 접점의 목표 · 미디어 · 메시지들은 최종목표를 향해 연관성을 가지고 진행형으로 나아갈 수 있도록 설정해야 한다. 접점은 요소가 아니라 과정이다. 그리고 접점은 늘 변화한다. 때문에 정확한 메시지 및 매체의 선택은 한 번으로 끝나는 것이 아니라 지속적으로 관리되어지는 것이다.

## 투자수익률 확인이 마케팅커뮤니케이션 목표 측정법

기존 광고는 인지도 · 회상 · 선호도 등을 커뮤니케이션 효과로 측정하여 그것을 통해 광고의 효과가 있음을 증명해왔다. 그러나 정작 중요한 것은 '얼마나 이윤이 남았는가, 얼마나 벌었는가, 얼마나 매출을 올렸는가?' 에 있다. 얼마나 알려졌는가는 중요하지 않다는 것이다.

그래서 IMC에서의 효과 측정은 모두 돈으로, 수익으로, 매출로 측정이 가능해 질 수 있도록 진행한다. 이것을 퍼센트로 계산하면 그것이 바로 투자수익률(ROI)이다. 이 투자수익률을 따져보면 마케팅과 마케팅커뮤니케이션 목표 달성 여부를 모두 확인할 수 있다.

그러나 투자수익률을 통해 효과를 측정하기 위해서는 IMC가 재정적, 그리고 전략적 통합의 수준에 올라서야만 한다. 그 하위 수준인 정보기술 통합에 응용한 수준 · 마케팅 커뮤니케이션 시각을 소비자로 바꾼 수준 · 마케팅 커뮤니케이션 수단들을 전술적인 차원으로 통합한 수준에서는 진행된 마케팅커뮤니케이션 효과를 정확히 측정하기가 어렵다. 또한 그것 역시 일정 이상의 투입이 이루어진 뒤에야 밝혀질 수 있다.

때문에 마케팅커뮤니케이션의 최종목표와 진행과정 중의 세부적인 목표들의 달성 여부가 직접적인 효과의 측정대상이 된다. 따라서 이 책에서는 투자수익률을 활용한 측정방법은 다루지 않는다. 그 역할은 경영학 전문서적, IMC를 본격적으로 다루는 이론서들에게 양보하기로 한다.

# 42 광고목표의 설정과 전략의 수립

## 전달내용의 핵심, 컨셉을 읽으면 광고가 보인다!

앞서 마케팅커뮤니케이션전략을 설명하였다. 결국 이러한 전략은 각각의 미디어들에 의해 실현된다. 대부분의 BTL 미디어들은 그 세부목표의 달성 여부가 즉각적으로 판단되는 반면, ATL미디어들은 목표의 달성 정도가 불분명하기 쉽다. 각각의 미디어들을 기획하고, 실천해나가는 것은 각각의 미디어를 중심으로 쓰여진 저서들을 통해 공부하도록 하고 여기서는 ATL미디어를 중심으로 설명하고자 한다.

### 마케팅커뮤니케이션전략 수행에 있어 해당광고의 위치와 효용은?

결국 앞서의 설명에도 불구하고, ATL미디어들은 DAGMAR를 통해 측정 가능한 목표에 대한 전략이 수립된다. 이렇게 설정된 광고목표는 광고

기획 · 제작 · 집행의 전 과정에 대해 통일성을 확보해주고 광고실시 후에 광고효과를 평가 할 수 있게 해준다. 광고기획단계에서 광고목표를 커뮤니케이션과업으로 설정하고 광고실행 후 목표기간이 경과한 다음 광고목표의 달성도를 평가하는 것으로서 광고효과를 측정하게 된다. 이 광고목표를 설정하기 위해서는 명확한 목표소비자층을 정하고, 측정 가능한 기간을 정해야만 한다.

광고목표는 마케팅커뮤니케이션전략을 수행하는데 있어 해당광고의 위치를 분명히 하고, 효용의 측면을 간단 · 명료하게 진술한 것이어야 하며, 한정되고 측정 가능한 용어와 문장으로 씌어져야 한다. 그리고 성취도를 측정할 기준을 분명히 선정한 상태에서 미리 결정된 평가방법을 전제하고 만들어져야만 한다.

그 측정의 기준지표가 인지율인 경우, 신제품의 경우에는 보조인지율이 기준이 되며, 일정기간이 경과한 기존 제품의 경우에는 비보조인지율이, 성숙기의 제품일 경우에는 최초상기율이 측정도구로 활용된다. 다음은 DAGMAR 이론에 의한 광고목표설정의 실례이다.

- 광고제품 : 롯데 드림카카오 '드림' 편
- 광고목표 :
  ① 측정가능한 커뮤니케이션 목표 :
  롯데 드림카카오 광고인지율 중 비보조인지율 63%에서 73%까지 높임.
  ② 광고목표소비자층 :
  5대 도시에 사는 17~28세까지의 학생, 직장인, 여성
  목표소비자층의 라이프스타일은 대학을 갓 졸업하고 취업을 준비 중인 사회 초년생으로 외국어학원을 다니며, 꾸준히 취업공부를 하고, TV를 즐겨보는 여자.
  ③ 광고기간 : 2007년 7월부터 2007년 11월까지
  ④ 광고예산 : 40억원

표 42-1 : 광고목표 설정의 사례

광고목표소비자층이란 광고메시지에 가장 강한 반응을 일으켜야하는 집단이나 사람을 말한다. 결국 광고를 보고 상품을 구입하여 사용하길 바라는 소비자를 일컫는 것이다. 때문에 광고에 있어 목표소비자층을 정하는 것은 마케팅의 시장세분화와 달리 '사람 지향적 접근 방법'이 사용된다. 광고목표소비자층 설정을 위한 세분방법으로는 인구통계학적 세분화 · 심리학적 세분화 · 행동적 세분화 등이 있다.

목표소비자층의 설정을 위해서는 행동적 세분화 · 외적 분석 · 내적 분석의 순으로 접근하는 것이 일반적이다. 행동적 세분화는 사용자 · 사용량(중 · 경 · 미사용자) · 사용방법 · 사용기회 분석 등을 통해 가능해진다. 외적분석은 연령 · 지역 · 소득수준 · 교육정도 · 수입 등 인구통계학적 분석이며, 내적분석은 라이프스타일 · AIO(Activity · Interest · Opinion) · 가치관 분석 등의 심리학적 분석이다.

다음은 광고컨셉에 대해 알아보자. 컨셉이란 소비자에게 전달하고자 하는 내용의 핵심으로 광고상황분석에서 찾아낸 사실의 발견이다. 즉 제품컨셉을 보다 구체화한 것이다. 구체화된 메시지전략의 접근이 아니라, 광고에 대한 크리에이티브의 방향설정이라고 볼 수 있겠다. 다음 표는 광고컨셉의 전개과정을 나타낸 것이다.

| 기업목표 | 주역 | 사고과정 | 작업과정 |
|---|---|---|---|
| 무엇을 만들까?<br>(상품화과정) | 테크놀로지스트 | 프로덕트아이디어 | 소재 · 성능 · 품질 · 스타일 · 컬러의 결정 |
| 무엇을 팔까?<br>(제품화과정) | 마케터 | 프로덕트컨셉 | 마케팅 · 타깃팅 · 포지셔닝 전략 |
| 무엇을 알릴까?<br>(방향설정화) | AE | 광고컨셉 | 광고전략 |
| 어떻게 알릴까?<br>(메시지화) | 크리에이터 | 크리에이티브컨셉 | 크리에이티브 전략 · 전술 |

표 42-1 : 광고목표 설정의 사례

### 크리에이티브 컨셉은 소비자가 공감할 수 있는 사실이다

컨셉이란 광고전략의 구성에서 가장 많이 쓰이는 단어다. 컨셉이란 원래 철학용어로 '개념' 이라는 의미지만, 광고용어로는 '생각하는 방향' 이라는 의미를 가진다. 커뮤니케이션컨셉은 소비자에게 전달하고자 하는 내용의 핵심과 상황분석에서 찾아낸 제품의 장단점 및 사실의 발견을 통해 제품컨셉을 구체화하는 것이다. 이것은 소비자 효익을 중심으로 도출해낸다는 점에서 제품컨셉과 구별된다.

이러한 광고컨셉을 더욱 구체화하여 소비자에게 살아 숨 쉬는 사실, 즉 공감하는 사실로 전달하는 것이 크리에이티브컨셉이다. 크리에이티브컨셉을 만들기 위해서는 아이디어가 필요하며, 아이디어 발상을 위한 여러 가지 기법들이 활용된다.

기본적으로 전략은 어떤 마케팅 목적을 달성하는데 가장 유리한 안에 관한 의사결정이고, 전술은 이러한 전략을 집행해나가기 위한 의사결정이다. '적이 보이기 전까지는 전략이고, 보이고 나서부터는 전술' 이라고도 할 수 있겠다.

즉, 크리에이티브 전략은 광고기본전략에 부합되는 광고목표 · 광고소비자 · 소비자의 이점 · 어조와 태도를 명확히 하는 것으로, 하나의 제품을 광고할 때 제품의 특장점 위주로 광고를 할 것인지, 브랜드 특유의 이미지를 만들 것인지, 경쟁 제품과의 관계에서 위치를 정할 것인지 등을 결정하는 것이다.

크리에이티브전술은 크리에이티브전략 하에서 소비자를 설득하는 구체적인 방법을 말하는 것으로, 어떤 소구방법이나 표현 기법을 이용할 것인지에 대한 의사결정 과정이다. 다음은 이러한 내용들을 보다 쉽게 이해할 수 있도록 만든 표이다.

| 광고주 | 제품컨셉<br>(효익발견) | 광고컨셉<br>(what to say) | 크리에이티브컨셉 = 전달정보<br>(how to say) |
|---|---|---|---|
| 경동보일러 | 견고성 · 저고장<br>높은 열효율 | 효도보일러 | 너만 따뜻하게 지내면 다냐?<br>부모님께도 보일러 놔 드려라 |
| 신라면 | 매운 맛 | 매운 라면 | 사나이도 못 참을 만큼 맵다 |
| 스피드011 | 타통신사 대비<br>기지국 많음.<br>통화품질이 좋음 | 통화연결 및<br>품질이 우수한<br>통신사 | 언제 어디서나 통한다<br>잠자는 사자를 깨우지 마라 |
| 레간자 | 안전성 · 파워 ·<br>저소음 | 저소음 | 개구리소리보다도 작은 소음의<br>대우차가 나왔다 |

표 42-3 : 컨셉 활용의 사례

| 광고주 | 소구방법 | 메시지 (소비자에게 보내는 기호화 된 내용) | |
|---|---|---|---|
| | | 비쥬얼 | 카피 |
| 경동보일러 | 서정소구 | 눈 내리는 추운 겨울의 시골집,<br>불편하게 군불 지피는<br>노부모님의 모습 | 아버님 댁에<br>보일러 놔<br>드려야겠어요 |
| 신라면 | 유머시즐소구 | 건장한 남자들,<br>너무 매워 어쩔 줄 모르며 라면을<br>먹는 남자들의 모습 | 사나이 울리는<br>농심 신라면 |
| 스피드011 | 유머소구 | 잠자는 사자를 지나가는 순간,<br>전화벨이 울려 곤란해진 모습 | speed 011<br>때와 장소를<br>가리지 않습니다 |
| 레간자 | 이성적소구 | 볼륨 게이지는 올라가지만<br>차는 소리를 내지 않고,<br>개구리소리만 크게 들림 | 소리없이 강하다<br>쉿, 레간자 |

표 42-4 : 컨셉을 통해 제작한 광고의 실제

## 컨셉은 소비자의 심리타점이다

그렇다면 이러한 컨셉은 어떻게 뽑아야 하는 것일까? 소비자의 심리타점을 제대로 맞춰내기 위해서는 소비자에 대한 통찰력과 더불어 브랜드에 대한 통찰력이 필요하다. '소비자를 설득하는 것은 광고가 아니라 소비자 자신이다' 라는 말이 있다. 때문에 소비자의 심리타점을 제대로 맞추기 위해서는 소비자의 입장에 서서 소비자를 이해하려는 노력이 매우 중요하다. 소비자를 이해하는 것은 자기 자신을 이해하는 것으로 시작할 수 있다.

앞서 말한 통찰력이란 사실정보에 근거하는 것이다. 자료를 정보로, 정보를 통찰력으로, 통찰력을 영감으로 넓혀나가는 시야가 필요하다. 흔히 작은 단서가 통찰력의 근거가 되곤 한다. 이러한 작은 단서들은 소비자조사를 통해서라기보다는 실생활에서 더 잘 파악된다. 소비자가 하는 말을 건성으로 흘려보내지 않고 활용하는 습관이 중요하다. 그리고 이러한 통찰력을 근거로 만들어낸 컨셉은 꼭 소비자들로부터 확인받는 것이 필요하다.

정리해보면 결국 책상머리에서는 결코 좋은 컨셉이 나오기 어렵다는 것. 자료와 정보를 바탕으로 소비자와 브랜드에 대한 통찰력을 가져야 한다. 사소한 것도 놓치지 않으며, 소비자 입장에서 문제를 파고들면 소비자를 공감시킬 수 있는 심리타점을 찾을 수 있다. 그리고 이 심리타점을 쳐야만 효과를 거두고 성공할 수 있다.

미국인의 마음 속에 살아 있는 서부에 대한 동경을 심리타점으로 친 '말보로' 캠페인, 한국인의 마음 속에 살아 있는 고향에 대한 향수를 심리타점으로 친 '다시다' 캠페인, 효를 심리타점으로 친 '경동보일러' 캠페인 등이 그 예이다. 이러한 컨셉들은 조사를 통해 찾아내기 매우 어려운 것들이다. 앞서 말한 통찰력을 통해 만들어진 것.

우리 제품과 제품시장에 대한 소비자들의 실생활을 관찰하고 하찮은 것에도 관심을 가지는 것이 중요하다. 그리고 그 속에서 의미를 찾아내는 지적 감수성이 제대로 된 심리타점을 만들어내는 원동력이라 하겠다. 이것이야말로 진정한 의미에서의 밖에서부터 안으로의 접근방식이다.

그렇게 하면 지금까지 해왔던 커뮤니케이션과는 전혀 다른 커뮤니케이션 목표와 컨셉이 나타난다. 그러므로 안에서 밖으로의 접근방식에서 해왔던 지금까지의 방식에 미련을 갖지 말고, 이젠 밖에서부터 안으로의 접근방식에 익숙해져야만 한다. 새롭게 시작해야만 한다는 것이다.

이러한 컨셉을 제대로 찾아내기 위해서는 소비자들의 행동변인을 잘 살펴야 한다. 소비자들의 구매행동을 유발하는 데에 초점이 맞추어져야하는 것이다. 과거 소비자들이 어떤 반응을 보였는지, 또 어떻게 구매하고 행동했는지를 살펴야 한다. 소비자를 설명해주는 변인이나 특성은 인지적인 것 · 태도적인 것 · 행동적인 것 등으로 구분된다.

커뮤니케이션 컨셉은 행동적인 특성이나 변인들에 초점을 맞추지만 그것을 전개하거나 설명하는 데에는 태도적인 특성을 이용해야 한다. 메시지를 얼마나 기억하고 회상하는지는 중요하지 않다. 소비자의 생각을 바꾸어 행동을 유발하게 하는 것이 가장 우선적으로 고려되어야만 하는 것이다.

소비자들의 상표에 대한 지금까지의 생각(회상)이 '싸구려다' 라면 이것을 '합리적 가격이다' 로, '구식이다' 라면 '전통적이다' 로 바꿔내는 것이 중요하다는 것이다. 메시지를 얼마나 기억하거나 회상하는지 하는 양적 측정은 그리 중요하지 않다.

이러한 내용을 전제로 컨셉을 결정해갈 때 잊지 말아야 할 것이 있다. 그것은 전체 마케팅커뮤니케이션전략 속에서 해당 광고가 겨냥해야할 세부목표다. 그리고 전체 전략을 조망하는 속에서 스스로의 역할을 분명히 해야 한다는 것이다.

## 단일 집약적 제안점, 컨셉은 둘일 수 없다

싸치 앤 싸치에서 만든 크리에이티브브리프에는 네 가지 항목을 기입하도록 되어 있다. 첫째는 이 광고를 하게 된 배경, 둘째는 광고의 소구대상, 셋째는 광고목표, 넷째는 단일 집약적 제안점이다. 이 중 제일 중요한 것은 SMP, 즉 단일 집약적 제안점이다. 이것이 광고에서 말하는 'What to say' 다.

SMP를 올바르게 쓰는 가이드라인은 첫째, 싱글(Single)이라는 말에서 드러나듯 두 가지 제안이어서는 안 되고, 한 가지 포인트만을 강하게 부각시켜야 한다는 것. 가령 '값싸고+저칼로리' 처럼 두 가지 제안이 아니라 '배불리 먹으면서 저칼로리를 섭취하는 길' 처럼 하나의 컨셉이어야 한다는 것.

둘째, 분명한 방향을 제시해야 한다는 것이다. '가장 좋은 세탁기' 는 안 된다. '수명이 오래가는 세탁기' 가 되어야 한다는 것. 셋째, 자극할 수 있어야 한다는 것이다. 예컨대 '개를 위한 건강식사' 같은 미지근한 컨셉보다는 '당신의 개를 위한 건강식사' 처럼 좀 더 생생하게 컨셉을 잡아야 한다는 것이다.

싸치 앤 싸치의 브리프 작성 예에는 '고감도 스피커' 가 아니라 '소리가 생음과 같아서 바로 옆에서 연주를 하는 듯 들림' 으로, '전문가들이 선택하는 니콘' 이 아니라 '10명의 전문가들 중 9명이 선택하는 니콘' 으로, '탁월하고도 신속한 배송력' 이 아니라 '하룻 밤 사이 전 세계로 배달됨' 으로 표기하라고 제안하고 있다.

기획팀에 의해 작성된 이 브리프는 광고주에게 OK를 받고, 이를 받아든 제작자는 이 SMP를 신선하고, 흥분되고, 기억되도록 표현해야한다. 슐츠는 〈Essentials of Advertising Strategy〉라는 책에서 '소비자 이익과 문제해결(Benefit & Solution)' 이라는 말을 사용했다. 광고컨셉은 소비자 이익과 문제해결을 기본으로 뽑아야 한다는 뜻이다.

소비자에게 제품의 특정한 이익(Benefit)을 부각시켜 보여줘야 하며, 소비자가 가진 문제를 어떻게 쉽게 해결해 줄 수 있는지 명확히 안내(Solution)해 주어야 한다는 것.

## 베네핏과 솔루션을 찾아라

마케팅커뮤니케이션은 철저하게 고객의 행동을 기준으로 접근하는 것이다. 마케팅커뮤니케이션전략의 각 접점들이 지향하는 목표는 직접적이고도 실제적인 행동(소매점 방문 · 엽서 발송 · 홈페이지 방문 · 제품 구매 등)의 유발이다. 그러나 커뮤니케이션컨셉은 행동을 자극하는 태도에 중점을 둘 수밖에 없다. 우리 제품이나 서비스에 대해 좋은 느낌을 가지도록 해야 한다는 뜻이다.

소비자 인식상의 기억이나 회상 등의 커뮤니케이션 효과만 갖는다면 마케팅 목적이 제대로 달성될 수 없다. 소비자의 생각을 바꾸고 행동을 유발하는 것이 가장 우선시 되어야 한다. 이를 위해서는 종합적인 시야로 작전을 수립해야 한다. 때문에 관습적 행태는 전략수립의 적이라 하겠다. 지금까지의 광고가 인지 · 회상 등의 사이즈를 목표로 삼았다면, 마케팅커뮤니케이션은 소비자의 행동반응 유발을 목표로 진행되어야 한다.

지금까지의 광고 타깃이 지리적 · 인구통계학적 · 심리묘사적 · 구매행동적이라는 3Phic 1Ral의 기준에서 정해졌다면 마케팅커뮤니케이션에서는 철저하게 고객의 구매행동을 기준으로 삼아야 한다.

이러한 마케팅커뮤니케이션의 원칙이 광고에도 가능한 한 적용될 수 있도록 전략을 수립하는 것이 바람직하다. 지금까지의 광고가 기존에 진행해 왔던 관습적 광고의 틀을 벗어나지 못한 채 이루어졌다면 향후의 광고는 매 전략마다 소비자를 원점으로 삼아 새롭게 시작해야만 하는 것이다.

| | |
|---|---|
| 광고주 | 광고담당/마케팅/개발/연구소 |
| ↓ | |
| 오리엔테이션 | 어카운트서비스팀:기획/카피/디자이너/마케팅/매체/프로모션/프로듀서 |
| ↓ | |
| 브리프 작성 | 광고기획 담당자(AE:마케팅/매체/프로모션) |
| ↓ | |
| 광고제안서 작성 | 광고기획 담당자 |
| ↓ | |
| 어카운트서비스팀에 방향 설명 | 크리에이티브팀(카피/디자이너/프로듀서) |
| ↓ | |
| 광고시안 작업 | 인쇄매체 제작팀 : 기획/카피라이터/디자이너<br>전파매체 제작팀 : 기획/카피/프로듀서/감독 |
| ↓ | |
| 광고회사자체평가 | 광고회사 책임자/어카운트서비스팀 |
| ↓ | |
| 프리젠테이션 | 광고주(책임자/광고담당)/광고회사(책임자/어카운트서비스팀) |
| ↓ | |
| 광고제작 | 인쇄매체 제작팀 : 사진촬영/컴퓨터작업<br>전파매체 제작팀 : (촬영콘티/모델/촬영장소/소품/음악/성우)<br>사전제작회의-제작-포스트제작(PPM-P-PP)녹음 |
| ↓ | |
| 광고심의 | 전파광고사전심의(방송광고심의위원회) |
| ↓ | |
| 자체평가 | 광고회사(책임자/어카운트서비스팀) |
| ↓ | |
| 광고시사회 | 광고주(책임자/광고담당)/광고회사(책임자/어카운트서비스팀) |
| ↓ | |
| 게재/방영 | 인쇄매체(광고회사-매체부-신문/잡지)<br>전파매체(광고회사-한국방송광고공사-방송국) |

표 42-5 : 광고의 기획과 제작과정

# 43 광고미디어 전략과 전술

## 정확한 목표를 향해 날리는 패트리어트미사일!

미디어전략이란 마케팅목표와 광고목표를 달성하기 위해 어떤 광고툴을 활용할 것인가를 결정하는 것이다. 이 경우 하나의 툴을 활용하는 경우도 있고, 여러가지 툴들을 결합하여 사용하는 경우도 있으며, 이 여러 가지 툴들을 선형화시켜서 차례로 집행해가는 IMC적 접근방식도 있을 수 있다.

매체의 가치는 세 종류이다. 하나는 시청률이나 청취율 · 구독률 · 발행부수 등으로 표현되는 매체의 양적 가치이며, 다른 하나는 타깃을 인구통계학적 분류나 라이프스타일로 분류하여 그에 따라 적중률을 높이기 위한 노력을 통해 얻어지는 질적 가치이다. 그리고 마지막 하나는 GRP · CPM 등으로 표현되는 광고의 효율성, 즉 경제적 가치다. 그리고 이러한 것들을 고려하여 송출된 광고는 이후 인지도 · 회상도 · 선호도 등에 의해 그 효과로써 측정되는 것이다.

### 광고목표소비자층에게 일정횟수 노출빈도와 도달률 만들기

가장 단순한 의미에서의 광고미디어목표란 특정제품이 일정기간 동안 일정금액의 광고비를 미디어에 사용할 때, 광고목표소비자층에 일정횟수의 노출빈도와 도달률을 확정하여 관리하는 것을 의미한다. 광고목표를 효율적으로 달성할 수 있도록 미디어목표를 설정하여야 하며, 그러기 위해서는 가장 맞는 미디어를 선정하여 강한 임팩트로, 빈번하게, 되도록 많은 소비자에게, 가능하면 값싸게 메시지를 전달할 수 있어야 할 것이다. 이러한 미디어목표는 커뮤니케이션목표 · 목표소비자층 · 크리에이티브전략 등에 의해 달라진다.

먼저 신제품을 출시하면서 인지도를 만들려는 것인지, 시장점유율을 확보하려는 것인지, 기존제품의 유지광고형식을 통해 이익을 극대화할 것인지 등의 명확한 마케팅커뮤니케이션목표에 따라 미디어목표가 달라질 것이다. 때문에 광고제품에 대한 시장상황 · 제품 및 소비자에 대한 분석을 통해 미디어목표를 설정해야만 한다.

도달률이란 일정기간동안 어떤 광고스케줄에 최소한 한 번 또는 그 이상 노출된 세대나 개인의 비율을 말하는 것이다. 사용되는 미디어효율성 평가지표로는 CPM · CPP · CPR 등이 있다. CPM(Cost Per Millennium)이란 광고를 1,000명에게 한번 노출하는데 드는 비용이며, CPP(Cost Per Rating Point)는 특정 광고일정에서 시청률(구독률) 1%를 올리기 위해 드는 비용을 말한다. 마지막으로 CPR(Cost Per Reach)은 특정 광고일정에서 도달률 1%를 올리는데 들어간 비용을 말한다.

미디어목표를 명시할 때에는 광고목표소비자층 · 기간 · 광고예산 · 측정 가능한 미디어도달률 · 도달빈도 등이 포함되어야 한다. 지역을 명확히 선정하고, 각 지역별로 수입 · 주거 · 유동성과 판매현황에 대해서도 숙지해야 한다. 이러한 자료는 광고를 어느 지역에 집중할 것인가에 대한 중요한 판단기준이 된다. 뿐만 아니라 광고제품의 계절성 · 특별한 판매추이 · 도입기와 유지기의 비율 · 경쟁사 광고에 대한 영향력을 판단하여 명확한 집행일정을 제시해야만 한다.

미디어전략에서는 목표소비자에 대한 명확한 도달률과 노출빈도를 정하는 일이 매우 중요하다. 이것은 도달률과 노출빈도를 기준으로 광고예산과 미디어목표가 확정되기 때문이다. 이렇게 확정된 미디어목표는 일정기간 후 도달률과 빈도를 사후 측정하여 그 달성도를 분석할 수 있게 된다.

미디어분석은 기초조사와 심층조사로 구분된다. 미디어 기초조사에는 인쇄미디어의 발생부수와 전파미디어의 시청률분석이 있다. 심층조사에는 크게 양적인 분석 · 질적인 분석 · 경제적인 분석 등이 포함된다. 인쇄미디어의 광고기준이 되는 발행부수는 발행부수조사공사(ABC:Audit Bureau of Circulation)에 의해 객관적으로 인정될 때 자료로써 활용된다.

발행부수조사공사는 광고주 · 광고미디어사 · 광고회사에 의해 운용되며, 신문 · 잡지 발행사가 자진해 공사를 통해 공정하게 자사부수를 인정받도록 하고 있다. 발행사는 광고지면을 파는데 이 자료를 제시하고, 광고주나 대행사는 이를 바탕으로 미디어계획을 세우게 된다. 1996년부터 매년 한국광고주협회에서 실시 중인 한국광고주협회 인쇄미디어 수용조사도도 인쇄미디어의 기초자료로 활용되고 있다.

전파미디어의 기초자료는 피플미터기라는 측정기가 달린 TV를 통해 조사된 시청률이 광고기준이 된다. '국내에는 TNS미디어코리아와 AGB닐슨미디어리서치란 시청률조사기관 2곳이 각각 선정한 패널가구에 피플미터기를 장착하여 조사하고 있다. 시청률 조사기관은 가구소득 · 자녀수 · 연령 · 주거 형태 등 세세한 기초조사를 거쳐 전국적으로 2,000가구를 패널로 선발해 조사한다. 전체 패널가구 가운데 1년마다 25% 정도가 교체되고, 한 패널가구는 4년 연속으로 활동할 수 없는 등 객관성 유지를 위한 원칙이 적용된다.

미디어의 기초조사를 기준으로 질적인 조사를 실시한다. 소비자의 미디어접촉도 조사 및 미디어에 대한 소비자 인구통계학적 분석 · 심리학적 분석이 병행되어야 한다. 일반적 조사보다 광고제품의 목표소비자층에 대한 시청률 · 구독률의 종합적 분석과 미디어에 대한 심리적 요소 분석이 더 중요하고, 이는 광고미디어전략의 핵심인 미디어믹스에 사용된다.

## 목표소비자 미디어접촉도에 따라 광고예산을 배분하는 미디어믹스

미디어믹스는 인구통계적 자료에 의해서 선정된 목표소비자의 미디어접촉도에 따라 광고예산을 배분하는 것을 말한다. 그에 앞서 먼저 미디어의 경제성조사를 살펴보자.

미디어의 경제성은 미디어 기초조사와 응용조사를 기준으로 미디어의 도달률과 가격의 효율성을 분석하여 알아낼 수 있다. 미디어 비용분석의 경우 CPM을 기준으로 하고 있으나, 인쇄광고의 경우 신문 1부 구독률 기준 비용을 산출하는 CPP를 주로 사용한다. TV광고의 경우에도 시청률에 빈도를 곱한 GRP가 기준이 되지만, 시청률 1%에 해당하는 광고비를 분석하여 미디어를 선택하는 CPP를 일반적으로 사용한다.

광고미디어의 경제성을 분석하기 위해서는 CPM, GRP를 기준으로 목표소비자와 관련된 TGRP(T : Target), TCPM을 분석하는 것이 효과적이다. 아래 표는 이러한 미디어분석의 기본단위를 설명한 표이다.

| 전파광고 기준 |
| --- |
| – 시청률(Rating) : 시청률이란 개인 또는 가정이 어떤 프로그램을 보거나 듣는 비율.<br>– 총 시청률(GRP : Gross Rating Points) : 시청률의 총합계로 시청률×노출빈도.<br>시청률이 25%인 프로그램에 4회 노출했을 경우 GRP는 100이 됨.<br>이때 100의 의미는 TV 전체 시청자에게 1회 노출을 의미함.<br>– 목표소비자총시청률(TGRP : Target Audience Gross Rating Points) : 광고제품이나 기업의 목표소비자층을 분석하여 총시청률을 구하는 방법.<br>– 최소시청률당 광고비(CPP/CPR/CPRP : Cost Per Rating Point) : 광고단가를 시청률 또는 단위당 시청률로 나눈 비용. 예를 들어 SA급 15초 프로그램의 광고비가 8백만 원이고 시청률이 20%라면 CPP는 40만원임.<br>– 시청자 천 명당 광고비(CPM : Cost Per Millenium) : 인구 천 명당 광고비로 광고단가를 시청인구로 나누고 천을 곱한 값 |
| 인쇄미디어 기준 |
| – 구독률(Readership Index) : 특정신문을 보는 사람이 차지하는 비율.<br>– 발생부수(Circulation) : 특정신문의 총 발행부수(ABC기준)<br>– 회독률(POC : Percentage Of Circulation) : 특정신문을 돌려보는 사람의 수.<br>1부당 인쇄물 구독자, 회람독자 총합을 RPC(Readers Per Copy)라 표시하기도 함.<br>– 인구천명당 광고비(CPM : Cost Per Millenium) : 인구 천 명당 인쇄미디어광고비, 광고료를 발행부수와 회독률로 나누고 천을 곱한 값.<br>예를 들어 일간지 1면 5단×37㎝ 4천만 원 기준 발행부수 200만 부, 회독률 3명일 때의 계산공식은 4천만 원÷(200만 명×2.5명)×1,000=8,000이 됨.<br>– 목표소비자 천 명당 광고비(TCPM : Target Audience Cost Per Millenium) : 특정미디어의 구독률 중 목표소비자의 인구통계학적 특성을 분석, CPM을 구한 값.<br>– 발행부수 1부당 광고비(CPRP : Cost Per Readership Rating Point) : 발행부수 1부당 광고비의 산출방법으로 광고비를 발행부수로 나누어 얻은 값. |

표 43-1 : 미디어분석에 사용되는 기본단위의 설명

미디어목표를 달성하기 위해 커뮤니케이션 환경분석에서 파악된 내용을 중심으로 미디어타입 · 미디어도달률과 노출빈도 확정 · 미디어노출패턴의 확정 등을 실시하는 것이 바로 미디어전략이다. 미디어타입을 결정하는 가장 중요한 요소는 광고목표소비자층의 미디어접촉도, 즉 미디어선호도다.

미디어타입의 결정에 의해 미디어믹스와 미디어의 비클, 유니트가 선택된다. 미디어믹스는 미디어의 효율적인 조합을 의미한다. 미디어의 총 도달률을 높이고 미디어의 상승효과를 높이기 위해 사용되며, 목표소비자의 미디어접촉도에 의해 조합된다. 미디어접촉도는 광고심층조사를 통해 분석된 광고제품에 대한 목표소비자의 미디어영향도를 의미한다.

미디어타입 확정과 미디어믹스 후에는 미디어비클을 확정한다. 미디어비클의 주결정요인은 목표소비자와 가격이다. 주로 미디어의 경제성을 파악하기 위해 CPM을 분석해 선택하는데, TCPM을 사용하는 것이 효과적이다.

미디어비클의 확정은 미디어믹스에서 확정된 해당 미디어 예산범위 내에서 목표소비자의 선호미디어를 선택하여 실시한다. 미디어별 유니트는 확정된 미디어비클을 기준으로 선정한다. 이때 미디어에 방송되거나 게재되는 광고에 대한 목표소비자성향과 광고물의 크리에이티브 형태가 감안되어야 한다. 아래 표는 TV 미디어 비클 및 유니트 계획의 예이다.

| 방송국 | 프로그램 | 시간 | 요일 | 회수 | 단가 | 금액 | RP | TRP | GRP | TGRP | TCPP |
|---|---|---|---|---|---|---|---|---|---|---|---|
| MBC | 뉴스데스크 | 21:00~21:30 | 토 · 일 | 8 | 7,489 | 59,912 | 25 | 10 | 200 | 80 | 784.8 |
| | 주말의 명화 | 22:35~24:35 | 토 | 4 | 5,355 | 21,420 | 10 | 15 | 40 | 60 | 357.0 |
| KBS | 서울1945 | 20:00~21:00 | 토 · 일 | 8 | 7,488 | 59,904 | 20 | 20 | 160 | 160 | 374.4 |
| | 연예가중계 | 21:00~22:00 | 토 | 4 | 5,754 | 23,016 | 15 | 10 | 60 | 40 | 575.4 |
| SBS | 하늘이시여 | 21:00~22:00 | 토 · 일 | 8 | 7,488 | 59,904 | 15 | 10 | 120 | 80 | 748.8 |

표 43-2 : TV 미디어 비클 및 유니트 계획의 예 (단위 : 천 원, %)

## 많이 내보냈다고 많이 알고 있을 것이란 생각은 금물

도달률이란 특정기간 내 특정 미디어스케줄에 의해 광고에 노출된 개인이나 가구의 수다. 일반적으로 도달률은 퍼센트로 표시된다. 광고미디어전략에서 순도달률을 리치(reach)라고 하고, 평균노출빈도를 프리퀀시(frequency)라고 한다. GRP에서는 중복된 오디언스도 포함되지만 도달범위에서는 중복이 제외된다. 광고미디어 계획에서 범위는 잠재적인 면과 연결되고 도달률은 실제적인 면과 관련된다.

| 구분 | 도달률(reach) | 커버리지(coverage) |
|---|---|---|
| 의미 | - 1개 또는 그 이상의 미디어비클에 실제로 노출될 수 있는 사람들의 숫자 또는 비율. | - 전파미디어의 경우 잠재적인 오디언스 숫자, 또는 비율이며, 인쇄미디어의 경우 단 1회라도 노출될 수 있다고 예상되는 실제적인 사람의 숫자 또는 비율. |
| 활용예 | 예1 : 프로그램 A는 4주 동안 남성 18~34세 90만 명에 도달한다.<br>예2 : 잡지 C는 월평균 18~24세 25%에 도달한다. | 예1 : 방송국 B는 전체 세대의 80%까지 커버한다.<br>예2 : 잡지 D는 남성18~34세에 매월 25% 정도 커버한다. |

표 43-3 : 도달률과 커버리지의 비교

도달률이 목표소비자층에 대한 메시지 확산 정도의 측정치라면, 빈도는 목표소비자층이 동일 미디어비클에 얼마나 자주 노출되었는가를 나타내는 반복에 대한 측정치이다. 결국 광고노출빈도란 '개인 또는 가구가 광고에 노출된 평균횟수'라 할 수 있겠다. 확정된 광고예산 내에서 이뤄진 미디어 선택, 즉 미디어믹스 후 미디어비클 및 미디어유니트에 따른 광고노출을 의미하는 것. (노출빈도 = GRP÷도달률)

톰슨과 아켄바움이 제시한 ERP(Effecting Rating Point 개념)는 어떤 광고의 결과로 발생된 접촉빈도의 분포 중 일부, 즉 3회에서 10회에 해당되는 접촉횟수의 부분만이 유효하다는 것에 착안해 만들어진 것이다. 3회 미만일 경우 비효율적 노출, 11회 이상은 과잉노출, 16회 이상은 부정적 노출이라는 것이다. 효과적 노출량이라는 개념 하에서 ERP를 구하면 221이 되고, 이것을 총노출량이라는 관점에서 GRP로 환산하면 400이 된다. 즉 광고투입량의 반 정도만이 효과적인 광고노출량이라 볼 수 있다는 것이다. 광고노출패턴은 도달률과 빈도, 그리고 광고기간의 삼각관계에 의해 결정되며 이러한 관계에서 어느 한 부분을 강화하면 다른 부분은 약화되기 마련이다.

### 예산배분을 위해 작성하는 미디어스케쥴링

광고미디어의 노출횟수가 확정되면 미디어의 스케줄계획을 수립한다. 미디어스케줄링은 광고미디어전략을 기준으로 적절히 광고예산을 배분하는 것을 의미한다. 제품의 라이프사이클과 속성, 소비자의 구매패턴, 월별 판매현황 등을 분석하여 수립하되, 특히 경쟁사의 미디어노출패턴에 대한 전략적 대응이 필요하다. 이러한 스케쥴링은 기간에 따라 거시적 스케줄링과 미시적 스케줄링으로 구분된다.

거시적 스케줄링은 장기적 관점에서의 광고배분을 말하는데, 분기 또는 1년 이상의 기간을 단위로 하여 집행계획을 짜는 것을 의미하며, 주로 계절성이나 시장의 증감을 고려한 형태이다. 미시적 스케줄링은 단기간이라고 할 수 있는 분기 또는 1개월 내의 광고스케줄링이다.

이러한 미디어스케줄링까지 끝나고 나면 미디어계획과 미디어예산을 복합적으로 분석한 후 도표화하여 미디어관리를 실시하게 된다. 이처럼 미디어전략을 도표화하는 데에는 미디어별 광고비 현황, 월별 미디어별 광고스케줄, 월별 지역별 광고스케줄, 미디어타입, 광고미디어스케줄 등이 포함된다. 이러한 미디어전략을 잘 구성했는지를 살펴보기 위한 체크리스트를 소개하면 다음과 같다.

**광고미디어계획의 체크리스트**

1. 미디어목표
   - 미디어목표는 마케팅자료, 마케팅목표와 연관되어 설정되었는가?
   - 목표는 구체적인 미디어선택을 언급하고 분명하게 서술하고 있는가?
   - 목표는 다음의 기본사항을 모두 포함하고 있는가?
     (목표소비자층, 지역별 커버러지, 도달률과 빈도목표, 스케줄, 예산)
   - 추가적인 목표가 필요한가?
     (크리에이티브 관계, 소매업자 홍보, 프로모션의 지원, 융통성)

2. 전반적인 전략
- 선택된 미디어유형의 특성과 선택이유는?
- 선정된 미디어가 미디어목표와 부합되는가?
- 선택되지 않은 미디어유형과 그 이유는?

3. 추천안의 이유
- 텔레비전 미디어 선정 시 타당한 이유가 있는가?
(시급선정, 프로그램유형, 광고사용초수, 각 시급의 GRP, 월 · 년 단위 GRP, 스팟광고 지역선택, 스팟광고 시급선정, 스팟광고 GRP 그리고 지역별 광고시간)
- 잡지광고 선정 시 타당한 이유가 있는가?
(잡지 형태, 광고지면 크기, 컬러사용 여부, 선정된 잡지 CPM 및 인구통계학적 자료, 각 잡지별 광고게재횟수, 지역판사용 등)
- 신문광고 선정 시 타당한 이유가 있는가?
(광고지역, 각 지역의 커버리지, 신문별 커버리지별 CPM, 광고회수와 광고규격)
- 라디오광고 선정 시 타당한 이유가 있는가?
(네트워크 라디오 선정, 광고시간, 주 · 월 · 년 단위 GRP, 스팟 라디오 지역, 스팟 라디오 시급, 프로그램의 유형, 스팟 라디오의 GRP, 지역별 광고시간)
- 옥외광고 선정 시 타당한 이유가 있는가?
(선정된 지역, 옥외광고물의 수, 지역별 기간)
- 모든 미디어를 종합해 전국적 계획 및 집중지역 도달률과 빈도를 설정하였는가?

4. 미디어스케줄
- 주별/월별로 구체적인 스케줄을 보여주는 차트를 포함하였는가?
- 계절별로 집중형광고 스케줄을 실시하는 이유를 제시하였는가?

5. 예산
- 각 미디어별 광고비를 쉽게 파악할 수 있도록 하였는가?
- 각 비클, 광고횟수(GRP), 광고단가(CPP), 연간 광고비 등을 설명할 요약표를 작성하였는가?
- 주단위, 그리고 연단위로 스팟 텔레비전, 스팟 라디오, 신문, 그리고 옥외광고의 지역별 광고비를 보여주는 도표를 포함하였는가?
- 월별 또는 분기별 광고비 분석표를 포함하였는가?

6. 일반사항
- 계획은 잘 구성되었으며, 논리적으로 제시되었는가?
- 계획의 근거로 사용된 자료의 출처를 밝혔는가?
- 긴 표는 부록에 삽입하였는가?
- 철자, 문자 등에서 오기가 없는가? 표제목은 적합한가, 종합적으로 점검하였는가?

표 43-4 : 광고미디어계획의 체크리스트

그렇다면 통합 가능한 마케팅커뮤니케이션수단으로는 어떤 것들이 활용될까? 매체수는 물론 그 종류 또한 이루 헤아릴 수 없을 만큼 많다. 더욱이 최근 기술의 발달과 치열한 경쟁으로 말미암아 매체들은 기하급수적으로 증가하고 있는 추세다.

이러한 매체들에 대해 정해동 · 박기철 교수는 〈통합된 마케팅 커뮤니케이션 IMC〉라는 저서를 통해 매체를 분류하는 기준으로 '일방적인가, 아니면 양방향적인가, 또는 상호작용적인가?', '커뮤니케이션의 대상이 되는 타깃들이 공중(Public) 차원인가, 아니면 개인(Individual) 차원인가?', '커뮤니케이션 수단이 비대인적(Non Personal)인가, 대인적(Personal)인가?'의 세 가지를 제시해 주었다. 아래 표는 이러한 세 가지 기준을 바탕으로 현재 많이 활용되고 있는 마케팅커뮤니케이션 전술들을 정리한 것이다.

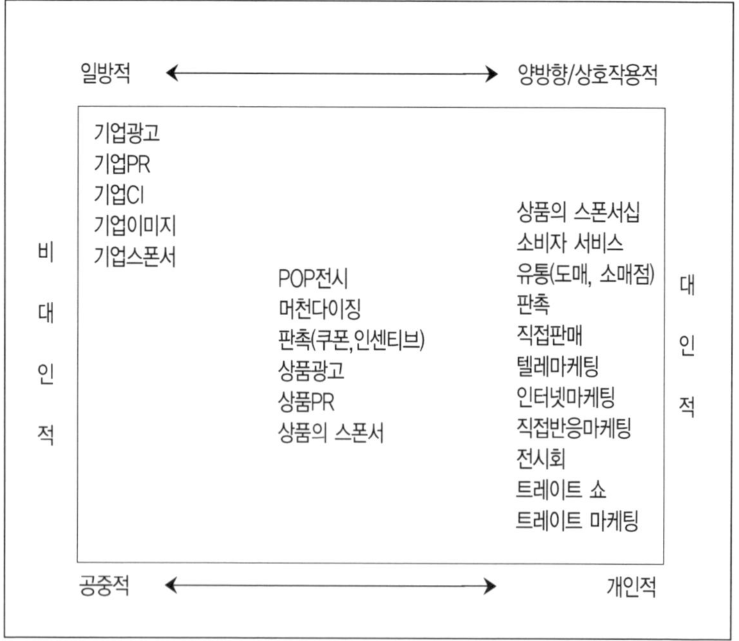


그림 43-1 : Hartley, Bob and Pickton, Dave,의 커뮤니케이션 전술 수단 매트릭스

# 44 광고크리에이티브 전략과 전술

## 필로 감싼 클레임, 소비자의 인식을 파고든다!

광고크리에이티브전략이란 독창적이고 영향력 있는 아이디어를 창조해서 크리에이티브컨셉을 찾아내는 과정이다. 광고크리에이티브전략 수립의 첫 단계는 광고크리에이티브목표를 설정하는 것이다. 광고목표가 광고제품에 대한 전반적인 인지율 중심이라면 광고크리에이티브의목표는 전달하고자 하는 핵심메시지의 침투율을 중심으로 설정되어야만 한다.

### 제품컨셉을 크리에이티브컨셉으로, 다시 광고메시지로

이때에 설정되는 광고크리에이티브목표는 광고기간 · 광고목표 소비자층 · 측정 가능한 커뮤니케이션목표로서의 핵심메시지 내용을 명확히 제시해야한다. 광고크리에이티브목표는 크게 두 가지 측면에서 구분할 수 있다. 첫째는 크리에이티브의 일반목표로서 제품이나 시장과 관련 없이 단순한 호기심과 흥미를 유발시키는 것. 둘째는 특수목표로서 심리적 목표 · 행동지향적 목표 · 기업적 목표 · 마케팅 목표로 세분된다.

특수목표로서 심리적 목표는 경쟁제품보다 월등한 보상을 제공한다는 사실을 확신시키는 것, 새로운 사용법을 교육하고 제품구매를 통해 불만을 해소할 수 있다고 확신시키는 것, 제품과 관련된 상징과 소비자들이 알고 있는 슬로건을 상기시키는 것, 잠재욕구를 끄집어내고 만족시켜주는 것 등이다.

이러한 특수목표들은 그 지향성에 따라 행동지향적 목표 · 기업적 목표 · 마케팅적 목표로 나눠지기도 한다. 먼저 행동지향적 목표는 구매빈도를 증가시키도록 유도하고 경쟁제품과 대체토록 하는 것이고, 기업적 목표는 사회에 봉사하는 기업의 이미지 또는 해당분야의 개척자라는 인식을 주지시키는 것이다. 그리고 마케팅적 목표는 제품의 수요를 자극하거나, 유통업자들로 하여금 제품판매에 노력하도록 독려하거나, 용기를 주고 대리점 등을 증가시키도록 하는 것 등이 포함된다.

결국 광고크리에이티브전략이란 무엇인가? 광고크리에이티브전략이란 줄 수 있는 이익이나 문제해결 특성을 소비자들에게 잘 전달하기 위해 광고컨셉과 광고메시지를 뽑아내는 과정이다. 마케팅커뮤니케이션전략에 부합하는 광고목표 · 광고목표소비자 · 소비자의 이점 · 지원 어조와 태도를 명확히 하는 것이라고도 설명할 수 있겠다.

이러한 광고크리에이티브전략은 그 제품만이 가지고 있는 브랜드의 의미를 찾는 것으로 시대적 흐름을 타고 변화되어 왔다. 때문에 수많은 전략들이 생겨나고, 또 사라져갔다. 현재까지도 활용되고 있는 대표적 전략으로는 USP전략 · 브랜드이미지전략 · 포지셔닝전략 등이 있다.

## 한 사람의 내외적 요소와 일치시켜 만들어내는 한 편의 광고

앞서 우리는 광고용어로서의 컨셉이 생각하는 방향을 뜻한다는 사실을 살펴보았다. 컨셉에는 제품컨셉과 광고컨셉, 크리에이티브컨셉의 세 가지가 있다. 이러한 컨셉은 따로 만들어 지는 것이 아니다. 소비자의 마음 속에 있는 제품에 대한 개별적인 생각을 꺼내어 강조하는 것에 불과하다. 결국 컨셉은 생산자의 크리에이티브목표를 소비자에게 전달하는 과정이며, 마케팅기회를 광고기회로 전환하는 단계라 할 수 있을 것이다.

| 구분 | 제품컨셉 | 광고컨셉 | 크리에이티브컨셉 |
|---|---|---|---|
| 중심과제 | 제품분석 | 소비자분석 | 창조적 아이디어 |
| 결과 | 사실의 발견<br>효익의 발견 | 무엇을 말할까?<br>(What to say)? | 어떻게 알릴까?<br>(How to say)? |
| 담당자 | 마케터 | 플래너 | 크리에이터 |
| 접근방법 | 과학적, 이성적 | 과학적, 이성적 | 예술적, 창조적 |

표 44-1 : 각 컨셉의 개념

크리에이티브컨셉의 추출방법에는 제품 중심방법과 목표소비자 중심방법이 있다. 제품 중심의 컨셉 추출방법은 상황분석 과정을 통해 제품의 장단점을 분석하여 제품의 특징, 즉 '사실의 발견'을 하는 것에서 출발한다. 이러한 사실의 발견은 과학적 조사방법을 통해 합리적으로 진행되어야 한다.

제품컨셉을 전개하기 위해서는 첫째, 제품에 내재되어 있는 속성 · 기능과 독창성 · 효익이 되는 요소를 찾아야 한다. 둘째, 제품컨셉에 적합하다고 생각되는 소비자층의 규모를 살펴보아야 한다. 셋째, 소비자의 생활양식과의 관련성을 파악해야한다. 넷째, 경쟁관계에서 차별화되어 위치설정이 가능한 것인가에 대한 분석이 있어야 한다는 것이다. 결국 마케팅의 STP와 커뮤니케이션환경이 고려되어야 한다는 것과 다름 아니다.

목표소비자 중심의 컨셉을 추출하기 위해서는 목표소비자에 대한 내적분석과 외적분석이 필요하다. 이러한 분석의 결과를 통합시켜 크리에이티브에 과학적으로 접근할 수 있다. 예를 들어 나이 24~29세, 여성, 대도시 거주, 월소득 150만원, 대졸 전문직 등의 요소는 외적분석이다. 독립심이 강함, 검은색을 좋아하고 재즈음악을 즐김, 휴식시간엔 친구들과 만나 커피를 마시며 대화하기를 좋아함, 좋아하는 남성상은 소지섭 등의 요소는 내적분석이다.

이때 실제 광고제작은 검은색의 실내디자인을 한 카페에서 소지섭과 마주앉은 여인이 재즈를 들으며 제품에 관련된 이야기를 나누는 상황으로 제작될 수 있다는 것이다. 즉 목표소비자 개인 한 사람의 내·외적 요소와 일치하도록 조작되어야 한다는 것.

| 목표소비자의 외적분석 | 목표소비자의 내적분석 |
|---|---|
| 인구통계학적 분석<br>(연령, 성, 지역, 수입, 교육수준) | 심리학적 분석<br>(행동, 취미, 견해, 라이프스타일) |

표 44-2 : 목표소비자의 내외적 요소

앞서 설명한 바대로 크리에이티브를 위한 대표적 전략으로는 USP전략·브랜드이미지전략·포지셔닝전략이 있다. 먼저 USP 전략이란 차별적인 제품의 편익을 강조하는 전략이다. 브랜드이미지전략은 제품 고유의 이미지를 창조하고 유지하는 전략이며, 포지셔닝전략이란 제품이 잠재고객의 마음속에서 위치를 잡게 하는 전략이다. 그 외에도 모든 제품에는 내재된 드라마가 있어 이를 찾아 표현하는 것이 좋다는 레오 버넷의 '내재적 드라마' 전략, 광고에 신선한 독창성과 풍부한 상상력을 가미시켜야만 소비자가 메시지를 읽는다고 주장한 윌리엄 번벅의 '창조적 작업' 전략 등이 있다.

## 손에서는 녹지 않고, 입에서만 잘 녹아요

먼저 USP전략을 살펴보자. USP란 'Unique Selling Proposition'의 약

자이다. 직역하면 '독특한 판매제안' 이란 의미지만, 보다 실리적인 의미의 '경쟁사가 할 수 없거나 하지 않는, 독특하고도 강력한 약속' 이란 의역이 잘 어울린다. 이 USP전략은 1950년대 생산자 중심의 마케팅시대에 나타난 광고전략이다. 기업이 제품에 약간의 차별적 특징만 만들어내면 광고를 통해 소비자가 이를 인지, 구매행동을 일으키던 시대의 전략인 것이다. 때문에 타 제품과 차별화 가능한 제품컨셉이 가장 중요한 요소가 되었다.

〈광고의 실체〉라는 책에서 로서 리브스는 USP전략의 세 가지 특징을 다음과 같이 제시했다. '첫째, 모든 광고는 소비자에게 약속(Proposition)을 해야 한다. 각각의 소비자에게 이 제품을 사면 구체적으로 얻을 이득을 제시해야 하는 것이다. 둘째, 그 약속은 경쟁자가 할 수 없거나 하지 않고 있는 것이어야 하며, 독특한(Unique) 것이어야 한다. 셋째, 약속은 수백만의 소비자를 움직여 당신의 제품에 그들을 끌어올 수 있는(Selling) 강력한 것이어야 한다. 소비자에게 이런 약속을 분명히 해야만 침투와 사용유인의 측면에서 광고효과가 제대로 발휘된다' 고 USP를 설명했던 것이다.

USP 광고를 하는 방법으로 리브스는 다음의 세 가지를 제시했다. 첫째, 비디오와 오디오를 강하게 묶을 것. 광고를 보는 사람이 귀로 듣는 것을 바로 눈으로 보게 하라는 것이다. 둘째, 소리를 낮출 것. 제품에 관해 큰 소리로 열을 내 떠드는 방법에서 탈피하라는 것이다. 목소리를 낮추어도 USP가 잘 이해되어야만 USP가 살아있는 광고라는 것. 셋째, USP를 독특하고 구체적으로 보여줄 수 있는 비주얼을 찾을 것. USP를 분명히 전달할 수 있는 영상을 찾으라는 의미다. 복잡하고 흔한 방법이 아니라 USP가 정확하고 쉽게 이해될 수 있도록 하는 독특한 아이디어를 고안하라는 것.

이러한 세 가지 조건을 충분히 만족시켰을 때 그 광고는 소비자의 머릿속에 침투(Penetration)하고, 제품사용(Usage Pull)을 유인하는 강력한 파워를 가진다고 그는 설명하고 있다. 그러나 현대에는 제품 간의 균등화 현상으로 말미암아 제품 사이에서 차별적 요소를 찾기가 매우 힘들어졌다. 때문에 중요한 것은 USP전략을 통해 제품 속에서 독특한 점을 설득하려는 노력보다는 소비자들로 하여금 '이 제품이 주는 효익은 다른 어떤 제품에서도 찾을 수 없다' 는 생각을 갖게 하는 것이 매우 중요하다. M&M 초콜릿의 '손에서는 녹지 않고 입 안에서는 잘 녹아요' 와 같은 카피는 USP전략의 대표적인 예로 일컬어지고 있다.

## 우아한 주방이나 예쁜 전속모델로는 결코 해결할 수 없다

존 케이플스는 저서인 〈광고제작법(Tested Advertising Methods)〉을 통해 성공적인 이미지를 구성하기 위해서는 첫째, 제품의 사진을 보여주는 방법, 둘째, 제품을 이용하는 모습을 보여주는 방법, 셋째, 제품을 사용하는 사람들의 모습을 보여주는 방법, 넷째, 제품을 사용할 때 생기는 이익을 보여주는 방법 등이 있다고 제안한 바 있다. 다소의 차이는 있겠지만 대부분의 유형이 USP에 관한 이야기와 상통하는 것이라 하겠다.

이와 같은 USP전략의 사례로 테팔(Tefal)의 매직 핸즈 광고를 들 수 있다. 유명모델도 없고 멋진 주방의 이미지가 없더라도 소기의 목적에 충분히 부합한 광고였던 것. 냄비마다 달려있는 손잡이 때문에 느꼈을 불편함, 수납이나 손잡이 사이의 청결문제 등을 비주얼과 카피로 설명한 이 광고는 소비자들의 큰 반향을 이끌어냈다.

비슷한 유형의 광고로 싸이언 초콜릿폰의 예가 있다. 기존 핸드폰에 없던 터치 패드를 강조한 광고로 USP전략을 구사했던 것. '페트병마저 날씬해져서 입고 있는 라벨이 흘러내린다' 는 메시지의 다이어트 콜라 또한 확실한 USP를 채택하여 만든 광고의 예라 하겠다.

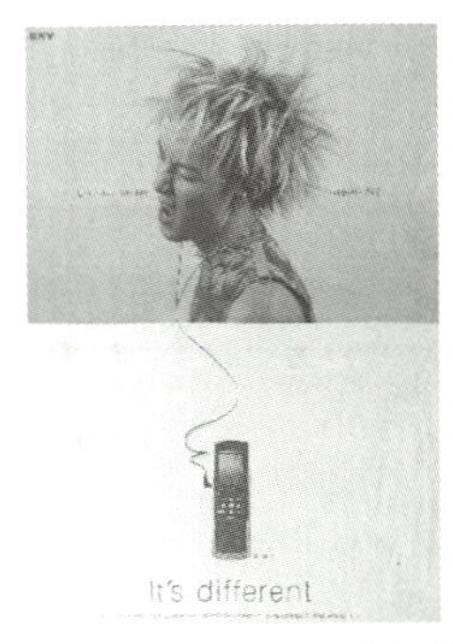

그림 44-1 : USP전략을 활용한 광고사례

### 뽀샤시성 이미지광고와 구분되어 쓰이는 브랜드이미지전략

브랜드이미지전략은 광고가 지속적이며 일관적으로 브랜드의 이미지를 형성해 가야한다는 측면을 강조한 전략이다. 인간의 감성적인 측면에 강조점을 둔 것이기는 하나, 감성적이며 소프트한 이미지광고와는 구별되어야 한다. 그때그때 튀는 크리에이티브가 아니라 어느 고유한 브랜드이미지, 즉 브랜드의 개성을 만들기 위해 지속적이고도 일관되게 광고하는 것을 의미한다.

브랜드도 사람처럼 개성을 가지고 있으며, 이러한 개성은 브랜드의 상표 · 포장 · 가격 · 광고, 그리고 브랜드 자체의 특성 등에 의해 복합적으로 형성된다. 브랜딩을 위해 광고는 소비자에게 좋은 브랜드이미지를 형성하는 방향으로 접근하고, 브랜드이미지광고는 계속 일관성 있게 동일한 이미지를 유지하여야 한다는 것이 전략의 가장 중요한 포인트.

브랜드이미지전략의 기본적인 흐름은 첫째, 제품의 개성을 창조하여 좋은 이미지를 갖도록 하는 것, 둘째, 동일한 이미지를 지속적으로 유지하는 것, 셋째, 고급이미지를 유지하는 것이다. 브랜드이미지는 언어적 영역과는 다른 소비자의 잠재의식과의 교신이다. 그 목적은 이미지와 무드의 창조이기 때문에 시각적인 것과 심벌을 중요하게 여긴다. 또한 브랜드이미지란 USP가 갖는 제품의 주장(claim)이 아닌 느낌(feeling)의 철학이기 때문에 제품특성이 갖는 물리적 실체가 아니라 명성 · 분위기 · 개성 등의 심리적 실체를 제3의 귀에 대고 광고하는 것이라 하겠다.

20년 동안 20여 개 캠페인의 광고효과 자료를 통계 분석한 결과, 이미지 광고의 효과는 USP광고보다 확연히 떨어지는 것으로 나타났다. 하지만 이 둘을 굳이 따로 써야하는 것은 아니다. 광고의 가장 이상적인 이론적 목표는 '클레임(Claim)을 필링(Feeling)으로 잘 감싸는 것' 이기 때문이다.

## 필립모리스가 만든 새로운 아이덴티티, 말보로캠페인

성공적인 브랜드이미지 광고의 예로 '말보로' 의 '카우보이 캠페인' , '다시다' 의 '고향의 맛' , 'LG건설' 의 '자이' 등이 대표적이다. 필립모리스사 '말보로' 의 '카우보이캠페인' 은 남성이 꿈꾸는 자유, 강인한 독립정신, 그들의 이상향을 반영하였다. 그러나 말보로가 처음부터 남성이미지를 표방했던 것은 아니었다. 1954년까지의 '말보로' 는 여성용 담배로서, 당시의 슬로건은 'Mild as May(5월처럼 순한)' 였다. 그러나 담배의 헤비유저는 남성이었기에 판매부진이 뒤따랐고, 따라서 필립모리스는 새로운 아이덴티티를 담기 위한 노력을 시작했다.

변화의 주된 방향은 담배의 주소비층인 남성을 타깃으로 제품과 광고에서 구체적으로 일어났다. 제품면에서 종전까지 누워있던 담뱃갑을 90도로 일으켜 세우는 남성적 이미지와 튼튼한 재질, 정열을 상징하는 붉은색, 강렬한 로고, 담배를 형상화한 가늘고 긴 글씨체, 그리고 집을 나타내는 삼각형의 날카로운 선 등으로 남성적 아이덴티티를 강조했다. 광고는 '말보로' 를 피움으로 인해 남자라는 진정한 만족감을 얻게 된다는 것을 표현했다.

광고에 등장한 남성은 소위 '말보로맨' 이라고 불리었다. 이들은 해군장교 · 사업가 · 카우보이 · 광부 · 트럭운전자 등 여러 계층의 남자들이었지만 모두 손에 문신을 하고 있다는 공통점이 있었다. 이들은 멋진 남자다움과 남자의 인생을 대변해주는 일관된 메시지를 전하고 있다. 특히 카우보이의 경우, 자신의 손으로 성공을 개척한 보편적 남성을 대신하는 상징이었던 것. 더구나 그 배경인 서부는 미국인에게는 고향을 상징하는 곳이다. 그리고 그곳 사람들의 70% 정도가 자신의 고향을 떠나 도시에 살고 있었다. 따라서 카우보이는 향수를 자극하기에 적절한 소구물이 되어주었던 것이다.

이러한 재포지셔닝으로 인해 '말보로' 는 1975년 말경, 선두를 지켜왔던 '윈스턴' 을 누르고 20년 만에 미국 담배시장을 석권한다. 디자인파워로 경쟁하던 '카멜' 과의 경쟁에서도 우위를 차지하게 되었고, 결국 '카멜' 은 주로 국토전체가 사막인 아랍권에서만 그 위치를 보존케 된다. 남성적 담배로 재포지셔닝한 '말보로' 의 브랜드이미지전략은 성공하였고, '말보로' 의 남성성을 강조한 메시지는 수십 년이 지난 지금까지도 지속되고 있다.

'다시다' 의 '고향의 맛' 캠페인도 브랜드이미지전략의 좋은 예이다. 80년대까지 미원은 브랜드를 넘어 조미료의 대명사로 통하고 있었다. 이처럼 막강한 미원에 도전장을 낸 것이 '다시다' 였다. 다시다가 내놓은 '고향의 맛' 캠페인은 87년부터 어머니의 손맛 · 추수 · 명절 · 혼례식을 다룬 광고를 내보냈으며, 90년대 초반엔 '잃어버린 고향의 발견' 을 주제로 실향민의 아픔을 달래는 광고를, 외환위기를 겪던 90년대 후반엔 가정의 소중함을 일깨우는 광고를 내보내는 등의 우리의 시대적 흐름을 반영해왔다.

풋풋한 새댁이었던 모델 김혜자 씨가 할머니가 될 때까지 일관되게 '고향의 맛' 이란 브랜드이미지를 구축해 왔던 것. 이 캠페인은 경쟁업체였던 미원을 마치 인공 · 화학조미료인 것처럼 만들어 버리고, 다시다를 천연조미료시장 점유율 80%의 넘버원 브랜드로 우뚝 서게 했다.

최근에는 아파트건설업체들도 앞다투어 브랜드이미지전략을 전개하고 있다. 2000년 이후 아파트시장의 경쟁이 가열됨에 따라 만들어진 현상. 아파트시장에 브랜드가 난무하여 치열한 경쟁이 펼쳐지던 2003년 9월, LG건설의 '자이(Xi)' 가 탄생한다. 자이는 탄생과 함께 '고품격 · 최첨단' 아파트를 표방하며 타 브랜드와의 차별화를 꾀했고, 이영애라는 빅 모델을 기용해 인지도를 높이면서 브랜드아이덴티티를 구축해 나갔다. 이런 캠페인 덕택에 자이는 소비자들에게 '최첨단 아파트' 로 브랜딩 될 수 있었던 것.

## 1등을 뛰어넘는 2등전략도 있다, 사다리의 첫째 칸을 노려라

생각의 출발을 제품에 두는 것이 아니라 잠재고객의 마음으로부터 출발시키는 것, 제품이 잠재고객의 마음 속에 위치하도록 하는 것이 포지셔닝 전략이다. 즉 포지셔닝전략은 제품의 좋은 점을 찾는 것이 아니라 소비자의 머릿속 빈틈을 찾는 전략이다. 기업의 시각(혹은 제품 중심)으로 보는 전통적 사고에서 탈피, 소비자의 시각에서 '이건 이거다' 라는 지극히 단순한 즉각적 사고를 일으키는 쪽으로 변화한 전략이라 하겠다. 안에서 밖을 보는 것이 아니라 밖에서 안을 보는 관점이다.

인간의 두뇌는 한번에 7개 이상의 단위를 취급할 수 없다는 '매직세븐' 이 포지셔닝전략의 이론적 기초가 되었다. 소비자가 제품을 구매할 때도 자기 나름의 브랜드사다리를 7개정도 기억한다고 한다. 이 중 사다리 제일 위에 있는 브랜드는 소비자의 구매와 직접적인 관계를 가지게 되므로, 인간의 머릿속에 잠재하고 있는 특정 브랜드에 대한 사다리의 위치를 첫 번째로 점유하도록 하는 것이 포지셔닝전략의 핵심이다.

포지셔닝의 접근방식은 크게 두 가지로 구분할 수 있다. 첫째는 경쟁자와 비슷한 위상을 정립하는 것이고, 둘째는 경쟁자가 차지하고 있지 않은 위상을 찾아 차별적인 위상을 구축하는 것이다. 대표적 성공사례로 Avis의 'No2' 가 전자이고 세븐업의 'Uncola' 가 후자의 경우이다.

미국 렌트카 회사의 1위는 Hertz 였고, 그 다음이 Avis였다. 그러나 업계 2위임에도 불구, 늘 적자라는 문제를 안고 있었다. 이에 Avis는 No.2 캠페인을 전개, 적자를 면하고 사람들에게 강한 인상을 남기게 된다. 당시 Avis가 실시한 캠페인의 키워드는 "We're No.2 in a rent cars. So why go with us?(우리는 렌트카 회사에서 2위입니다. 그런데 왜 우리를 이용할까요?)였다. Avis가 2위이기에 더 노력할 수밖에 없다는 점을 강조했던 것.

Avis는 광고캠페인에 맞춰 차를 세차하고, 재떨이를 깨끗하게 비웠으며, 기름을 가득 채웠다. 이때 그들이 가슴에 단 슬로건은 'We try harder!(우리는 더 노력한다)' 였다. Avis는 '2등이기에 더 노력할 수밖에 없지 않느냐?' 는 메시지를 중심으로 사람들의 심리를 자극해 공감을 불러 일으켰던 것. 사람들은 Avis를 이용했고, '2등' 은 결국 적자에서 탈출할 수 있었다.

'1등이라면 어떤 경우라도 힘을 가진다. 그러나 2등이라면 달라진다.' 라는 체스터 마케팅전략에는 3배의 법칙이라는 것이 있는데, 2등은 3배의 노력을 해야만 겨우 1등과 비슷해진다는 것이다. 2등은 1등과 다른 자신의 모습, 주장을 보여주고 말해야만 사람들이 관심을 갖는다. 흔히 1등을 모방하고 따라 하기 쉬운데 그러면 오히려 1등을 도와주는 결과가 된다. 적자를 모면한 Avis가 '이제는 우리도 1등이 되려합니다' 라는 캠페인을 펼친 후, 사양길로 접어든 것 역시 대표적 사례로 기억해야 할 것이다.

### 연결 · 단순 · 지속이 포지셔닝의 핵심이다

1등의 경우에는 동일화전략이 효과적이다. 2등 이하가 하는 주장을 1등도 해버리면 사람들은 2등이 아니라 1등의 말에 귀를 기울이게 된다. 1등의 프리미엄은 그래서 무서운 것이다. 즉 아직 개척되지 않은 분야라면 1등으로 포지셔닝하는 것이 무엇보다 중요하다. 세븐업의 경우 새로운 시장을 만들어 첫 번째로 포지셔닝한 대표적 사례이다. 미국 음료시장의 경우 1등이 코카콜라, 2등이 펩시콜라였다. 그 아래로 약 500개가 넘는 콜라 브랜드가 있고, 소다수 브랜드가 200~300개, 천연주스가 700~800개, 미네랄워터도 수십 개나 있었다. 여기에 세븐업이란 레몬맛 탄산음료 브랜드는 업계 순위 20~30등 정도였다.

'어차피 세븐업이 코카콜라나 펩시를 제치고 음료시장에서 1등이나 2등을 하는 것은 불가능한 일이고, 아예 콜라와 별개의 시장을 만들면 어떨까?' 이렇게 생각한 세븐업은 'Non cola campaign(콜라가 아닙니다)' 을 내놓는다. 세븐업이 콜라가 아닌 것은 당연하였으나, 그 효과는 당연하지 않았다. 콜라의 잠재적인 권위에 무명의 신인이 도전장을 냈다는 것 자체가 음료시장과 소비자의 음료의 브랜드사다리에 충격을 줬기 때문이다.

소비자들은 세븐업은 몰라도 콜라는 누구나 알고 있었다. 때문에 콜라가 아니라는 주장을 펴는 세븐업은 소비자들이 콜라를 생각할 때마다 한 번씩 떠올리는 이름이 되었다. 즉, 음료시장 전체에서는 콜라가 1등이지만, 콜라를 안 마시는 사람들에게는 세븐업이 첫 번째 사다리를 차지하게 되었던 것. 세븐업이 '콜라가 아니다' 라고 한 포지셔닝 때문에 다른 음료 중에서는 우선적으로 세븐업을 선택하게 된 것이다.

콜라를 생각할 때마다 콜라가 아니라고 소리 지르는 세븐업을 소비자들은 기억할 수밖에 없었고, 결국 세븐업은 제품을 전혀 바꾸지 않고도 음료의 브랜드사다리를 단숨에 수십 계단이나 뛰어올랐다. 하지만 이러한 성공 이후, 콜라와의 본격적인 경쟁을 위해 '미국이 세븐업으로 바꾸고 있습니다' 로 메시지를 바꾸며 스스로 'Uncola' 브랜드 중 첫째 사다리를 포기하게 되면서 커다란 실패를 맛보게 된다. 뒤늦게 'Uncola' 로 돌아갔지만, 기존의 위상을 되찾지는 못했다.

포지셔닝은 이렇게 하는 것이다' 라고 말할 수 있는 핵심은 '연결 · 단순 · 지속' 이다. 이 핵심을 가지고 하는 포지셔닝의 세 가지 원칙은 다음과 같다. 첫째, 기존의 것과 연결시켜라. 포지셔닝전략을 세울 때에는 사람들이 이미 익숙하게 알고 있는 것과 연결을 시켜야만 수월하게 사람들의 머릿속에 포지셔닝될 수 있다. 기업에서 보는 제품시각이 아니라 소비자가 이미 받아들이고 있는 명백한 사실에서 출발해야한다는 것.(Avis는 1위기업인 Herts와 세븐업은 콜라와 연결)

둘째, 하나로 단순하게 하라. 사람의 머릿속에 포지셔닝 시킬 광고메시지는 단순해야 한다. 사람들은 절대 2개의 메시지를 기억하지 못한다. (No.2, Uncola 처럼 단순하게 할 것)

셋째, 절대 바꾸지 마라. 포지셔닝전략은 그때그때 광고하려고 하는 것이 아니다. 중간에 광고의 메시지를 바꾸는 건 자라는 나무에 도끼질을 하는 격이다.( 'Avis는 1등이 될 것입니다' , '미국이 세븐업으로 바꾸고 있습니다' 로 메시지를 바꿨던 두 회사는 결국 실패했다)

## 꼭 하나씩만 사용하는가? 셋이 모여면 힘이 세 배

앞서 설명한 USP전략 · 브랜드이미지전략 · 포지셔닝전략 등 세 가지 광고전략 중 어느 한 가지가 가장 좋은 것이라고는 말할 수 없다. 중요한 것은 이들 세 가지가 서로 다르지만 완전히 구분되는 개념은 아니라는 것이다. 제품을 사도록 사람의 마음을 움직이려는 공통의 목적을 달성하기 위해 각기 다른 방법을 사용하는 것에 불과하다.

USP는 제품이 가지는 물리적 장점을 통해 그 방법을 찾는 것이고, 이미지는 제품에 감성적인 의미를 주어 그렇게 하자는 것이며, 포지셔닝은 소비자의 머릿속 빈틈에 새 사다리를 만들어 그렇게 하자는 것이다. 캠페인을 구상할 때 굳이 이 중 한 전략만을 선택할 필요는 없다. 오히려 이상적 광고란 이 세 가지 전략을 적절히 결합한 광고다. USP의 클레임을 이미지의 느낌으로 잘 감싼 뒤, 포지셔닝을 통해 소비자의 인식 속으로 파고들게 하는 것까지를 성공한다면 더할 나위가 없다는 것이다.

성공적인 광고로 예를 든 '말보로' 의 경우에서도, 다른 담배보다 구수하고 맛있을 것 같은 제품력(USP), 야성미 넘치는 남성의 이미지(브랜드이미지), '사나이 담배하면 말보로' 라는 인식(포지셔닝)을 하나로 합쳐 나타낸다. 바로 이것이 사람들의 향수에 남아 있는 서부 카우보이와 '연결' 되어 'Come to Marlboro Country' 란 '단순' 한 메시지를 50년 가까이 '지속' 적으로 사용하게 한 힘이 아닐까?

하나 더 기억해야 할 것은 브랜드매닝(Brand Meaning)이다. 브랜드매닝이란 브랜드의 의미를 찾아내는 것. 전체 광고전략 수립에 있어 그 제품이 속한 카테고리의 특성과 제품의 특성을 기본적으로 만족시킨 후에는 그 제품만이 갖고 있는 브랜드의 의미를 찾아내는 마지막 단계를 거친다. 즉 광고는 잠재고객의 기억 속에 브랜드를 형성하는 것인 바, 결국 소비자에게 전달할 그 브랜드의 핵심적인 전략소구포인트가 필요하다는 것.

이러한 브랜드매닝은 USP전략 · 브랜드이미지전략 · 포지셔닝전략을 각각 활용하여, 혹은 적절히 믹싱하여 만들어진다. 각 전략의 활용정도는 각 브랜드의 강점과 약점 · 제품이 처한 시장상황 · 경쟁구도 등을 고려하여 결정된다. 이렇게 찾아낸 브랜드의미를 타깃과 메시지, 매체 요소 등에 따라 차별화하여 구성함으로써 광고가 완성되는 것이다.

## 전략을 수행하는 구체적인 수단, 광고크리에이티브전술

광고크리에이티브전술이란 소비자를 설득하는 구체적 방법이다. 크리에이티브전술은 언어적 기호에 의한 소구방법과 비언어적 기호에 의한 소구방법의 두 가지로 구분된다. 다른 구분으로는 이성적 소구와 감성적 소구가 있다. 이성적 소구는 소비자가 얻을 수 있는 이익에 초점을 둔 소구방식이다. 제품의 성능 · 품질 · 가치 · 경제성 등 기능적 편익과 당위성을 강조, 합리적인 의사결정에 호소하는 것. 제품의 특징과 장점에 대한 구체적이고도 과학적인 사실을 전달하는 내용으로 이루어진다. 때문에 소비자의 이해와 공감을 얻어내기 위한 간결하고 설득력 있는 광고컨셉이 중요하다.

그림 44-2 : 제품의 속성을 강조한 이성소구의 예

그림 44-3 : 경쟁제품을 대상으로 비교광고를 실시한 이성소구의 예

소비자의 정서나 감정을 자극하는 감성소구는 부정적 또는 긍정적 감정들을 유발시켜 소비자를 설득하거나 구매를 유도하는 것이다. 긍정적 감성소구는 즐거움 · 낭만적임 · 다이나믹함 등의 감정을 상표나 제품에 전이시키려는 노력인 반면, 부정적 감성소구는 어떤 행동을 취하지 않으면 죄책감 · 부끄러움 · 두려움 등의 부정적 결과가 생길 것이란 메시지를 소비자에게 전달한다.

그 외에 호소하는 대상을 기준으로 소구를 나누어 살피기도 한다. 낱낱의 소구방법으로는 서정소구 · 안전소구 · 편리소구 · 영웅소구 · 삶의 가치에 대한 소구 · 건강소구 · 친절봉사소구 · 즐거움소구 · 욕심소구 · 감각소구 · 유머소구 · 공포소구 · 호기심소구 · 성적소구 · 가족소구 등이 있다.

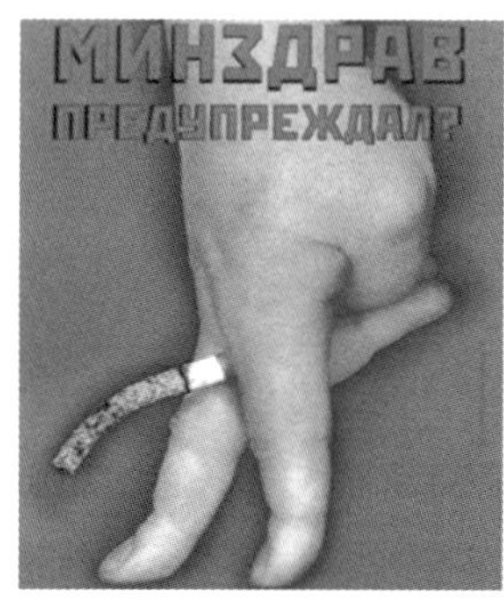

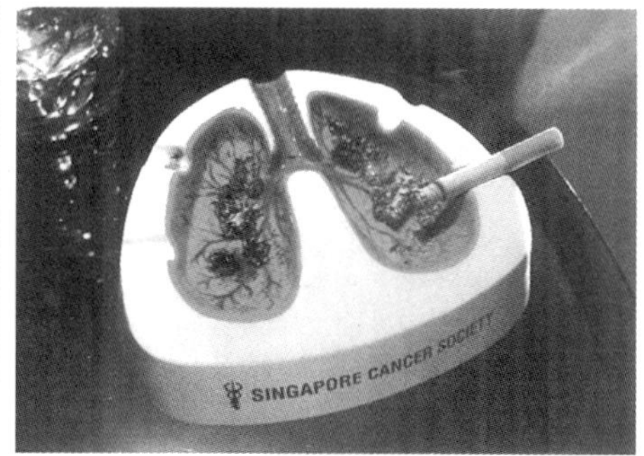


**그림 44-4 : 금연광고의 유머소구와 공포소구의 예**

광고제작기법은 크리에이티브컨셉을 구체화하는 것으로, 인쇄매체의 경우는 크리에이티브컨셉의 시각화, 전파광고의 경우는 영상화를 의미한다. 제작기법에는 입증식광고 · 증언식광고 · 라이프스타일형 · 제시형 및 제안형 · 토막극형 · 애니메이션형 등이 있다. 입증식광고는 광고제품이 경쟁사보다 우월할 때 제품의 장점을 제시하는 방법으로 USP전략에 많이 이용된다. 증언식광고는 소비자 입장의 이야기를 더욱 신뢰한다는 소비자의 심리를 이용, 신뢰도가 있는 명사나 전문가 · 일반인이 증언을 통해 제품을 설명하는 방식이다.

# 45 커뮤니케이션의 매개체

## 적절한 매개체가 명확한 제품이미지를 만든다!

우리는 앞장에서 인지가 정보취득 · 주의 · 지각 · 이해의 과정을 통해 이루어진다는 사실을 살펴보았다. 때문에 인지를 만들기 위해서는 먼저 소비자들의 주의를 자극해야 하고, 그 자극이 자신을 향한 것임을 알게 해야 하며, 그 내용이 무엇인지를 알게 만들어야 한다는 사실도 알게 되었다.

이 인지를 만들기 위해 사용되는 것이 매개체다. 넓은 의미에서 보면 인지를 만들기 위해 사용되는 광고 또한 매개체다. 메시지와 툴이 매개체이기 때문이다. 툴은 다 아는 바와 같이 TV광고 · Radio광고 · 신문광고 · 이벤트 · 교통광고 등을 말하는 것이고, 메시지란 그 광고의 내용이라 하겠다.

좁은 의미에서의 매개체는 광고의 내용 속에 등장하는 매개물이다. 제품이 크다는 것을 강조하기 위해 사용하는 맘모스, 제품이 강하다는 것을 강조하기 위해 사용하는 코뿔소, 제품이 빠르다는 것을 강조하기 위해 사용하는 비행기 등은 제품특성을 강조하기 위한 1차원적 매개물들이다. 모델도 매개체의 하나다. 신뢰감을 주기 위한 모델의 선정, 아름다움을 표현하기 위한 모델의 선정 등도 모두 이에 해당된다.

제품이 크고 튼튼하다는 것을 강조하기 위해 최홍만을 모델로 쓴 서울우유 MBP 광고, 광통신이 집까지 이어진다는 점을 강조하기 위해 정우성과 유해진을 모델로 쓰고, 스케이트장의 얼음을 활용해 만든 메가패스 광고 등도 이런 매개물들을 활용한 광고의 좋은 예라 하겠다. 모든 광고에는 이렇게 제품을 설명하기 위한 매개물이 등장한다.

## 이혼이라는 매개체를 활용한 트라스트 광고

SK케미컬의 관절염 패치 '트라스트' 광고를 살펴보자. 유명한 중년가수, 양희은이 등장해서 증언식으로 진행하는 광고다. 양희은은 곧 눈물을 떨어뜨릴 것 같은 표정으로 말한다. '그만 끝낼래요.' '안 겪어본 사람은 몰라요.' '이젠 정말……. 끝내고 싶어요.' 얼핏 보기에 그녀는 이혼을 얘기하는 것처럼 보인다.

신혼부부나 아직 결혼을 하지 않은 사람들은 이런 광고에 썩 주의가 기울여지지 않을 것이다. '나에게 하는 얘기구나' 하는 파지도 일어나기 어렵다. 그러나 결혼 후 일이십년쯤이 지난 이들에게는 '어, 뭐지?' 라는 생각을 불러일으킬 것이다. 결혼생활 중에 불만이 없는 부부가 어디 있겠는가? 크고 작은 일로 '이혼' 을 떠올려보지 않은 부부는 또 얼마나 되겠는가? 다른 모델이 등장해서 능청스럽게 '그럼 헤어져야지, 뭐' 라는 멘트로 이혼에 대한 상상은 더욱 고조된다.

그리고 들려오는 멘트, '지긋지긋한 관절염과의 이혼, 트라스트.' 관절염은 4~50대의 사람들이 많이 앓고, 특히 여성들이 많이 앓는 병이다. 때문에 광고주는 소비자들에게 그 또래로 인식되어 있는 중년가수를 모델로 등장시키고, '관절염'을 '이혼'과 연결시켰던 것이다.

'관절염 치료'라는 매우 건조한 의미를 '지긋지긋한 관절염과의 이혼'으로 바꾸어 놓은 것도 흥미롭다. 관절염의 지긋지긋한 점을 부각시키기 위해 '이혼상황을 부른 부부생활'이라는 매개체를 활용하였으며, 비난받을 여지가 있는 이혼을 보다 정당화하고 극적으로 부각시키기 위해 마치 '매 맞는 아내'의 '푸념'처럼 화면을 처리한 것 역시 기획자의 의도이다.

흑백톤의 화면에 중년가수의 등장, 이혼의 연상은 타깃들로 하여금 '어, 뭐지?'라는 생각을 불러일으켜 주목을 극대화시켰다. 그리고 중년가수의 등장과 이혼의 연상은 '아, 나에게 하는 얘기구나'라는 생각, 즉 타깃들로 하여금 '파지'를 가능케 한다. 이후 '지긋지긋한 관절염과의 이혼'이라는 멘트는 '관절염은 지긋지긋한 결혼생활과 같다'는 사실을 이해시키고 있다. 여기에 더해 '트라스트는 관절염과 이혼시켜주는 약'이라고 주장하며 이를 타깃들로 하여금 이해하도록 배치하였다.

이렇게 되면 타깃들의 영구기억 속에 새로운 정보, '트라스트는 관절염과 이혼시켜주는 약'이 들어와 서로 통합되어 응집된 반응을 만든다. 이를 반복적으로 노출, 타깃들에게 '트라스트는 관절염과 이혼시켜주는 약'이라는 인식을 갖도록 만든다는 것이다.

그리고 이 패치광고에서 늘 강조해왔던 '노란색'이라는 키워드가 이번 광고에서도 제시되었다. 다른 것이 있다면 그간 멘트를 통해서 '노란색'이라는 말을 해왔던 것이 비해 이번 광고에서는 계속 흑백톤으로 진행되는 중에 패치만을 '노란색'으로 보여줌으로써 '아, 트라스트는 노란색'이라는 인식을 다시 한 번 강조해주고 있다는 점이 달랐다. 이 광고는 정보취득 · 주의 · 지각 · 이해의 과정을 정확히 이해하고, 타깃들이 제 과정의 그물에 걸려들도록 구조화한 전형적인 예라 하겠다.

## 매개체의 적절성을 확인시켜주는 일관성이론

한 발 더 나아가 일관성 이론에 의해 이 광고가 의도한 태도형성의 구조를 살펴보자. 일관성 이론이란 나(P) · 매개체(O) · 대상(X)의 삼자 연결성과 관련하여 태도형성을 설명한 이론이다. 나와 대상 사이에 매개체가 끼어들어 그 관계를 형성시켜준다는 것이다.

내가 매개체에 대해 긍정하고, 매개체와 대상이 잘 맞는다고 생각하면 나는 그 대상에 대해서도 긍정적인 인식을 갖게 된다는 것. 핸드폰 광고모델로 톱스타 ○○○가 등장했다고 하자. 내가 톱스타 ○○○를 좋은 이미지로 생각하고 있고, 그 톱스타 ○○○가 광고하는 핸드폰과 이미지가 잘 맞는다고 생각하면 나는 핸드폰에 대해 좋은 이미지를 갖게 된다는 것이다.

그러므로 광고기획자는 매개체를 찾기 위한 노력을 기울인다. 매개체는 타깃들이 긍정적으로 인식하고 있거나, 공감하는 것이어야만 한다. 그 제품의 이미지와 잘 맞아야 하는 것은 물론이다. 그것은 모델인 경우도 있고, 상징인 경우도 있다. 상징은 기호인 경우도 있고, 단어인 것도 있고, 이미지인 경우도 있다. 이 일관성이론을 도식화하면 다음과 같다.

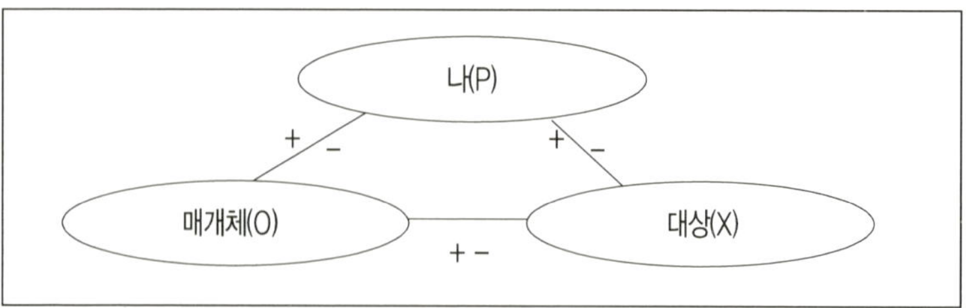


그림 45-1 : 일관성이론을 설명한 도식

그렇다면 이 광고의 경우, 나는 타깃, 대상은 트라스트, 매개체는 지긋지긋한 관절염과의 이혼으로 놓을 수 있다. 이혼에 대한 부정적 인식을 바꿔놓는 장치도 필요했다. 그래서 등장한 것이 '가정폭력의 분위기' 다. 또 오랫동안 구축하고 강화시켜 활용해왔던 '노란색' 의 이미지를 이어가는 것도 필요했을 것이다.

오랫동안 '노란색' 을 강조해온 이 패치광고를 통해 많은 타깃들의 인식 속에는 '노란색' 이 관절염패치로 자리 잡고 있으며, 이 이미지는 향후에도 계속 활용할 것이기 때문이다. 이 광고를 분석해보면 세 가지의 일관성이론이 적용되었음을 알 수 있다.

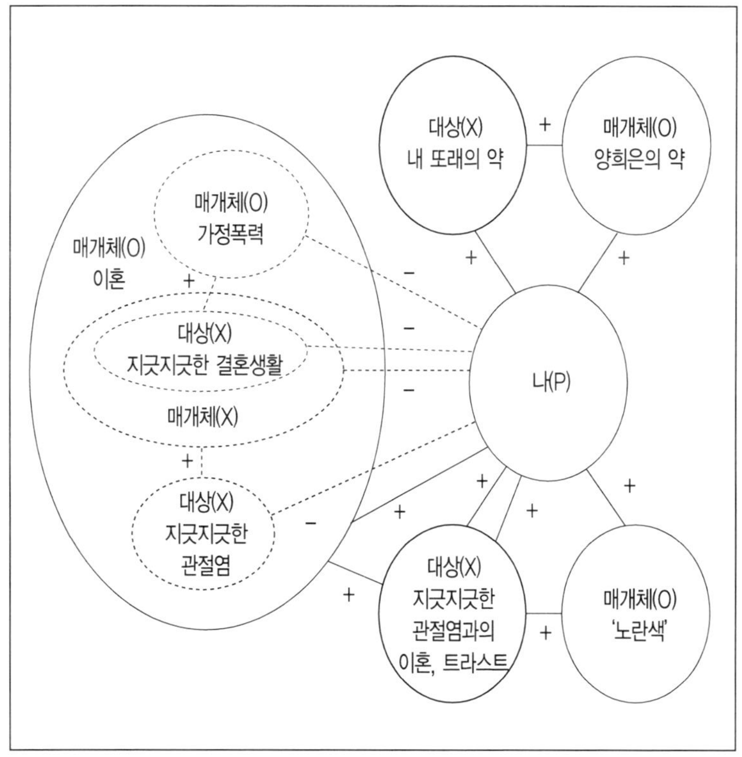


그림 45-2 : SK케미컬 트라스트에 활용된 매개체 분석 도해

## 타깃들의 문화와 잘 매치시킨 탁월한 매개체들

이처럼 커뮤니케이션을 잘 하기 위해서는 타깃들의 문화를 잘 이해해야 한다. 그리고 그 문화 속에서 자극 · 주의 · 이해를 돕기 위한 키워드들을 추출해내야만 한다. 이처럼 문화를 잘 알고 이해하기 위해서는 일상에서의 관찰력이 필요하며, 메모하는 습관이 필요하다.

이렇게 메모된 내용은 전략을 구성하는 과정에서 빛을 발하게 된다. 이해를 돕기 위해 몇 가지 광고들을 분석해보았다. 먼저 파스퇴르유업의 쾌변요구르트다. 다음은 광고콘티와 광고에 나타난 매개체의 분석 도해다.

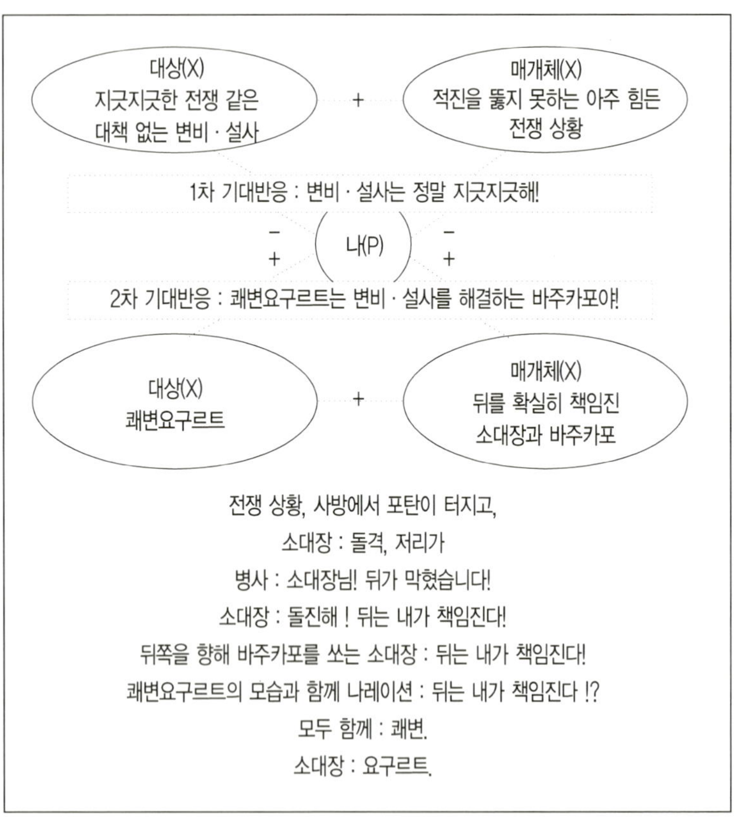


그림 45-3 : 파스퇴르유업 쾌변요구르트에 활용된 매개체 분석 도해

쾌변요구르트는 두 가지 타깃반응을 의도한 것으로 분석된다. 먼저 '변비 내지 설사는 매우 지긋지긋하다'라는 상황을 보다 리얼하게 전달하고, 이를 시원하게 해결하는 믿음직한 소대장과 바주카포를 등장시켜, 변비 내지 설사는 해결될 수 있는 것이며, 그 무기는 쾌변요구르트라는 사실을 설득해나간 것.

이 광고에서는 모델을 매개체로 활용하는 것에는 크게 의미를 부여하지 않았다. 다음은 모델을 중요한 매개체로 활용한 동부화재 프로미라이프 편을 분석해보자. 다음은 광고콘티와 광고에 나타난 매개체의 분석 도해다.

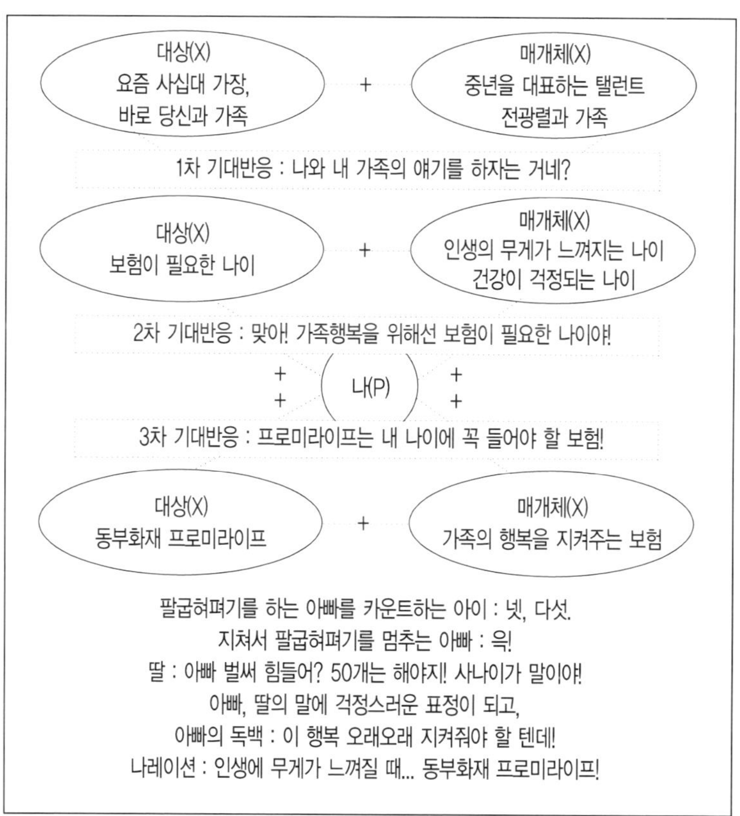


그림 45-4 : 동부화재 프로미라이프에 활용된 매개체 분석 도해

LG텔레콤이 통신사 이동을 설득하기 위해 만든 광고, 동행-만남 편은 절제된 카피로 매개체의 역할을 최대화하려는 노력을 기울인 광고다. 다음은 광고콘티와 광고에 나타난 매개체 분석의 도해다.

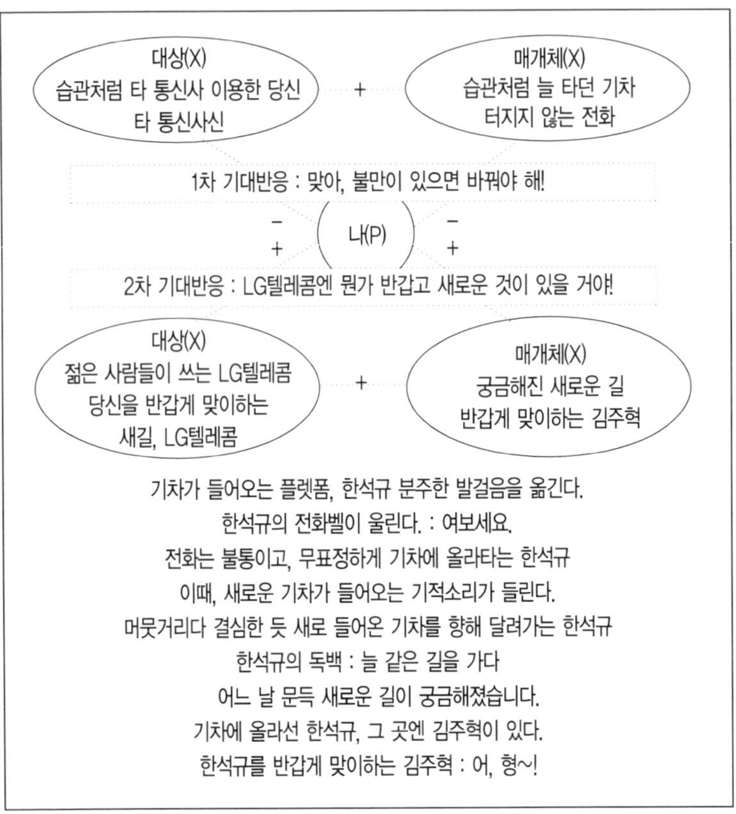


그림 45-5 : LG텔레콤 동행-만남 편에 활용된 매개체 분석 도해

매개체를 활용하지 않은 광고는 없다. 광고는 이처럼 매개체를 통해 대상의 속성을 보다 명확히 하고, 대상에 대한 기대반응을 높인다. 광고인에게 기발한 발상을 강요하고, 타깃들의 문화에 대한 이해를 주문하며, 상징과 기호의 이해를 독려하는 이유는 바로 이러한 광고의 속성 때문이다.

# 46 제안서와 프레젠테이션

## 열정과 진실이 승리를 부르는 기준이다!

광의의 프레젠테이션은 '자신의 생각이나 아이디어 등을 상대방에게 전달하고 설득하는, 그래서 상대방의 마음을 움직이는 모든 자기표현 행위'를 말한다. 그러나 광고에서 의미하는 프레젠테이션은 '광고회사가 신규로 영입할 광고주나 기존에 대행하고 있는 광고주에게 제시하는 광고캠페인 계획서 및 설명활동'으로 그 의미가 좁아진다. 즉, 광고기획담당자에 의해 작성된 광고기획서와 어카운트서비스팀에 의해 준비된 인쇄매체의 광고시안 및 전파매체의 스토리보드를 광고주에게 판매하는 행위인 것이다.

프레젠테이션은 광고회사의 가장 중요한 업무 중 하나다. 프레젠테이션은 하나의 설득커뮤니케이션으로서 전략 · 크리에이티브 등 모든 설득적 요소의 결집이다. 설득커뮤니케이션이란 '개인이나 집단이 메시지라는 수단 또는 자극을 통해 수용자들의 태도나 의견 · 행동 등에 영향을 미치거나 또는 그것을 변형시키는 행위나 과정' 이다. 이런 설득커뮤니케이션의 속성에는 의도성 · 도구성 · 설득대상의 특정성 등이 있다.

## 얼마나 열심히 노력했는지를 보여주는 것은 전혀 중요하지 않다

그렇다면 이러한 프레젠테이션의 정의 아래에서 제안서는 어떻게 만들어져야 하는 것인가? 제안서는 '광고주를 설득하기 위해 각종의 메시지와 자극들을 동원하여 펼치는 설득의 도구' 다. 때문에 제안서는 프레젠테이션이 기획되고, 시나리오가 작성된 뒤에 만들어지는 것이 바람직하다.

그리고 우리는 제안서가 결코 전략작업의 완성품이 아니라는 사실을 기억해야만 한다. 제안서는 프레젠테이션을 위한 도구일 뿐이다. 때문에 좋은 제안서를 만들기 위해 반드시 버려야 할 욕심은 이 제안서에 자신이 일해온 과정 · 자신의 생각의 흐름 · 자신이 모은 자료들을 모두 구겨 넣으려는 생각이다. 이러한 생각은 듣는 사람의 입장에서 문제를 다루지 않고 자기 입장에서 문제를 다루기 때문에 발생한다.

조사와 관련하여 제기된 문제와 그 해결책을 제시하기보다는 연구에만 강조점을 두는 경우, 광고기획과 관련하여 정작 듣는 이가 알고자 하는 바를 전하기보다는 자신들이 얼마나 열심히 노력하였는가를 전하는 데만 급급한 경우, 매체에 관련하여 '타깃들이 광고를 얼마나 볼 수 있게 될 것인가' 하는 시각에서 설명을 하기보다는 GRP 계산만 두들기는 경우, 크리에이티브와 관련하여 판매문제를 어떻게 풀어낼 수 있는가를 제시하기보다는 어떻게 일을 했는가를 보여주려 하는 경우 등 이러한 문제가 발생하는 이유는 너무나도 많다.

가장 쉽게 저지르는 실수 중 하나는 제안서를 프레젠터가 보고 읽기 위한 프롬프트의 형태로 작성하는 것이다. 화면을 보면서 프레젠터가 읽어 내려가는 프레젠테이션이야말로 광고주들을 재우는 수면제가 될 것이니 말이다. 제안서는 어디까지나 광고주들을 설득하기 위한 도구로써 고안되어야만 한다.

효과적인 프레젠테이션을 위해서는 전략이나 크리에이티브 못지않게 매체의 선택도 중요하다. 광고 프레젠테이션 매체로는 보드 · VTR · 컴퓨터 등이 이용된다. 그리고 이러한 모든 매체들의 특성을 컴퓨터에 담아 프레젠테이션하는 경우가 많다.

## 약속과 뒷받침이 없는 프레젠테이션은 프레젠테이션이 아니다

그렇다면 프레젠테이션을 위해서는 어떠한 점들을 고려해야 하는가? 핵심적인 전달사항, 즉 전략이 제시되어야 한다는 점, 이를 광고주에게 정확히 이해시켜야 한다는 점, 그리고 그 중에서도 꼭 필요한 내용을 광고주에게 기억시켜야 한다는 점 등이 프레젠테이션을 위해 가장 중요하게 고려되어야 할 요소들이다. 이상의 세 가지 핵심요소를 제외하고 기법이나 기술적 측면만 강조하는 것은 속빈 강정에 지나지 않는다.

이를 위해 프레젠터가 꼭 알고 해결해야 할 사항은 프레젠테이션에서 자신이 수행해야 할 역할, 달성하고자 하는 목적, 그리고 목적 달성을 위해 해야 할 일 등이 될 것이다. 프레젠테이션의 질을 결정하는 요인에는 프레젠터를 포함한 스텝들의 준비상태, 프레젠테이션 진행상의 기술, 프레젠테이션에서 쓰이는 도구나 설비 등이다.

슐츠(Don E. Schultz)와 마틴(Dennis Martin)은 프레젠테이션 지침을 통해 '광고전략과 마찬가지로 프레젠테이션도 약속과 뒷받침이 있어야 한다' 고 주장한 바 있다. 명확한 컨셉에 바탕을 두어야 한다는 것이다. 광고주를 위해 그들의 문제점과 해결책을 제시하는 프레젠테이션, 즉 광고주를 지향하는 프레젠테이션이 되어야 한다는 것. 덧붙여 불분명하거나 지나친 단조로움, 그리고 지나친 쇼맨십은 피하라고 충고한다.

프레젠테이션은 크게 내부 광고주형과 외부 광고주형으로 구분할 수 있다. 내부 광고주형 프레젠테이션의 특징은 대부분 확정된 예산범위 내에서 전략에 대한 의사전달을 중심으로 진행된다는 점이다. 외부 광고주형은 다시 신규형과 기존형으로 구분된다. 신규형의 경우는 대부분 경쟁 프레젠테이션의 형태로 진행되며, 광고회사의 수준이 함께 평가된다. 기존형에는 연간 프레젠테이션과 품목별 광고프레젠테이션 등이 있다.

프레젠테이션은 크리덴셜프레젠테이션 · 경쟁프레젠테이션 · 정기프레젠테이션으로 구분되기도 한다. 먼저 크리덴셜프레젠테이션은 예상 광고주로부터 광고업무의 대행을 위임받기 위해 신임을 묻는 프레젠테이션이다. 일반적으로 크리덴셜프레젠테이션은 광고회사에 대한 오리엔테이션 성격이 강하므로 광고회사에 초청하여 하는 경우가 많으며, 이때 광고회사의 환경 · 시스템 · 각종 광고관련 시설을 보여주게 된다.

이러한 크리덴셜프레젠테이션에는 다음의 네 가지 요소를 포함하는 것이 바람직하다. 첫째, 우리 회사만이 가지고 있는 독특한 광고철학과 주장을 제시하여야 한다. 둘째, 광고회사의 조직 · 인적구성 · 업무의 흐름 및 경영상태 등을 보여주어야 한다. 셋째, 광고캠페인 성공사례를 통해 광고회사의 능력을 입증하여야 한다. 넷째, 우리 회사를 이용해야만 하는 이유를 설득력 있게 제시하여야만 한다.

경쟁프레젠테이션은 광고주가 광고회사를 선택할 목적으로 2~3개 정도의 광고회사를 지명하여 실시하는 프레젠테이션이다. 경쟁프레젠테이션에 앞서 광고주는 그 성격에 따라 광고방향 및 광고관련 자료를 제공하는 경우가 있으며, 광고회사에 일방적으로 의뢰하는 경우도 있다. 불공정한 거래가 있는 경우, 실제의 전략 수준과 관계없이 계약이 이루어지는 경우도 흔히 있다.

정기프레젠테이션은 현재 대행을 하고 있는 광고주에게 실시하는 프레젠테이션이다. 연간 광고계획을 확정하기 위한 프레젠테이션, 신제품 광고를 위한 프레젠테이션, 수시 진행되는 단발제작물에 대한 제작물프레젠테이션 등이 있다. 이중 연간 광고계획을 확정하기 위한 프레젠테이션은 기존 광고회사의 신임을 묻는 성격이 강하다.

## 프레젠테이션을 듣는 사람들은 누구인가?

이러한 프레젠테이션에서 승리하려면 무엇에 중점을 두고 준비를 갖춰야 하는가? 전략과 크리에이티브 등은 소비자를 대상으로 설득해야 할 항목들이며, 우리는 이를 내적 전략이라고 부른다. 하지만 프레젠테이션은 광고주를 설득하는 작업이며, 이 프레젠테이션을 성공하지 못할 경우 다음 단계에 놓인 소비자들을 설득하는 일은 가능하지 않은 일이 될 것이다. 우리는 이를 외적 전략이라고 부른다.

훌륭한 광고프레젠테이션을 하기 위해서는 외적전략의 중심인 대상을 제대로 파악해야만 한다. 그리고 그들의 인구통계학적 특성과 심리학적 특징을 분석하여 그들의 흥미 · 활동 · 견해에 대해 파악함으로써 필요 없는 오해를 줄이고 상호간의 공감대를 형성하여야 한다.

그렇다면 프레젠테이션을 진행하는 절차는 어떻게 될까? 보통의 경우 가장 먼저 만나게 되는 일은 오리엔테이션이다. 광고주로부터 프레젠테이션과 관련된 여러 가지 안내를 받는 과정이다. 이후 팀을 구성하고 전략을 구축하는 과정 · 프레젠테이션 구상 및 시나리오 작성 · 제안서의 작성 · 기기점검 및 리허설 · 프레젠테이션의 순서를 밟게 된다. 프레젠테이션 역시 보다 자세히 들여다보면 프레젠테이션장 준비 · 오프닝 · 진행 · 클로징 · 질문에 대한 대응 등으로 세분화할 수 있다. 이를 도식화하면 다음 그림과 같다.

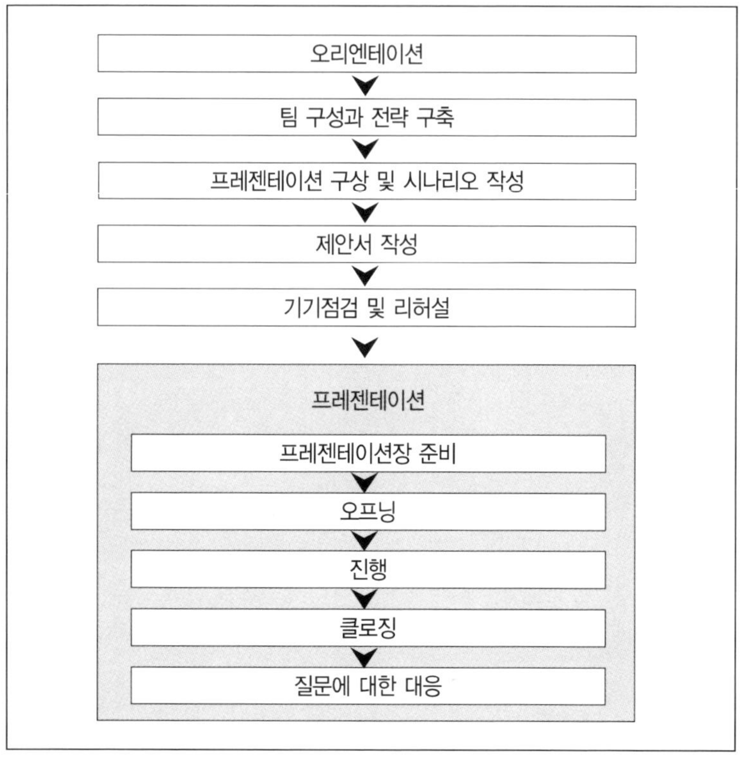


그림 46-1 : 프레젠테이션의 진행절차도

오리엔테이션을 잘 받는다는 것은 무엇인가? 다음은 오리엔테이션 활동에 대한 평가항목들이다. 왜 프레젠테이션을 하게 되었는가? 적절한 인원과 필요한 인력이 참여하는가? 처음 참여하는 사람의 첫 인상에 대한 중요함을 인식하고 있는가? 오리엔테이션 담당자로부터 말을 더 많이 하게 하였는가?

귀를 기울여 광고주가 원하는 것이 무엇인가를 알아내었는가? 황당한 질문이 될까봐 겁먹고 그냥 돌아온 것은 아닌가? 녹음기 등을 활용하여 요청사항을 차질 없이 수집하였는가? 준비하는 데 충분한 시간을 협의하였는가? 최대한 많이 듣고 왔는가? 사용할 기자재를 생각하고 있는가? 기자재 활용을 위하여 발표장의 전원은 점검하였는가?

다음은 프레젠테이션 준비기간에 대한 평가항목들이다. 새로운 광고주의 경우 즉각 최상의 적격자로 팀을 구성하였는가? 광고주가 프레젠테이션을 요청한 배경을 확실하게 파악하였는가? 반론에 대한 대응보다 먼저 반론을 제시하는 용기를 가졌는가? 목표고객의 의견은 충분히 듣고 있는가?

다음은 프레젠테이션 시 제시한 자료에 대한 평가항목들이다. 아이디어는 비주얼화하였는가? 이 프레젠테이션의 요점을 시각적으로 이용한 도표를 만들었는가? 현재의 광고에 대한 소비자들의 반응을 증빙으로 준비하였는가? 팀원들이 자기의 역량을 다하여 준비하게 하였는가? 프레젠테이션의 형식도 최고로 준비하였는가? 멀티미디어를 충분히 활용하였는가? 전보다 새로운 프레젠테이션 방법을 발견하였는가?

다음은 리허설에 대한 평가항목들이다. 연습을 많이 할수록 익숙해진다는 것을 터득하였는가? 프레젠테이션 순서를 예전보다 색다르게 하려는 연구는 해보았는가? 자신의 역할을 모두에게 해보도록 하였는가? 활용할 기자재의 점검은 완벽한가? 프레젠터는 자신의 발표를 녹음하여 들어보았는가? 프레젠터는 자신이 발표하는 모습을 비디오로 확인했는가? 문자의 크기나 레이아웃은 만족스러운가?

다음은 프레젠테이션 시 태도나 몸동작에 대한 평가항목들이다. '에', '자', '그러니까', '그럼' 등과 같은 버릇은 없었는가? 중요한 이야기를 걷거나 많이 움직이면서 말하지는 않았는가? 허둥대지는 않았는가? 가장 멀리 있는 사람에게 자신의 목소리 크기를 맞추었는가? 우리의 정열과 의욕뿐만 아니라 전문성까지 보여주었는가? 우리의 아이디어가 이 세상에서 제일 좋다는 자신감을 가지고 있었는가?

### 처음 90초 안에 이미 인상이 접수된다

모든 일이 그러하듯 프레젠테이션에 있어서도 첫인상은 매우 중요하다. 때문에 프레젠터는 오프닝을 장악해야만 한다. 프레젠테이션 처음 90초 안에 광고주들은 프레젠터와 그 프레젠테이션의 인상을 접수한다. 그리고 이렇게 접수된 인상은 프레젠터에게  모종의 느낌으로 영향을 주고, 이것은 다시 프레젠터의 자신감에 영향을 미친다. 때문에 인상적인 오프닝이야말로 성공하는 프레젠테이션의 50%다.

무엇보다 초반의 기선제압이 중요하다. 기선이 제압된 광고주들은 프레젠터의 이야기에 귀 기울이게 될 것이고, 프레젠터 역시 더욱 자신감을 가지게 될 것이다. 좋은 오프닝을 위해서는 초반에 그들의 기대와 관심을 충족시켜주는 일이 필요하다. 그리고 프레젠터가 하려고 하는 이야기의 가장 중심이 되는 문제로 그들을 끌어들이도록 해야만 한다. 이를 위해 많은 프레젠터들은 에피소드 · 비유 · 사례 · 인용구 · 질문 · 상상 유도 · 드라마 연출 · 시사 이슈 제기 · 강력한 비주얼 제시 · 가벼운 유머 등을 활용한다.

보다 즐겁게 오프닝을 끌어갈 수도 있을 것이다. 어떤 의미에서 프레젠터는 '엔터테이너' 가 될 필요도 있다. 그러나 이런 경우에 있어서도 그것은 어디까지나 개연성을 가지고 있는 것이어야지 단순히 주의를 환기하는 것이어서는 안 된다는 점을 명심하자.

기본적으로 광고주들은 자기 상품에 대해 매우 높은 자신감을 가지고 있기 마련이다. 그리고 프레젠테이션을 받는 대부분의 광고주들은 대행사의 프레젠터를 혼내주기 위해 잔뜩 벼르는 심리상태에 빠져들곤 한다. 때문에 어설픈 남의 흉내 · 인종 · 종교 · 윤리 · 성에 관련된 농담 등으로는 결코 광고주들의 초반기선을 제압할 수 없다.

유머를 구사할 때에도 '정말 우스운 이야기 하나 하겠습니다' 라는 식의 전제는 오히려 그들로 하여금 웃지 말아야지 하는 반대심리를 자극하기 마련이다. 기억에 남기 위해 우스꽝스러워지는 것도 경계해야 한다. 복잡한 것도 곤란하다. 심플하면서도 명확한 포인트가 있는 오프닝으로 광고주들의 기대와 관심을 끌어내야만 한다. 또 오프닝을 위해 준비하는 기법들은 그것이 무엇이든 앞으로 해나갈 얘기들과 관련있어야 한다는 점을 명심하자.

초반 이야기의 진행은 큰 그림으로 시작해야 한다. 광고주들은 오늘 내가 설명하려는 전략의 방향을 잘 모른다. 이러한 상황에서 시시콜콜한 세부사항들을 이야기한다면 전체적인 방향을 이해하기 어렵다. 때문에 초반부에서는 전체의 개념과 개요를 설명하는 일이 매우 중요하다. 결국 말하는 사람의 편의보다는 듣는 사람의 편의를 생각하라는 것.

속성이 아니라 효익에 의해 제품이 판매된다는 사실을 우리는 앞에서 충분히 살펴보았다. 프레젠테이션에서도 마찬가지다. 광고주가 가려워하는 부분이 어딘지를 정확히 파악하고, 그곳을 시원하게 해결해 줄 수 있는 대행사만이 신임을 얻을 수 있다. '나에게 이러이러한 것이 있다' 가 아니라 바로 '당신을 위해 내가 이것을 준비했다' 가 중요하다. 아무리 좋은 제품 기능이 있다하더라도 그것이 고객과는 상관없는 것이라면? 좋은 제품 기능을 설명하는 것으로는 결코 고객에게 그 제품을 팔 수 없을 것이다.

때문에 누구나 알고 있는 내용에 긴 시간을 할애해선 안 된다. 필요 이상으로 복잡한 것, 지나치게 전문지식에 의존하는 것도 좋지 않다. 그 내용이 고객에게 어떤 의미가 있는지가 더 중요하다는 것이다. 그러한 포인트를 찾고, 그것을 분명히 하려는 노력이 필요하다.

## 프레젠터는 성공전략을 향해가는 여행가이드다

프레젠테이션의 핵심은 바로 구조이다. 많은 내용으로 구성된 프레젠테이션을 효율적으로 전달하려면 적절한 구조가 필요하다. 프레젠테이션은 시작해서 끝날 때까지 하나의 호흡으로 진행된다. 이점을 명심해야 한다. 병렬적인 구성으로는 상대를 이해시키기가 어렵다. 직렬적 구성이어야만 한다는 것이다. '여기까지 하고, 이쪽을 보자. 다시 저쪽을 보자' 식으로 시선을 분산시켜서는 안 된다.

프레젠터는 여행가이드다. 시작부터 끝까지 하나의 호흡으로 광고주들과 호흡을 함께 해야만 한다. 갑자기 건너뛰어도 안 되고, 앞 뒤 내용의 맥을 끊어도 안 된다. 때문에 앞의 내용과 뒤의 내용은 연결되어야만 한다. 상황분석에서 A가 중요하다고 실컷 주장해놓고 전략에서는 B를 말해서는 안 된다는 것. '이러니까 저렇고, 저러니까 그렇다' 식의 연결호흡이 매우 중요한 것이다.

광고주를 믿게 만들기 위해서는 입증해 보이는 것이 최선의 방법이다. 프레젠터가 말하는 이 방법이 성공한 예를 분명히 해야 한다는 것이다. 그렇기 때문에 사례를 찾는 일, 그리고 그것을 간명하게 정리하여 광고주들에게 보여주는 일이 매우 중요하다. '그렇게 되지 않겠느냐' 는 식의 막연한 말로는 광고주를 설득하기 어렵다.

그러나 지금의 전략적 시도가 최초인 경우에는 그 일을 입증하기가 그만큼 어렵다. 대부분의 전략은 새로운 시도이다. 그러므로 그것을 입증해내는 것은 매우 어려운 일이다. 이때 동원하는 것이 광고주의 고객들이다. 스스로 입증하기 위해 애쓰는 것보다는 소비자의 목소리를 통해 새로운 전략을 입증해내는 것이 매우 효과적이기 때문이다.

전략의 주요지점에서 동원 가능한 여러 가지 방법들을 고객들에게 제시하고, 그 중 특정 방법에 반응하는 그들의 모습을 촬영해서 보여준다면 그것 또한 좋은 입증 방법이 될 것이다. 이처럼 고객들의 반응을 동원하는 일은 입증 외에도 많은 지점에서 활용이 가능하다.

프레젠테이션에서는 결코 해서는 안 될 두 가지 불문율이 있다. 첫째는 클라이언트의 제품을 비난하는 것이요, 둘째는 클라이언트가 지금까지 진행해온 전략을 비난하는 것이다. 아무리 그것이 잘못된 것이라 하더라도 그 부분은 광고주의 아킬레스건이다. 자칫 그것이 제품이나 전략이 아닌 클라이언트 자체를 비난하는 것으로 비춰질 우려가 있다.

그러나 지난 문제점들을 분석하지 않고 어떻게 새로운 전략의 명분을 말할 것인가? 지금까지 잘해왔다면 그대로 하면 되지 않는가? 이러한 때에도 앞서와 같이 고객들을 활용하는 것이 좋다. 고객들의 입을 통해 그간의 문제점들을 지적할 수 있는 것이다. 소비자들의 반응을 직접 촬영하여 보여주는 것도 이러한 이유 때문에 매우 좋은 방법이 된다. 전문가들의 이야기를 직접 들려주는 것도 이와 같은 맥락에서 취해지는 방법이라 하겠다.

## 프레젠테이션 효과를 극대화시키기 위한 노력들

무엇인가를 설명해야 할 때는 그 강조점을 분명하고, 직설적이고, 간단하게, 그리고 그 효과가 극대화될 수 있도록 이야기해야 한다.

바꾸어 말하면 프레젠테이션을 할 때에는 어떠한 경우에도 분명하고, 직설적이고, 간단하게 해야 한다는 것이다. 불분명하고, 우회적이며, 장황한 이야기는 언제나 그 효과를 반감시킨다. 분명하고, 직설적이고, 간단하게, 그리고 효과가 극대화될 수 있도록 이야기하는 방법으로 그림보다 좋은 것은 없다. '이 모델은 3.07cm이고, 이 모델은 1.94cm입니다. 무려 36.2%나 더 작게 만들어낸 것입니다' 보다는 두 모델을 촬영한 사진으로 광고주들을 설득한다면 훨씬 더 정확한 이해가 가능하다는 것.

특히 숫자의 경우 더욱 주의를 기울여야 한다. 대부분의 사람들은 준비되지 않은 상태에서 숫자를 만날 경우 당황하게 된다. 비록 그것이 표 하나라 할지라도 프레젠터의 이야기를 들으며 그 표를 이해한다는 것은 거의 불가능하다. 그러나 프레젠터들은 욕심을 부리곤 한다. '그동안 내가 조사한 내용이 이렇게 많은데 이것을 모두 제안서에 넣고 설명한다면 그들은 감동할 텐데' 따위의 헛된 욕심을 가지게 된다는 것.

그래서 이야기 내용과 직접적 관련이 없는 소소한 데이터들까지도 모두 표에 넣는 실수를 종종 저지르게 된다. 광고주들이 다 알고 있는 데이터라면 더더욱 잘못이다. 이야기의 흐름에 꼭 필요한 중요한 수치들만 제시하고, 그 수치의 의미를 설명하는 것이 더 중요하다. 오히려 차트는 숫자가 아니라 그림으로 인식하는 것이 좋다. 진행되어 온 흐름 등을 보여주는 추세선 활용 또한 바로 그러한 의미라 하겠다.

유능한 프레젠터의 프레젠테이션은 귀 기울이지 않고 있어도 귀에 잘 들어오고 잘 기억된다. 사람의 주의력에는 한계가 있다. 프레젠테이션 내내 프레젠터의 이야기에 집중하는 것은 불가능하다. 때문에 프레젠터는 가급적 프레젠테이션을 극적으로 연출하는 일에 골몰해야만 한다. 논리적인 접근만으로는 집중력을 빼앗길 수 있기 때문이다.

예를 드는 것 또한 현장성을 최대한 발휘하도록 하고, 사용하는 어휘들 또한 광고주의 감성에 최대한 접근이 가능하도록 구사되어야 할 것이다. 프레젠테이션의 구성을 보다 부드럽게 연결시키기 위해 프레젠테이션 내내 수시로 되짚어주고, 요약해주는 것 또한 매우 중요한 일이다.

다음은 프레젠테이션 시 가졌던 확신에 대한 평가항목들이다. 우리의 전문성이 문제를 해결할 수 있다는 확신을 주었는가? 자신보다 회사나 팀의 이익에 관련하여 어필하고 있는가? 광고주는 광고 이외에 각자 다른 직무를 갖고 있는 것을 아는가? 의사결정권자(key man)를 응시하고 있는가? 과장된 감정의 표현보다는 열정을 보이고 있는가? 끝난 후 박수갈채를 기대하면서 프레젠테이션 하는 것은 아닌가? 현재 광고는 어쨌든 그들의 작품인데, 비판만 하는 것은 아닌가? '왜 이 안을 선택하여야 하는가' 에 대한 해답을 주었는가?

다음은 프레젠테이션 총평에 관련된 평가항목들이다. 준비한 전략안에 대한 평가를 스스로 미리 하는 것은 아닌가? 크리에이티브 하다는 이유만으로 팔고 있는 것은 아닌가? 의욕도 없이 아이디어를 이것저것 벌려 놓은 것은 아닌가? 클라이언트의 의견을 평범한 것으로 무시하는 것은 아닌가? 클라이언트의 의견을 조금이라도 반영하였는가? 전문성을 뽐내며 광고주에게 강의하듯 제안하는 것은 아닌가? 주어진 시간을 성실히 준수하였는가?

### 명심하라, 프레젠테이션은 언제나 상대평가다

예상컨대 '경쟁자의 프레젠테이션과 나의 프레젠테이션은 무엇이 다른가? 성공하기 위한 프레젠테이션을 하기 위해서는 내가 무엇을 말할까?' 의 고민에 앞서 '경쟁자들은 무엇을 말할까?' 를 숙고해 보아야 한다. 만일 내가 할 말을 저들이 먼저 해버린다면? 그래서는 뒤에 얘기하는 나의 이야기는 결코 뉴스가 될 수 없다. 내가 앞서 이야기했다 하더라도 남이 나와 같은 얘기를 한다면 내 얘기의 중요성은 반감되고 만다. 때문에 나의 이야기에 앞서 경쟁자들이 할 얘기를 먼저 고민하고, 그 대응논리를 고민하는 프레젠터야말로 이기는 프리젠테이션을 만들수 있을 것이다.

언제나 프레젠테이션은 절대평가가 아니라 상대평가이다. 때문에 역설적이지만 경쟁자가 할 얘기를 예측하여 그 방법에 대해 명확한 벽을 만들어 방어한다면 프레젠테이션에서 승리할 확률은 그만큼 높아진다. 때문에 두 가지가 필요하다. 하나는 언제나 내 얘기는 뉴스여야 한다는 것. 누군가가 말하지 않은 새로운 이야기여야 한다는 것이다. 나머지 하나는 상대를 방어하기 위한 논리를 제시해야 한다는 것. 미리 예측된 논리를 간단히 설명하고, 그 문제점을 밝혀내어 대안이 될 수 없음을 얘기했다면, 프레젠테이션의 승리가 한 발짝 더 자신에게 다가왔음을 느끼게 된다.

그리고 프레젠테이션의 승리를 확신하기 위해서는 우리의 능력, 그리고 우리와 광고주의 관계를 어떻게 운영할지에 대해 분명히 해야한다. 좋은 전략이라 하더라도 그것을 운용하는 능력, 즉 그간의 경험과 운용능력이 없다면 그 전략은 그림의 떡일 뿐이다. 우리의 조직과 일정 · 예산이 이 일에 적합한 것인지를 보여주는 일도 매우 중요한 프레젠테이션의 내용 중 하나다.

그리고 아무리 능력이 갖춰진 대행사라 하더라도 해당 광고주와의 관계를 어떻게 해나갈 것인지, 누가 담당을 맡을 것인지 하는 내용이 구체적이지 않다면 신뢰받기 어렵다. 때문에 이러한 운영전반에 관한 확신을 주는 일 또한 소홀히 해서는 안 될 요소인 것이다.

다음은 프레젠테이션 시 가졌던 대행사 능력과 적극성의 어필에 대한 평가항목들이다. 마케팅데이터와 예산 등을 크리에이터가 설명하려는 것은 아닌가? 여기에 참여할 팀이 지속적인 담당자임을 확신시켰는가? 말하고자 하는 팀과 회사의 장점이 이 회사와 관련이 있는가? 나도 당신의 상품을 쓰고 있다는 사실을 알게 했는가? 우리 회사의 방침이 도움이 될 것이라고 구체적으로 말했는가? 경쟁상대나 기존대행사를 헐뜯는 것은 아닌가?

프레젠테이션의 백미는 감동적인 마무리다. 대체로 마무리의 의미는 지금까지 말한 모든 것들을 정리하는 것, 지금까지 말한 것들을 확실히 실천하겠다고 담보하는 것, 우리만이 할 수 있다고 담보하는 것 등이다. 광고주들은 클로징을 가장 생생하게 기억한다. 광고주들의 입장에서 보면 가장 최근에 들은 얘기가 되기 때문이다. 때문에 클로징은 식상하게 구성되어서는 안 된다. 보너스의 느낌으로 클로징이 구성될 필요가 있다. 그것이 예상치 못했던 것이라면 더욱 좋을 것이다.

그러나 이 보너스가 전혀 새로운 얘기여서는 안 된다. 그렇다면 이야기는 끝이 아니라 새로운 시작이 될 것이기 때문이다. 보너스는 보너스일 뿐이다. 때문에 주제와 잘 어울리는 것이어야 하며, 가급적 감성적인 것이 좋다. 인용구를 활용하는 것도 좋은 방법 중 하나일 것이다.

### 동전의 다른 한 면을 읽어야 질문에 대응할 수 있다

프레젠터의 발표가 모두 끝나면 다음은 질문시간이다. 그리고 이 질문시간을 통해 광고주들은 많은 질문들을 쏟아놓기 마련이다. 그러한 질문에는 정말 궁금해서 던지는 질문도 있지만, 대행사를 평가하기 던지는 질문도 있고, 경우에 따라서는 프레젠터를 곤란하게 만들기 위해 던지는 질문도 있다.

그러나 질문의 대부분은 대개 제시전략의 현실성 · 기대효과 · 제시전략의 문제점과 상대전략의 장점에 대한 의견 등이다. 때문에 가능성 있는 모든 질문들을 미리 준비해서 적절한 답변을 준비해 두어야만 한다.

모든 문제들은 동전의 양면처럼 장단점이 있으며, 많은 프레젠터들은 그 중 한쪽 면만을 말하기 쉽다. 때문에 광고주들이 가장 많이 질문하는 것은 동전의 반대쪽. '당신이 말한 방법보다는 이러이러한 방법이 더 효율적인 것 아닌가?' 이것은 우리 전략의 문제점인 동시에 다른 전략의 장점일 수도 있기 때문에 매우 민감한 질문이라 할 것이다.

어떤 전략도 완벽한 것은 없다. 장점이 있다면 단점도 있다. 때문에 프레젠테이션을 준비하는 과정에서 이처럼 동전의 다른 면을 꼼꼼히 살펴보는 일이 매우 중요하다. 이런 과정을 거쳤다면 대개의 질문에 무리 없이 답변해낼 수 있을 것이다.

다음은 프레젠테이션 질문에 관련된 평가항목들이다. 질문의 요지를 잘 파악하여 단순하고 정확하게 답변하는가? 질문의 요지를 과소평가하고 대충 넘어가려는 것은 아닌가? 애매모호하거나 얼렁뚱땅 회피하려는 답변은 아닌가? 한 가지 질문에 여러 명이 똑같은 답변을 하고 있지는 않는가? 한 가지 질문에 여러 명이 전부 다른 답변을 하고 있지는 않는가? 질문의 답변에서 '그러나' 라는 단어를 쓰는 것은 아닌가? '그것은 연구하지 못해 죄송하다' 는 답변을 한번쯤 하였는가? 지키지 못할 약속을 유보하지 않은 채 말하는 것은 아닌가? 매우 유사하고 간단한 사례로 답변하였는가? 끝난 후 처음보다 진지하게 인사를 하였는가?

다음은 프레젠테이션의 마무리에 관련된 평가항목들이다. 모두 끝난 후 기계처럼 빠르고 깨끗하게 정돈하고 바로 나왔는가? 아직 보충할 기회는 있다. 우리의 의도가 충분히 전달되었는가? 참석자들과 맨투맨(Man-To-Man)식의 인사는 했는가? 과제범위 밖의 것을 아쉬워할 때 신속하게 제시하였는가? 프레젠테이션은 제작 전까지 지속된다는 것을 알고 있는가? 프레젠테이션을 마치고 실패원인과 성공요인을 분석하고 기록하였는가?

### 마음을 담은 꼼꼼한 준비만이 프레젠테이션을 성공시킨다

이상으로 프레젠테이션의 제 사항들에 대한 체크리스트를 살펴보았다. 과연 광고주는 어떤 생각을 가지며, 어떤 대행사들을 싫어하게 될까? 대부분의 대행사는 단순한 크리에이티브아이디어나 신제품아이디어를 제공한다. 그러나 사실상 광고주는 새로운 마케팅아이디어에 더 관심이 많다. 많은 대행사들이 중요하지 않은 것에는 너무나도 많은 시간을 소비하면서 기본적인 것에는 시간을 투자하지 않는다. 크리에이티브팀이 와야 할 미팅에 그들을 데려오지 않는다. 화려함만 있고 깊은 이해가 없는 경우가 많다.

그 외에도 대행사에 대한 광고주들의 부정적 평가는 매우 다양하다. 대행사가 너무 딱딱해도 문제다. 그런 사람들은 오직 한 가지 광고밖에 만들지 못할 것 같다. 제시되는 광고들의 그래픽과 카피가 모두 비슷할 때 특히 그렇게 느껴진다.

광고주가 유지해오던 광고스타일과 전혀 다른 방안을 가져오는 대행사는 싫다. 그들은 즉시 모든 것을 바꿔버리려 하는 것 같다. 돈을 너무 들이는 것도 싫다. 특히 이용가치가 없는 부적합한 아이디어들일 때는 보기가 정말 불편하다.

'어떻게 카피와 레이아웃을 제시하느냐' 보다 중요한 것은 '어떻게 사고를 하느냐' 이다. 너무 작고 알려지지 않은 대행사도 불안하다. 너무 많은 사람이 왔으나 그들은 대부분 아무 말도 하지 않았다. 우리는 두세 명의 적임자가 있었으면 하는 생각을 했다. 최고경영층에게 무리한 요구를 한다. 광고주에게 어떤 이익을 제공할지 충분히 강조하지 않는다.

그렇다면 광고주가 좋아하는 대행사는 어떤 대행사일까? 부드럽게 흘러가고 구성이 잘된 프레젠테이션을 광고주들은 높이 평가한다. 그들은 앞으로 어떤 방식으로 일할 것인가를 미리 보여주는 것 같다. 많은 것들이 중요하다. 사람들 간의 팀워크, 대행사의 과거 실적 등.

그러나 광고주들이 가장 중요하게 생각하는 것은 정열이다. 장기적인 관점에서 바라볼 때, 객관적인 요소들은 대부분 다 갖추고 있기 마련이다. 그렇기 때문에 주관적인 판단인지는 모르겠지만 우리는 정열을 가지고 있는 사람을 더 좋아한다. 모든 것이 비슷해 보일 때 열정과 진실한 관심이 결정을 부르는 기준이 된다.

사실 광고업계에서는 '명성' 이 최종결정에 영향을 미친다. 경영층은 잘 알려진 대규모 대행사를 신임하는 편이다. 그들의 굳은 기업철학이 믿음을 불러일으켰고, 그들이 어떤 사람인지를 알려주었다. 어떤 광고주가 이 대행사를 선택한 이유는 본인들의 사업에 관하여 많은 것을 알고 있다는 사실에 감동했기 때문이다. 대행사 사장이 지속적으로 우리와 접촉할 것이라는 것에 만족했다. 그들의 프레젠테이션이 간단 · 명료해서 좋았다.

하나하나 이러한 체크리스트를 활용하여 세부사항에까지 신경을 쓴 프레젠테이션은 그렇지 않은 프레젠테이션과 분명히 다르다. 승리하는 프레젠테이션이란 '마음을 담는 것과 꼼꼼한 준비' 에서 비롯된다는 사실을 명심해야만 할 것이다.

## 광고의 내일을 위해!

# 내 부족함을 일깨워준 집필작업에 감사를!

이 책이 세상에 나올 때까지 물심양면으로 고생해준 나의 부사수들, 책의 전체내용을 수요자의 입장에서 검토해준 김경화 님, 장소영 님, 강향순 님께 감사드린다. 단지 머릿속의 아이디어일 뿐이었던 이 책의 소재들을 글로 적어내려 갈 수 있도록 처음부터 끝까지 용기를 북돋아준 이들이기도 하다.

감각적인 머리, 섬세한 손놀림으로 평소에도 많은 도움을 주고 있는 참아이엠씨의 디자이너들이 공동으로 이 책의 디자인을 맡아주었다. 류봉규 님, 김민경 님, 이은경 님께 감사드린다. 책의 교열과 교정의 수고로움을 견뎌준 참아이엠씨의 김광열 님, 이제우 님, 노정태 님께도 감사드린다. 그리고 교정을 도와준 류지명, 전은정, 김경미, 박은주, 이한나, 류지민을 포함한 동의대학교 광고홍보학과의 많은 제자들에게도 감사드린다.

지친 필자의 사기를 올려주기 위해 물심양면으로 조력을 아끼지 않은 것은 물론 현장의 생생한 상황들을 담을 수 있도록 애써준 참아이엠씨의 양진일 사장과 그의 아내이자 나의 제자인 노주원 님, 이 책의 이론적 기반이 되어준 동의대학교 광고홍보학과 조경섭 교수, 책을 마칠 때까지 격려와 성원을 아끼지 않은 참아이엠씨 식구들께도 감사의 인사를 드린다. 흔쾌히 출판을 맡아주신 도서출판 두남의 식구들께도 이 자리를 빌려 감사의 인사를 드린다.

이 책은 지난 18년 동안 이어진 내 광고인 생활의 소산이다. 이 책 곳곳에 숨어 있는 사례들의 주인공이 되어준 나의 선후배들과 동료들이 있었기에 비로소 오늘 이 책이 세상에 모습을 드러낼 수 있었다고 나는 믿는다. 그들 모두에게 감사드린다.

이 책을 다 읽고 감사의 말을 읽고 있을 독자 제위께도 감사의 말씀을 전한다. 그리고 부디 이 책이 광고인으로 성장하는데 미력하나마 도움이 되기를 진심으로 기원한다. 그리고 특별히 언제나 나의 부족함을 일깨워주는 제자들에게도 감사드린다.

지금껏 나의 전도를 걱정해주고 늘 함께 해준 많은 분들을 한 분 한 분 직접 찾아뵙고 인사드리지 못해 죄송하다는 말씀과 함께 감사하다는 말씀을 올린다. 늘 한결같은 기다림으로 나에게 힘이 되어준 가족들에게도 감사를 전하며 글을 맺는다.

부산 참아이엠씨 마케팅연구소에서 석종득

토끼목 지키기!

# 애정과 관심이 소비자를 읽어낸다!

'토끼를 산으로 몰아서는 잡기가 어렵다. 산 아래쪽으로 토끼를 몰아야만 비로소 토끼를 쉽게 잡을 수 있다.' 토끼의 앞다리가 짧은 탓이다. 아니 뒷다리가 너무 긴 탓이다. 앞다리는 짧고 뒷다리는 긴 탓에 산 위로 오르는 것은 다른 어떤 동물들보다 빠르지만 산 아래로 내려가는 것은 불편한 토끼의 체형. 어린 시절, 어른들로부터 들었던 토끼사냥법이다.

난 고작해야 여름철 피라미잡이나, 가을철 잠자리잡기 밖에는 못해보고 자랐다. 그림자가 잠자리를 덮치지 않도록 조심스레 다가가 앞에서 잠자리의 눈앞에 손가락을 뱅뱅 돌리다보면 신기하게도 잠자리는 그 여리고 가는 다리에 긴장을 푼다. 그때가 타이밍. 뒤편에서 잠자리 날개를 다치지 않도록 조심스레 잡아주면 아주 간단히 잠자리는 포획된다. 아주 작은 동물들도 본능적으로 자신을 보호하려 한다. 그 습성을 알아야만 우린 그 동물을 잡을 수 있다.

물론 소비자는 사냥의 대상이 아니다. 전략을 짜는 일 또한 사냥에 비유하기에는 무리가 있다. 그럼에도 불구하고, 쉬운 설명을 위해 사냥에 빗대어 전략을 설명하고자 한다. 우리는 소비자를 알아야 한다. 소비자들의 생각을 소비자들보다 더 잘 알아야만 한다.

우리는 스스로도 알지 못하는 사이에 많은 일들을 치러낸다. 집을 나서기 전에 양말을 신는 상황을 잘 생각해보라. 왼쪽 발에 먼저 신는가, 오른쪽 발에 먼저 신는가? 지하철을 탈 때 왼쪽 발을 먼저 문 안으로 밀어 넣는가? 아니면 오른쪽 발인가? 우리는 같은 행동을 반복하며 산다. 하지만 그것을 스스로 인식하지 못한다. 이것을 알고리즘이라고 부른다.

전략을 구상하는 사람은 소비자들 스스로도 의식하지 않는 상황까지 다 파헤쳐내야만 한다. 소비자들보다 앞서 트렌드를 이해해야 하고, 소비자들의 잠재의식 속에 있는 욕구를 읽어야만 한다. 이런 과정 속에서 전략이 만들어진다. 소위 먹히는 전략이 만들어지는 것이다. 왕도는 없다. 늘 깨어 있지 않으면 어느새 뒤처지고 마는 것이 지금의 시대정신이다.

토끼를 발견하고 나서 활시위를 당기면 늦다는 말이 있다. 그렇다고 늘 활시위를 당긴 채 말을 달린다면 오래지 않아 활시위는 느슨해지고 말 것이다. 전략을 위해 스물 네 시간 긴장을 늦추지 않는 일은 사람으로서는 결코 가능한 것이 아니다. 때문에 '늘 활시위를 당긴 채 말을 달리라' 는 말은 잘못된 것이다.

그렇다면 어떻게 해야 하는 것일까? 중요한 것은 애정과 관심이다. 요리에 취미를 가진 사람은 TV를 보다가도 음식이야기만 나오면 리모컨을 멈춘다. 잡지를 뒤적이다가도 음식이야기만 나오면 자신도 모르는 사이에 눈길이 머문다. 그렇게 모이는 하루의 삼십 분, 한 시간이 자연스레 그 사람의 음식에 대한 지식을 늘려놓기 마련이다.

광고의 전략에 있어서도 마찬가지다. 애써 소비자의 생각을 읽기 위해 노력을 집중하는데도 한계가 있다. 평소 애정과 관심을 가지고 있다면 자신도 모르는 사이에 소비자들의 생각읽기로 하루를 보내는 당신을 만나게 될 것이다. 아무리 좋은 교재나 지침서도 애정과 관심을 대신해 줄 수는 없다. 당신이 애정과 관심을 가지고 있다는 전제 하에서 이 책은 쓰였다.

세상에는 참으로 많은 업종이 있고, 그 업종들은 소비자들과의 커뮤니케이션을 한결같이 염원한다. 당신은 그 업종들과 처음 만날 것이고, 그 업종과 소비자들 사이에 존재하는 길목을 알지 못할 것이다. 그러나 그간 당신이 보여주었던 애정과 관심은 자연스럽게 소비자들의 길목으로 당신을 데려다 줄 것이다. 그리고 업종을 알기 위한 노력, 광고주를 이해하기 위한 노력을 기울일 수 있게 할 것이다.

토끼를 잡기 위해서는 토끼목지키기와 토끼몰이의 두 가지 방법이 있다. 결론부터 말하자면 소량다품종 생산과 시장세분화의 시대에는 토끼몰이보다는 토끼목지키기의 방법이 훨씬 더 효율적이다. 소비자들의 길목을 아는 당신은 이미 전략을 이해하고, 전략을 구상할 줄 아는 커뮤니케이터라 할 수 있다.

제 아무리 전략에 대한 지식이 많다 하더라도 소비자를 모르는 커뮤니케이터, 광고주와 광고주의 목표를 알지 못하는 커뮤니케이터는 제대로 된 전략을 구상할 수 없다. 당신의 애정과 관심에 이 책이 주는 방법론이 더해질 때 그 숱한 업종의 커뮤니케이션이 비로소 뿌연 안개를 걷고 당신을 맞이하게 될 것이다.

임팩트만이 강조되던 시대는 오래 전에 죽었다. 꽹과리로 소비자를 모는 토끼몰이의 시대가 끝났다는 것이다. 이젠 토끼목을 제대로 찾아내고, 토끼목을 제대로 지켜낼 수 있는 지혜가 필요하다. 이 책이 바로 이러한 시대에 놓인 당신에게 토끼목찾기와 토끼목지키기의 중요성을 일깨울 수 있기를 진심으로 기원하며 붓을 놓는다.

부산 참아이엠씨 마케팅연구소에서

# 이 책을 만든 원전들


- 구자룡, 마케팅2.0(iWOM), 동아일보사, 2007
- 구자룡, 한국형 포지셔닝, 원앤원북스, 2003
- 김경태, 스티브잡스의 프레젠테이션, 멘토르, 2006
- 김위찬 · 르네마보안, 강혜구 역, 블루오션전략, 교보문고, 2005
- 김주환, PR의 이론과 실제, 학연사, 2004
- 나관중, 이문열 역, 삼국지, 민음사, 2002
- 데이비드 오길비, 이낙운 역, 어느 광고인의 고백, 서해문집, 1993
- 데이비드 오길비, 최경남 역, 광고불변의 법칙, 기획출판 거름, 2004
- 로서 리브스, 광고의 실체, 오리콤, 1988
- 리대룡 · 이명천, 현대사회와 광고, 나남, 1997
- 마크 휴스, 구자룡 역, 버즈, 어메이징 스토리, 책바치, 2005
- 박기철, 세상에서 가장 쉬운 광고책, 커뮤니케이션북스, 2003
- 박기철, 세상에서 가장 쓴 광고책, 커뮤니케이션북스, 2002
- 박원기, 광고매체계획, 한국광고연구원, 1997
- 서범석, 광고기획론, 나남, 1990

⊙ 스탠 랩 · 톰 콜린즈, 제일기획 마케팅연구소 역, 마케팅 대전환, 연암사, 1996

⊙ 신인섭, 광고학입문, 나남, 1990

⊙ 신인섭 · 박재관 · 신기혁, 광고학입문, 나남, 2002

⊙ 알 라이즈 · 잭 트라우트, 김영준 역, 포지셔닝, 오리콤, 1988

⊙ 알 라이즈 · 젝 트라우트, 박길부 역, 마케팅 불변의 법칙, 십일월출판사, 2004

⊙ 오인환, 현대광고론, 나남, 2001

⊙ 이견실, 100문 99답으로 엮은 현대광고, 나남, 1992

⊙ 정어지루, 순애드버타이징, 형설출판사, 2000

⊙ 정해동 · 박기철, 통합된 마케팅 커뮤니케이션 IMC, 한언, 2004

⊙ 정해동 · 박기철 마케팅 PR, 커뮤니케이션북스, 2004

⊙ 정해동 · 박기철 MPR, 광고보다 강한 PR, 커뮤니케이션북스, 2000

⊙ 제프콕스 · 하워드스티븐스, 김태영, 마케팅 천재가 된 맥스, 위즈덤하우스, 2003

⊙ 조병량 외, 현대광고의 이해, 나남, 1998

⊙ 존, 케이플즈, 송도익 역, 광고 이렇게 하면 성공한다, 서해문집, 2001

⊙ 줄리언 커민스, 구자룡 역, 세일즈프로모션은 왜 마케팅의 핵심인가, 거름, 2006

⊙ 채서일, 마케팅, 학현사, 1993

⊙ 최환진, 인터넷 광고-이론과 전략, 나남출판, 1999

⊙ 클로드 홉킨즈, 김동완 역, 과학적 광고, 소담출판사, 1992

⊙ 필립 코틀러, 마케팅관리론, 윤훈현 역, 석정, 2000

⊙ 한은경, IMC광고론, 커뮤니케이션북스, 2001

⊙ 함봉진, 마케팅원론, 형설출판사, 2002